Andrej Gurkow

Rußland hat Zukunft

Die Wiedergeburt einer Weltmacht

Eichborn Verlag

Für meine Mutter,
die lange der Meinung war,
daß sich nie etwas zum Besseren
ändern wird.

Die Deutsche Bibliothek – CIP-Einheitsaufnahme

Gurkow, Andrej:
Russland hat Zukunft : die Wiedergeburt einer Weltmacht /
Andrej Gurkow. – Frankfurt am Main : Eichborn, 1993
ISBN 3-8218-1145-5

Umschlaggestaltung: Rüdiger Morgenweck
Lektorat: Albert Sellner
Satz: Fuldaer Verlagsanstalt GmbH
Druck und Bindung: Wiener Verlag, Himberg
ISBN 3-8218-1145-5
Verlagsverzeichnis schickt gern:
Eichborn Verlag, Kaiserstr. 66, D-6000 Frankfurt am Main 1

Inhalt

Einleitung

Armes Rußland?

In den letzten Jahren hat Moskau die Welt ausgiebig mit Schreckensmeldungen versorgt. Worte wie Tschernobyl, Nationalitätenkonflikte, Massenstreiks, Hungerwinter, Putsch, Bürgerkrieg, Zerfall, Bankrott, Flüchtlingsstrom, Elend, Grenzstreit, Kernwaffenausverkauf schockierten immer wieder die internationale Öffentlichkeit. Mit fataler Regelmäßigkeit wechselten sich auf den Bildschirmen Reportagen über zusehends blutiger werdende kriegerische Auseinandersetzungen mit Berichten über zusehends länger werdende Lebensmittelschlangen ab. Sie vermittelten den Eindruck eines im totalen Chaos versinkenden Landes, und zur Symbolfigur dieses Untergangs wurde ein vom Leben gekrümmtes russisches Mütterchen mit Kopftuch und Krückstock in einer Schlange nach Brot.

Dieses im Chaos versinkende Land ist meine Heimat...

Doch: »Der Teufel ist nicht so schrecklich, wie man ihn malt« – behauptet ein russisches Sprichwort.

»Bankrott«, »Zusammenbruch«, »Katastrophe« sind zweifellos starke Worte und taugen gut für eine Schlagzeile oder den Schlußsatz eines Kommentars. Die Realität ist meistens komplizierter und vielfältiger als diese Universalformeln.

Es ist nicht die Aufgabe der Medien, mitzuteilen, daß alle Züge nach Fahrplan verkehren; erst ein entgleister Zug ist eine Meldung wert. Es ist auch nicht die Aufgabe der Medien, ständig daran zu erinnern, daß das Leben seinen gewohnten Gang geht; erst eine Veränderung, ein außerordentliches Ereignis, ein unerwarteter Vorgang stellen eine Nachricht dar. Schließlich ist es nicht die Aufgabe der Medien, sich an den Erfolgen der Gesellschaft zu ergötzen und die Politiker zu bejubeln; vielmehr müssen sie auf Probleme hinweisen, Unzulänglichkeiten ausfindig machen, Rechtsbruch und Machtmißbrauch anprangern.

In der Sowjetunion hat es in den letzten Jahren ihrer Existenz derartig viele – im buchstäblichen wie im übertragenen Sinne – entgleiste Züge gegeben, daß man unwillkürlich den Eindruck gewinnen mußte: Nach Fahrplan läuft da nichts mehr. Die Veränderungen waren so dramatisch, die Ereignisse so außerordentlich, die Vorgänge so unerwartet, daß sie viele am Vorhandensein eines gewöhnlichen Alltags überhaupt zweifeln ließen. Nach der Öffnung der sowjetischen Gesellschaft offenbarten sich derartig viele Probleme, Unzulänglichkeiten und Gesetzwidrigkeiten, daß die bescheidene Liste von Erfolgen und erfreulichen Wandlungen wenig Aufmerksamkeit finden konnte.

Ich bin selber Journalist und kann meine Kollegen (sowohl die einheimischen als auch die ausländischen) durchaus verstehen, wenn sie aus rein professionellen Überlegungen eher einen Unzufriedenen als einen Zufriedenen, einen Kritisierenden als einen Befürwortenden ans Mikrophon holen; daß sie lieber über korrupte Funktionäre und geschäftstüchtige Prostituierte als über gewissenhafte Beamte und treue Ehefrauen berichten möchten. Hinzu kommt, daß Informationen auch eine

Ware sind, die verkauft werden will, und erfahrungsgemäß kommen Sensationen und Negativmeldungen besser an als Alltagsgeschichten und Positivnachrichten: Ein Bürgerkrieg ist spannender als die Privatisierung eines Brotladens, eine aufgebrachte Menschenmenge mitreißender als ein kühler Analytiker am Schreibtisch, ein Streik erregender als ein Streikverzicht.

So kam es, daß die Sowjetunion und später Rußland, als einer ihrer Nachfolger, zu Dauerexporteuren von Schreckensmeldungen geworden sind. Da aber der heutige Nachrichtenkonsument bereits ziemlich abgehärtet ist, muß man sich steigern, um zu ihm vorzudringen, muß man dramatisieren, überspitzen, übertreiben ... bis man irgendwann bei der Panikmache angelangt ist. Das Ergebnis im Falle Rußland liegt klar zutage: Das Ausland erwartet geradezu – ob in Redaktionen oder beim Publikum – Horrorszenarios und hat für Erfolgsnachweise wenig übrig.

Zweifellos war es ein großes Verdienst gerade der deutschen Medien, daß sie Millionen Menschen für die Probleme und Nöte Rußlands sensibilisieren konnten. Sie setzten damit landesweite Hilfsaktionen in Gang, deren Bedeutung – besonders die psychologische – nicht hoch genug bewertet werden kann. Aber führte das journalistische Katastrophenvokabular nicht auch dazu, daß manche Spender ihre völlig aufrichtige und vom Herzen kommende Solidarität als eine Art Hilfe für Krebskranke verstanden, denen man die Qualen erleichtern möchte, ohne auf ihre Genesung zu hoffen?

Rußland ist heute schwer, aber nicht tödlich krank, und wenn man direkt ans Krankenbett tritt, wird man feststellen, daß der Patient dem in solchen Fällen normalen Zustand viel näher ist, als es aus der Ferne aussieht.

Auf das Wort »normal« werden Sie in diesem Buch des

öfteren stoßen. Es ist in meinem Land sehr gebräuchlich, und wenn Sie einen Russen fragen, wie es ihm geht, wird er höchstwahrscheinlich antworten: »Normalno!« Ich glaube, dieser Ausdruck hat in der Umgangssprache deshalb eine so große Verbreitung gefunden, weil er am genauesten die existentielle Grundeinstellung der Menschen, ihre tagtägliche Lebensphilosophie trifft. Als »gut« kann man das, was uns seit Jahrzehnten umgibt, nun wirklich nicht bezeichnen; doch auch die Antwort »schlecht« wäre falsch oder zumindest übertrieben: Es gab schlimmere Zeiten (die Erinnerung an die Entbehrungen während des Krieges und in den Nachkriegsjahren sitzt im Gedächnis der Nation tiefer, als man glauben mag, und wird von vielen immer wieder zum Vergleich herangezogen). Heute ist man schließlich halbwegs gesund, kann sich trotz aller Probleme satt essen, man zieht seine Kinder groß, sitzt abends vor dem Fernseher, liest Zeitungen und Bücher, geht ins Kino oder auch ins Theater, fährt in Urlaub und trinkt gelegentlich seinen Wodka; man lebt eben »normal«, mit anderen Worten: »den Umständen entsprechend«, oder auch: »so gut, wie es gerade geht«.

Ich teile diese nüchtern-selbstkritische Lebensauffassung und werde in dem Buch bewußt immer wieder auf den besagten Ausdruck zurückgreifen. Mehr noch, ich bin fest davon überzeugt, daß dieses Wort, wie paradox eine solche These angesichts der Katastrophenstimmung in den Medien auch klingen mag, sehr gut zur Beschreibung der gegenwärtigen Entwicklung in Rußland paßt: Was sich heute in meiner Heimat vollzieht, sind normale Prozesse in einem bislang noch anormalen Land.

1917 wurde Rußland eine wahnwitzige Utopie aufgezwungen, und mehr als sieben Jahrzehnte führte es hinter dem Eisernen Vorhang ein absurdes Dasein mit absurden Problemen. Man war nach der Oktoberrevolution von der Hauptstraße der Menschheitsentwicklung abgekommen und hatte sich ziemlich bald im Gestrüpp marxistisch-leninistischer Dogmen festgefahren. Nach dem Zusammenbruch des kommunistischen Systems und des Sowjetimperiums im August 1991 stellte sich Rußland, wie auch den meisten anderen Nachfolgestaaten der UdSSR, die Aufgabe, auf diese Straße zurückzufinden, die Weltgemeinschaft einzuholen und sich ihr wieder anzuschließen. Rußland ist jetzt damit beschäftigt, den Vorausgefahrenen in rasendem Tempo hinterherzueilen. Man braucht sich nicht zu wundern, daß es dabei auch all jene holprigen Strecken zurücklegt, die sie irgendwann mal hinter sich gelassen haben, und daß es sich unterwegs auch all jene akuten und chronischen Leiden holt, an denen die anderen ebenfalls erkrankt sind.

Ich glaube, viele Mißverständnisse und Überspitzungen, politische und wirtschaftliche Fehlkalkulationen des Westens hinsichtlich Rußlands erklären sich damit, daß man diese Normalität (oder zumindest Normalisierung) nicht rechtzeitig erkannt hat. Statt dessen spielen immer noch Kriterien eine Rolle, die beim Umgang mit dem historischen Unikum Sowjetunion angebracht waren, als etwa die Plazierung der Politbürogenossen auf dem Lenin-Mausoleum Auskunft über Veränderungen des politischen Kurses gab. Inzwischen hat Rußland aber begonnen, immer mehr nach den Gesetzen und Regeln der modernen Welt zu leben, und es sollte nach deren Maßstäben auch bewertet werden. Macht man sich einen solchen Blickt zu eigen, wird man die Entwicklungen in diesem Staat ruhiger, sachlicher und realitätsnäher beurteilen können.

Sie sind über die politische Instabilität in Rußland beunruhigt? Aber Stabilität ist ein dehnbarer Begriff, und die – beispielsweise – regelmäßigen haarsträubenden Straßenschlachten zwischen Studenten und der Polizei in Seoul, bei denen es immer wieder sogar Tote gab, haben die expandierende Wirtschaftsmacht Südkorea nicht am stürmischen Wachstum gehindert. Ständige Regierungskrisen? Können die Italiener und die Franzosen nicht auch ein Lied davon singen? Galoppierende Inflation? Werden Sie mir wirklich viele Währungen nennen können, die heute hart genug sind; haben seinerzeit Italien oder Japan nicht ähnliches durchgemacht; ist dieses Problem denn für Israel oder Polen, von Lateinamerika ganz zu schweigen, nicht immer noch akut? Sie sprechen vom Schuldenberg? Ganze Kontinente leben Jahrzehnte unter seiner Last und kommen trotzdem irgendwie über die Runden. Haushaltsdefizit? Wie hoch ist es denn zur Zeit in den USA? Fehlende politische Kultur? Haben Sie mal im Fernsehen die Schlägereien zwischen Abgeordneten in den Parlamenten Japans oder der aufstrebenden Wirtschaftsmacht Taiwan beobachten können? Korruption? Wird nicht gerade das High-Tech-Land Japan regelmäßig von Bestechungsaffären auf höchster Staatsebene erschüttert? Kriminalität, Mafia? Sind diese Erscheinungen etwa den Italienern oder den Amerikanern gänzlich fremd? Nationalitätenkonflikte, Separatismus? Auch hier steht Rußland nicht alleine da: Die USA werden nach wie vor von schweren Rassenunruhen heimgesucht, Großbritannien hat noch immer keinen Ausweg aus der blutigen Konfrontation in Nordirland finden können, Spanien hat sein Baskenland, Kanada sein Quebec, Frankreich sein Korsika.

Sicherlich, die Probleme Rußlands sind oft krasser, extremer, gewaltiger – aber es ist selbst so extrem groß, daß man nichts anderes erwarten sollte. Das immense Territorium ist für Rußland einerseits ein schweres Handicap, andererseits die sicherste Überlebensgarantie der Nation: Ein Staat mit 150 Millionen Einwohnern und einer Fläche, auf der Deutschland 50 mal Platz finden würde, kann weder »im Chaos versinken« (wie sollte das eigentlich aussehen?) noch »untergehen« – dafür ist er einfach zu groß. Seine riesigen eurasischen Weiten bergen in sich alle erdenklichen Bodenschätze, die Rußland beim Abschütteln der »sozialistischen Planwirtschaft« enorme Vorteile gegenüber anderen osteuropäischen Staaten verschaffen werden; diese Weiten bergen in sich aber auch die ständige Gefahr nationaler Zwistigkeiten, regionaler Abspaltungstendenzen und lokaler Grenzstreitereien. Rußland hat einerseits eine fürchterliche Hinterlassenschaft in Form einer veralteten und an den Bedürfnissen der Menschen vorbeiproduzierenden Industrie, einer ruinierten Landwirtschaft, einer verzerrten Gesellschaftsstruktur und, was vielleicht am schlimmsten ist und am schwersten wiedergutzumachen sein wird, einer vergifteten Umwelt antreten müssen, aber andererseits hat Rußland den überwältigenden Teil dessen bekommen, was an ökonomischen, militärischen und wissenschaftlichen Kapazitäten in der Großmacht Sowjetunion vorhanden war. Da ist zwar, wie gesagt, sehr viel Schrott darunter, aber auch viel Brauchbares.

Es hat schließlich einen beachtlichen Teil der ehemaligen Sowjetbürger übernommen. Man kann über den Homo sovieticus so manches kritische Wort äußern, und auch ich werde dies im weiteren tun, aber man muß der Gerechtigkeit halber zugeben, daß meine Mitbürger mehr Eignung für Demokratie und Marktwirtschaft gezeigt haben, als man nach sieben Jahrzehnten Totalitarismus hätte vermuten können. Sie haben politisch zielbewußter bei Wahlen, standfester während des Putschs, toleranter nach dem Verbot der KP und dem Zerfall der

Sowjetunion, besonnener nach der Preisfreigabe gehandelt, als erwartet wurde. Das moralische und intellektuelle Potential seiner Bürger ist eindeutig das wertvollste Startkapital Rußlands in der Stunde Null.

Auch wenn ein Großteil dieser Bürger immer noch mit dem Rechenbrett addiert und Millionen Menschen einen Computer bestenfalls auf dem Bildschirm gesehen haben.

Aber so ist Rußland nun mal! Ein Geflecht globaler Widersprüche und Ungereimtheiten, eine schizophrene Mischung aus Supermacht und Entwicklungsland, intellektueller Metropole und tiefster geistiger Provinz. So war Rußland schon im 18. und im 19. Jahrhundert und wird es sicherlich auch im 21. sein. Entscheidend ist, daß es seinem kommunistischen Alleingang im 20. Jahrhundert, den Millionen Menschen mit dem Leben bezahlen mußten, endlich ein Ende gesetzt hat. Dies ist sowohl auf höchster politischer Ebene als auch im Massenbewußtsein geschehen. Nicht zufällig ist »zivilisiert« heute eines der am häufigsten gebrauchten Worte im Russischen. Man spricht von »den zivilisierten Ländern« und sogar von »der ganzen zivilisierten Welt«, vom »zivilisierten Markt« und »zivilisiertem Miteinander«. Manchmal klingt das naiv, aber es ist ein wertvolles Zeichen der weltanschaulichen und psychologischen Umorientierung der Menschen. Sieben Jahrzehnte wurde meinem Volk die Pflicht anerzogen, der ganzen Welt mit missionarischem Eifer den einzig beglückenden Weg in die lichte Zukunft zu weisen. Man saß abgeschottet hinter Stacheldraht und hatte sich als beneidenswertes Beispiel zu fühlen. Als die Mauern und Scheuklappen fielen, hat man, teilweise nicht ohne Schmerzen, erkennen müssen, daß die Menschheit ihre Zivilisation inzwischen weit vorangebracht hat. Die Bürger Rußlands, zumindest der gebildetere und weitsichtigere Teil, wollen keine weltverbesserungssüchtigen Experimente mehr, sie möchten die moderne Zivilisation – so, wie sie ist, trotz aller ihrer Mängel und Unvollkommenheiten – schnellstmöglich auf heimatlichen Boden übertragen, um dann auch an ihren Errungenschaften teilhaben zu können. Die Zeit des Belehrens ist vorbei: Heute will man lernen.

Und die Menschen erweisen sich als erstaunlich lernfähig. Besonders die Jüngeren.

Ich bin Jahrgang 1959 und gehöre somit zu einer Generation, die im jetzigen Rußland eine Schlüsselrolle spielt. Es war ein Team der Mittdreißiger, das unter Führung des damals 35jährigen Jegor Gaidar jenen Stoßtrupp innerhalb der russischen Regierung bildete, der im Winter 1991/1992 den ersten, den schwierigsten und den entscheidenden Durchbruch in Richtung Marktwirtschaft unternahm. Es sind gerade die Dreißig- bis Vierzigjährigen, die heute die erfolgreichsten Unternehmer und Spitzenmanager hervorbringen, die Vorstandsvorsitzende von Banken und Konzernchefs stellen, die in den Medien bereits dominieren und in der Politik immer mehr an Bedeutung erlangen. Diese Generation steht im Mittelpunkt meines Buches, und ich versuche zu beweisen, daß sie, zusammen mit den jüngeren Jahrgängen, in allernächster Zukunft zur entscheidenden Kraft in Rußland werden wird.

Dabei möchte ich mich nicht zum Wortführer einer ganzen Altersgruppe hochstilisieren, aber wenn es so etwas wie die Mentalität einer Generation gibt, so ist sie sicherlich auch mir eigen. Ich werde mich bemühen, sie Ihnen nahezubringen, damit Sie den Zeitgeist der 90er in Rußland besser verstehen können.

Hier nur einige Worte im voraus. Man sagt uns nach, wir seien eine Generation der Zyniker, doch was wie Zynismus aussieht, ist oft nur ungeschminkter Realitätssinn und Pragmatismus. Die verlogene Atmosphäre unserer Kindheit und Jugend, die in Breschnews Blütezeit fielen, hat uns eine stabile Abneigung gegen jegliches Pathos und erhabene Worte eingeimpft; die allumfassende Krise unseres Landes hat diese Generation, wie natürlich die anderen auch, gezwungen, auf Illusionen, Sentimente und feine Manieren weitestgehend zu verzichten, denn es gilt, über Wasser zu bleiben – für jeden im einzelnen und für alle zusammen als Staat; die atemberaubenden Perspektiven des Umbruchs haben gerade dieser Altersgruppe das Gefühl gegeben, sie könne sich in Dimensionen verwirklichen, die vor kurzem unvorstellbar erschienen, weshalb sie zielstrebig eine Bergwand nach der anderen erklimmt, ohne die Zeit für Nebensächlichkeiten zu vergeuden. Es ist eine Generation der Macher, die Klartext spricht und Klartext auch hören will. Und die sich mit Ironie und Selbstironie, die manchmal wie Zynismus anmuten, über die Absurditäten des postsowjetischen Lebens, die ins Auge stechende Kärglichkeit des Alltags und die schier unüberwindlichen Probleme des Heimatlandes hinwegtröstet, genauer gesagt – hinweggesetzt. Das Jammern, das Sichbeklagen und Sichbemitleiden gilt bei dieser Generation als ausgesprochen schlechter Ton.

Sie werden also in meinem Buch kein Jammern und kein Wehklagen finden, wohl aber Ironie und Selbstironie. Auch wenn die Rede darüber sein wird, wie Rußland eine der schwersten Krisen seiner Geschichte überwindet.

Eine der schwersten, nicht die schwerste.

Es gab nämlich wirklich schlimmere Zeiten.

Seine erste Existenzkrise erlebte das tausendjährige Rußland bereits im 13. Jahrhundert, als es von den Tataren erobert, für zwei Jahrhunderte versklavt und dadurch in seiner Entwicklung entscheidend zurückgeworfen wurde; trotzdem hat es seine Sprache, seine Kultur und sich als Staat erhalten können. Anfang des 17. Jahrhunderts stand Rußland erneut am Rande des Untergangs, als nach dem Erlöschen der Rurikiden-Dynastie der Machtkampf der Adelsgeschlechter, der Thronusurpatoren, der polnischen Eroberer, der aufständischen Bauern und der schwedischen Interventen das Land in einen allgemeinen Bürgerkrieg stürzte. Schließlich setzte eine Volkserhebung, angeführt von einem Fürsten und einem Kaufmann, der neunjährigen Smuta, der Zeit der Wirren, ein Ende; die Romanow-Dynastie etablierte sich, und sieben Jahrzehnte später kam jener Zar zur Welt, der als Peter der Große das rückständige Land in eine Großmacht verwandelte und ihm, um mit Puschkin zu sprechen, ein Fenster nach Europa schlug. Der historische Begriff »Zeit der Wirren« wird neuerdings von einigen Publizisten bei der Umschreibung der jetzigen Verhältnisse in Rußland verwendet. Ein Vergleich, der Belesenheit verrät, aber inhaltlich etwas weit hergeholt wirkt: Bei den Zuständen von Anno 1606 sind wir heute noch lange nicht.

Im 20. Jahrhundert erlebte meine Heimat gleich zwei Existenzkrisen, dazu noch die allerschwersten. Die eine begann im Oktober 1917, als nach drei Jahren Erschütterungen durch den Weltkrieg und die Februarrevolution, die dem Zarismus ein Ende setzte, die nicht sehr zahlreichen, aber gut organisierten und skrupellosen der Bolschewiki, die Kommunisten, die Macht an sich rissen und damit einen fast vierjährigen Krieg aller gegen alle entfachten. Wer Analogien zur Gegenwart sucht, sollte sich eher dieser Epoche zuwenden: Das Imperium hat sich zum ersten Mal bereits in den Wirren der Jahre

1917-1918 aufgelöst; überall, wo heute unabhängige Nachfolgestaaten der UdSSR entstanden sind, wurden damals schon selbständige Länder gegründet oder zumindest proklamiert – im Baltikum, in Weißrußland, in der Ukraine, in Transkaukasien, in Mittelasien. Das Auseinandergehen sah allerdings anders aus. Im ganzen Reich wurde ein flächendeckender selbstvernichtender Bürgerkrieg ausgetragen, an dem zig ausländische Nationen mitmischten: Die Engländer landeten im Norden, in Murmansk und Archangelsk, sowie im Süden, in Odessa, die Franzosen in Sewastopol, die Griechen in Cherson, die Amerikaner und Japaner in Wladiwostok; deutsche und österreichisch-ungarische Truppen besetzten weite Gebiete zwischen Ostsee und Schwarzem Meer, rumänische Truppen Bessarabien, die Türken drangen im Kaukasus vor. Zum Schluß wurde die Wolga von einer schrecklichen Hungerkatastrophe heimgesucht. Insgesamt kamen in diesen Jahren, laut offiziellen sowjetischen (sicher unvollständigen) Angaben, acht Millionen Menschen um, weitere zwei bis drei Millionen Russen, vor allem aus den wohlhabenden und gebildeten Schichten, flohen in die Emigration, die Landwirtschaft erzeugte nur noch die Hälfte vom Umfang des Jahres 1913, die Industrieproduktion fiel auf 20, in einigen Branchen sogar auf nur vier Prozent vom Niveau der Vorkriegszeit zurück. Wer heute das Wort Chaos in den Mund nehmen möchte, sollte sich diese Periode als Maßstab für seine Einschätzungen nehmen.

Rußland ist in dieser blutigen Orgie nicht untergegangen, obwohl der Preis des Überlebens katastrophal war: Es etablierte sich ein brutales Regime, das mit brachialer Gewalt das zerfallene Imperium wieder auferstehen ließ und einen permanenten Krieg gegen das eigene Volk begann. Auf die Liquidierung der Kosaken und der Geistlichen folgte die Vernichtung der Bauern, dann kam der Große Terror. Nach diesem unaufhörlichen Aderlaß von zwei Jahrzehnten geriet 1941 erneut der ganze Staat in existentielle Gefahr: Hitler überfiel die Sowjetunion. Lange Jahre wurde die Zahl der in diesem Krieg gefallenen Sowjetbürger mit 20 Millionen beziffert; heute spricht man von bis zu 28 Millionen. Das Unfaßbare daran ist, daß ein großer Teil dieser Menschen nicht den Besatzern, sondern der Schonungslosigkeit der eigenen Herrscher zum Opfer gefallen ist.

Nach den neuesten Schätzungen hat das kommunistische Regime insgesamt rund 60 Millionen seiner Bürger vernichtet.

Wenn wir nach solchem Horror – und hier ist dieses Wort nun wirklich angebracht! –, wenn wir nach solchem Horror immer noch die Kraft gehabt haben, ein Kulturvolk zu bleiben, so werden wir die jetzigen Herausforderungen wohl auch bewältigen können. Schließlich steht heute nicht die Existenz auf dem Spiel, obwohl Rußland gleich mit drei Systemkrisen konfrontiert wird, von denen jede einzelne anderen Staaten viel Kopfzerbrechen bereitet oder bereitet hat. Rußland muß in einem Zug den Bankrott eines Systems, den Zerfall eines Imperiums und den verspäteten Einstieg in das High-Tech-Zeitalter verkraften. In Osteuropa und in den neuen Bundesländern kann man derzeit beobachten, welche Kraftanstrengungen die Überwindung des »realen Sozialismus« der ganzen Gesellschaft abverlangt; wie schmerzhaft Großbritannien oder Frankreich sich von ihren Kolonialreichen trennten, wissen nicht nur die Geschichtsbücher zu berichten – einige Wunden sind bis heute nicht verheilt; von den strukturellen und sozialen Problemen, die eine Modernisierung der Wirtschaft mit sich bringt, können Gewerkschaftsfunktionäre, Unternehmer und Politiker in jedem entwickelten Land ein Lied singen.

All dies ist über uns mit einem Schlag hereingebrochen!

Und trotzdem gibt es in Rußland genügend Menschen, die heute die Ärmel hochkrempeln. Ich habe hier kurz zu erklären versucht, woher sie ihre Zuversicht oder zumindest ihren Überlebenswillen schöpfen: aus dem Wissen, wie es früher war, und dem Bewußtsein, daß es hätte schlimmer kommen können; aus der nüchternen Einschätzung der realen Lage; aus dem Gefühl, daß man nach langer Irrfahrt endlich Land gesichtet hat und es trotz Sturmböen ansteuert; aus der Tatsache, daß die Welt um uns herum nicht feindselig, sondern freundschaftlich gesinnt ist, daß sie hilft und helfen wird. Sicherlich ist auch ein Schuß des irrationalen, fatalistischen, rein russischen Glaubens an die Erlösung, an das letztendliche Überwinden der Qualen mit dabei; schließlich ist das größte Fest der orthodoxen Kirche nicht die Geburt, sondern die Auferstehung Christi.

Auch ich, Mittdreißiger, Pragmatiker und eigentlich Atheist, glaube an mein Rußland, an meine Mitbürger, an meine Generation. Ich bin überzeugt: Die 90er Jahre werden ein Jahrzehnt Rußlands sein! Das vor Ihnen liegende Buch erzählt über die Keime, die Vorzeichen, die Ansätze einer schwierigen, aber großen Zukunft. Und wenn jemand der Meinung sein sollte, dieses Buch strahle zuviel Optimismus aus, so kann ich nur erwidern: Ohne Hoffnung hat es keinen Sinn zu leben, geschweige denn Bücher zu schreiben – und sie auch zu lesen.

I. Teil
Die Wiedergeburt

1. Der letzte Kaiser

Michail Gorbatschow und der Zerfall der Sowjetunion

»Gegen Ende der siebziger Jahre stand für die Zeitgenossen fest, daß Rußland krank war. Gestritten wurde nur, was für eine Krankheit es sei und wie man sie heilen könne.«

Mit diesen prophetischen Worten begann Juri Trifonows 1973 veröffentlichter Roman *Ungeduld*. Das Buch erzählte von den russischen Terroristen des 19. Jahrhunderts, die Zar Alexander II. in der Hoffnung auf revolutionäre Veränderungen töteten, doch die Parellele zur Gegenwart war unverkennbar. Der Autor, einer der großen sowjetischen Zeitkritiker, war, ebenso wie die Helden seines Romans, ungeduldig. Denn für die allgemeine Einsicht, daß eine schwere Krankheit naht, war die Zeit 1973 noch nicht reif: In der Staatskasse klingelten immer fröhlicher die Öldollars und Erdgas-DMs, die Regale der Geschäfte füllten sich etwas, Wodka gab es zur Genüge, der Lebensstandard wuchs, die internationale Entspannung machte Fortschritte und festigte das Gefühl der äußeren Sicherheit. Es mußten noch einige Jahre vergehen, bis die Zeitgenossen einsahen, daß Rußland wieder einmal krank war.

Gestritten wurde nur, was für eine Krankheit es sei und wie man sie heilen könne. »Die einen sahen die Ursache des rätselhaften russischen Leidens in der Verkümmerung des nationalen Geistes, die anderen in der Schwächung der Staatsgewalt, die nächsten wiederum in ihrer übermäßigen Stärkung... Es gab auch Leute, die das verruchte System kurz und klein schlagen wollten, alles Weitere würde sich finden«, schrieb der heute zu Unrecht in Vergessenheit geratene Trifonow, und sein Rückblick auf fast hundert Jahre zurückliegende Ereignisse las sich wie eine Vorhersage. So, wie er es beschrieb, kam es dann auch.

Jene Leute, die das verruchte System kurz und klein schlagen wollten, hießen nunmehr Dissidenten, saßen in Lagern und psychiatrischen Anstalten oder mußten (durften) ausreisen; in hitzigen Diskussionen in privaten Wohnungen und bei Aufbauarbeiten in zerstörten Kirchen begann sich eine Bewegung herauszubilden, die dem verkümmernden nationalen Geist der Russen wieder neues Leben einhauchen wollte und sich in einigen Jahren als »Pamjat« weltweit einen Namen machen sollte; die sich etablierenden neuen politischen, wirtschaftlichen und geistigen Eliten in den Sowjetrepubliken beklagten sich noch insgeheim über das Diktat der übermäßig zentralisierten Staatsgewalt und machten sich bereits Gedanken über ihre Umverteilung; und in den Korridoren und Dienstzimmern der eigentlichen Macht dachte der weitsichtigere Teil der KPdSU immer ernster darüber nach, mit welchen Mitteln und welchen Personen man der Schwächung der eigenen Positionen entgegentreten könnte.

Das Symbol dieser Schwächung hatten alle ständig vor Augen: auf dem Bildschirm, in den Zeitungen, in Büchern in Form endloser Zitate und auf den Straßen in Form überdimensionaler Portraits. Das Symbol hieß Leonid Breschnew.

In den Perestroika-Jahren rühmte sich die KPdSU immer wieder des Verdienstes, den Reformprozeß eingeleitet zu haben. Das klingt genau so, wie wenn ein Patient damit prahlen würde, zum Arzt gegangen zu sein und ihn auf seine Beschwerden aufmerksam gemacht zu haben. Die Perestroika konnte einzig und allein die Partei beginnen, weil die von ihr geschaffene totalitäre Machtstruktur einfach keine anderen gesellschaftlichen Aktivitäten im Lande zuließ. Die Perestroika mußte von der Partei begonnen werden, weil Anfang der 80er Jahre die Konturen der bevorstehenden Krise schon deutlich zu sehen waren: Die Wirtschaft stagnierte (daher auch die von den Perestroika-Ideologen geprägte Universalformel für die Breschnew-Epoche: »Die Zeit der Stagnation«), der verpaßte Einstieg in die »wissenschaftlich-technische Revolution« machte sich immer bemerkbarer, der alberne Breschnew-Kult führte zu einem gefährlichen Autoritätsverlust der Partei und nagte an den ideologischen Grundfesten des Systems, der Afghanistankrieg zehrte unentwegt an den inneren Ressourcen und dem äußeren Renommee des geschwächten Landes, während sich in Europa ein massives Kräftemessen um die Raketenfrage anbahnte. Und da war noch etwas: Der anfangs als Cowboy-Präsident nicht ernst genommene Reagan legte ein auf den Namen SDI getauftes militärisches Weltraumprogramm vor, dem man eindeutig nicht gewachsen war und das der heiligen Kuh der Globalstrategen im Kreml, dem strategischen Gleichgewicht zwischen den beiden Supermächten, den Boden zu entziehen drohte. Es war also keineswegs die Sorge um die »weitere Befriedigung der materiellen und geistigen Bedürfnisse der Werktätigen«, sondern der nackte Selbsterhaltungstrieb, der die KPdSU an Reformen denken ließ. Die alten Herren im Politbüro waren für einen solchen Kraftakt nicht mehr geeignet: Die kurzlebigen und sporadischen Bemühungen Juri Andropows waren in dieser Hinsicht überaus überzeugend. Nach seinem Tod versank das Land unter Konstantin Tschernenko wieder in eine spannungsgeladene Lethargie.

Die herrschende Partei brauchte nicht nur einen Kurs-, sondern auch einen Generationswechsel.

Im Februar 1985 gab es ein Ereignis, das dem ganzen Land den Marasmus einer degenerierten Führung mit brutaler Direktheit vor Augen führte. Es gab wieder einmal »Wahlen« zum Obersten Sowjet, und die Hauptnachrichtensendung des Fernsehens *Wremja* (Zeit) dokumentierte gewohnheitsmäßig die Stimmabgabe des Staats- und Parteichefs. Was an diesem Abend weit mehr als hundert Millionen Zuschauer zu sehen bekamen, war erschreckend: Der todkranke Konstantin Tschernenko stand im Wahllokal, gestützt von zwei bulligen Leibwächtern, und fand nicht einmal die Kraft, um die Hand mit dem Stimmzettel zu heben. Man hatte den Eindruck, daß er von diesen beiden Männern die wenigen Schritte bis zur Wahlurne regelrecht getragen wurde, dann nahm einer von ihnen Tschernenko am Ellenbogen und half ihm, mit dem Blatt in den Schlitz zu treffen. Das Gesicht des Parteichefs sah dabei jämmerlich und geistesabwesend aus, er schien nicht zu begreifen, was rings um ihn passierte, oder aber er hatte in dem Moment physisch und seelisch schwer zu leiden.

Ein künftiger Historiker wird vielleicht der Entstehungsgeschichte dieser politisch vernichtenden Reportage nachforschen wollen. Einige Jahre später wurde nämlich in einem rückblickenden Fernsehbericht mitgeteilt, daß Tschernenko an jenem Tage gar nicht im Wahllokal, sondern in seiner extra hergerichteten Krankenhaus-Suite war, daß also die ganze Reportage anscheinend eine Inszenierung war, die den eigentlichen Zustand des Generalsekretärs vertuschen sollte. Doch das gestellte Ziel wurde total verfehlt. Lag das an der mangelnden Professionalität der Regie? Oder an der Fahrlässigkeit der Reporter? Oder hatten vielleicht die verantwortlichen Redakteure im Studio von der bereits im Vorzimmer der Macht stehenden Gruppe jüngerer Politiker den Wink bekommen, der Bevölkerung die Notwendigkeit von personellen Veränderungen an der Parteispitze augenscheinlich zu machen? Wie dem auch sei, die Zuschauer waren entsetzt. Dieser bestenfalls Mitleid erweckende Greis war also Herr und Gebieter der Supermacht Sowjetunion?! Diese erbärmliche Kreatur sollte einer der zwei mächtigsten Männer der Welt sein?! Diese zittrigen Finger lagen auf dem roten Atomknopf?! Nein, so konnte es nicht weitergehen!

Und da kam Gorbatschow.

Der allererste Witz, der über ihn verfaßt wurde, nahm zweifellos Bezug eben auf jenen schockierenden Fernsehbericht. Der Witz lautete: »Wer unterstützt Gorbatschow im Kreml?« »Niemand, er geht von alleine«. Man war regelrecht stolz darauf, nach langen Jahren wieder einen beweglichen Generalsekretär zu haben.

Bald darauf präsentierte der neue Mann eine weitere praktisch vergessene Gabe: Er konnte frei sprechen. Im Vergleich mit einem Breschnew, der nachweislich selbst die Anrede »Liebe Genossen!« vom Zettel ablesen mußte, war das der Durchbruch in eine neue Dimension. Ich entsinne mich noch gut der Ursache für die erste stürmische Reaktion auf Gorbatschow in meinem eigenen Familienkreis. Kurz nach dem Machtantritt hatte er im Mai 1985 seine berühmte Leningrad-Reise unternommen. An jenem Abend war ich relativ spät nach Hause gekommen und wußte nichts über die aktuellen Ereignisse. Ich stand noch in der Tür, als meine Mutter mir aufgeregt zu berichten begann, wie Gorbatschow vor einer Versammlung der Partei- und Wirtschaftsfunktionäre der Newa-Stadt gesprochen hatte. Allein die Tatsache, daß sie sich so etwas im Fernsehen überhaupt angesehen hatte, war schon verwunderlich, lösten doch derartige Veranstaltungen damals bei den meisten Bürgern lediglich den Abschaltreflex aus. Noch verwunderlicher war, was sie zu erzählen wußte: Dieser neue Generalsekretär habe zwar eine vorbereitete Rede gehabt, die übrigens frische und kritische Gedanken enthielt, doch er habe sie immer wieder zur Seite gelegt, um – unvorstellbar! – aus freien Stücken mit den Leuten einfach so zu sprechen. Besonders fasziniert war meine Mutter von dem Umstand, daß Gorbatschow seine Gesprächspartner vom Vormittag im Saal nicht nur wiedererkannte, sondern sich auch ihrer Namen und sogar Ämter entsinnen konnte und sich immer wieder auf das von ihnen zuvor Gehörte berief. Dies alles mag anekdotisch klingen, doch das altersschwache Politbüro hatte in jener Zeit die Ansprüche der Sowjetbürger an ihre Spitzenpolitiker derartig herunterzuschrauben verstanden, daß die Menschen bereit waren, sich schon mit einem halbwegs gesunden und einem halbwegs vernünftigen Generalsekretär zu begnügen. Eine Persönlichkeit vom Format Gorbatschows übertraf bei dem damaligen Hintergrund haushoch alle bescheidenen Erwartungen. Dieser Mann mußte bei den Menschen gut ankommen.

Es ist nicht die Aufgabe dieses Buches, ein politisches Portrait Michail Gorbatschows zu zeichnen oder das von ihm Geleistete umfassend zu bewerten. Doch angesichts der nur langsam abnehmenden Gorbatschow-Begeisterung des Westens ist es unumgänglich, eine Antwort auf die Frage zu geben, warum Rußland diesen Politiker auf den Weg in seine neue Zukunft nicht mitgenommen hat.

Das ist für viele immer noch unverständlich und trübt den Blick für die heutige Entwicklung in Rußland.

Zuerst einmal muß man sich klarwerden über die Ursachen der unadäquaten Reaktionen des »kapitalistischen« Westens auf den kommunistischen Generalsekretär. Es entstand nämlich eine wahnwitzige Situation: Während man sich in Gorbatschows Heimat mit Freude von der bislang obligatorischen Vergötterung des Parteichefs befreite, bastelte das Ausland emsig an einem Kult mit fast – siehe Kennedy – beispiellosen Dimensionen. Allerdings lag der Kennedy-Kult ein Vierteljahrhundert zurück, und man hätte meinen können, daß die westliche Welt seit dieser Zeit stabiler, reifer und demokratiebewußter geworden war. Denn die Schwärmerei für Politiker ist eigentlich das Merkmal einer Krise und zugleich eine Kinderkrankheit der Demokratie; den leidenschaftlichen Wunsch, einen Leitstern, einen Führer, einen Götzen zu haben, verspüren meistens totalitär oder autoritär geprägte und instabile Gesellschaften, während für entwickelte und beständige Demokratien eher eine pragmatische, ja sogar skeptische Einstellung zu Politikern kennzeichnend ist: Man betrachtet sie als ein notwendiges Übel und weiß, daß man sie beim nächsten Urnengang abwählen kann. (Es ist schwer vorstellbar, daß beispielsweise die Schweizer plötzlich einen Staatsmann anzuhimmeln begännen.) Politische Idole dürften als Phänomen des stürmischen 20. Jahrhunderts in die Geschichte eingehen, zumindest in der nördlichen Hemisphäre. Vielleicht war gerade Gorbatschow der letzte Kultpolitiker der demokratischen Welt.

Für die Gorbatschow-Begeisterung des Westens fand jemand einen überaus treffenden Ausdruck: Gorbimanie. Eine Manie ist ein krankhafter Zustand, eine überspitzte, übertriebene Reaktion. Entscheidend für diesen Zustand ist nicht der Auslöser, sondern die innere Verfassung des von der Manie Befallenen. Eine Erklärung für den Erfolg des Generalsekretärs sollte man daher nicht zuletzt in der damaligen Gemütslage des Westens suchen.

Der Westen sehnte sich nach einem Gorbatschow. Man kann diese Sehnsucht durchaus nachvollziehen, denkt man an die politische Großwetterlage Anfang der 80er Jahre zurück. Der kalte Krieg, während der Helsinki-Entspannung für beendet gehalten, war wieder ausgebrochen, doch diesmal spielte sich die unmittelbare Konfrontation der Supermächte nicht irgendwo in der Karibik ab, sondern im Herzen von Europa. Die Realisierung des von waffenbesessenen sowjetischen Militärs provozierten NATO-Doppelbeschlusses über die Raketenstationierung, der den ohnehin hochgerüsteten Kontinent in ein nukleares Pulverfaß verwandelte, führte zu der wohl schärfsten Zuspitzung der Beziehungen zwischen den Blöcken seit der Kubakrise. Man konnte es auf vielen Plakaten der Friedensbewegung nachlesen: Es war fünf Minuten vor zwölf. (Ob es tatsächlich so war, ist eine andere Frage, aber viele, nicht zuletzt unter dem Eindruck der globalen Propagandaschlacht, empfanden es so.) Millionen Menschen hatten Angst vor einem atomaren Inferno.

In zwei Ländern war die allgemeine Erregung besonders heftig: in den USA und in Deutschland. Das ist durchaus verständlich: Die Vereinigten Staaten waren für die Sowjetunion jahrzehntelang der Feind Nummer eins, und was sie bei einer möglichen Eskalation des Konflikts erwartete, war in der damals berühmt gewordenen Spielfilmvision »Der Tag danach« eingängig dargestellt worden; zum anderen Deutschland als Hauptstationierungsort der amerikanischen Raketen, das in diesem Falle auch der Hauptleidtragende des Schlagabtauschs gewesen wäre und weit weniger Überlebenschancen gehabt hätte als das große Amerika. Diese beiden Länder hatten in der Tat am meisten Grund, Angst zu haben; sie waren es auch, die im nachhinein am meisten jenem Mann zujubelten, der sie ihnen genommen hat.

Die Begeisterung für Gorbatschow in den USA ist gewiß auch durch sein (und seiner Frau) medienwirksames Auftreten zu erklären, was bei den Amerikanern, die nun einmal ein Herz für jegliches, auch für politisches, Entertainment haben, immer gut ankommt: Nicht zufällig wurde das nicht eingeplante Aussteigen an einer Straßenkreuzung zwecks Händeschütteln mit Passanten beinahe zum Hauptereignis von Gorbatschows erster Amerikareise hochstilisiert.

Bei den Deutschen gab es tiefer gründende psychologische Motive. Meiner festen Überzeugung nach sind einige Wurzeln der phänomenalen Gorbatschow-Verehrung der Deutschen in ihrer – oder besser gesagt in unserer gemeinsamen – Vergangenheit zu suchen. In den vier Jahrzehnten nach dem 2. Weltkrieg hat sich bei den Deutschen ein Schuldgefühl gegenüber der Sowjetunion und ein enormes Versöhnungsbedürfnis angestaut (ich habe oft genug Situationen erlebt, in denen das deutlich zum Ausdruck kam). Entsprechendes praktisches Handeln stieß jedoch immer wieder auf die vom kalten Krieg errichteten Mauern. Während die Bundesrepublik im Westen kontinuierlich eine freundschaftliche Beziehung zum ehemaligen Erzfeind Frankreich entwickeln konnte, stockte dieser Prozeß im Osten, weil das kommunistische Regime, das regelmäßig seine Panzer irgendwo einmarschieren ließ, zur Herzlichkeit gegenüber der UdSSR nicht gerade anregte. Es gab zwar einen Lichtblick unter Breschnew und Brandt, aber er war nicht von Dauer. Und er entbehrte, wie man unter Kommunisten zu sagen pflegte, der Massenbasis. Es gab also in Deutschland einen seelischen Nachholbedarf, und als sich endlich das Gefühl verbreitete, daß der Kreml einer wirklichen Abrüstung zustimmen und sein Reich tatsächlich reformieren und vermenschlichen würde, kam es zum Dammbruch – was meines Erachtens nach eher für die moralischen Qualitäten der Deutschen als für die politischen Verdienste Gorbatschows spricht. Mit der Dankbarkeit für die Wiedervereinigung hatte es vorerst nichts zu tun: Seinen größten Triumph in Deutschland feierte Gorbatschow während des Juni-Besuchs 1989, als die Mauer noch stand und Honecker sich auf den 40. Jahrestag der DDR vorbereitete. Ein halbes Jahr davor hatte es in der Bundesrepublik die überwältigende Solidaritätsbekundung mit dem vom Erdbeben heimgesuchten Armenien gegeben, die für mich ein eindeutiger Beleg für das (bei manchen vielleicht auch unbewußte) Bestreben der Deutschen nach Wiedergutmachung gegenüber der Sowjetunion war. Das Auftreten des Politikers Michail Gorbatschow wurde somit zum ersehnten Anlaß, einer langjährigen Herzenssache freien Lauf zu lassen, auf ihn personalisierte sich ein Gefühlsausbruch, der eigentlich den Völkern der Sowjetunion galt.

Die Sympathie für Gorbatschow wurde auch fleißig von der bornierten DDR-Führung geschürt, die das Bruderland von Einflüssen der Perestroika (und ganz besonders der Glasnost) abzuschotten versuchte. Dadurch wurde der KPdSU-Generalsekretär zum Hoffnungsträger der ostdeutschen Gegner des SED-Generalsekretärs, was Gorbatschow weitere Pluspunkte bei den Westdeutschen einbrachte. Etwas ähnliches war zuvor schon in der Tschechoslowakei passiert, wo Gorbatschow im April 1987 einen seiner ersten Auslandstriumphe genießen konnte: Die Tschechen hatten böse Erfahrungen mit der Sowjetunion gemacht und sahen nun im neuen Mann aus Moskau einerseits die Bestätigung »aus erster Hand«, daß sie 1968 doch Recht gehabt hatten, und andererseits jene Kraft, die das mit Hilfe sowjetischer Panzer etablierte Hardliner-Regime endlich entmachten könnte (Husak stürzte tatsächlich in wenigen Monaten und wurde durch den perestroikafreundlichen Jakeš ersetzt, doch auch der hielt sich nicht lange – genau wie die Gorbatschow-Begeisterung der Tschechen). Ich habe noch immer die Fernsehbilder vor Augen, die Gorbatschow inmitten der jubelnden Menge in einer Prager Straße zeigten; ich erinnere mich noch gut daran, wie stolz ich in diesem Augenblick auf mein Land und unseren Spitzenpolitiker war, der auch anderen Völkern eine demokratische Zukunft verhieß. Doch das ist lange her.

Die USA, Deutschland und eine Zeitlang die Tschechoslowakei – das waren meinen Beobachtungen nach die drei Hochburgen der Gorbatschow-Verehrung, und nicht zufällig ging die erste Auslandsreise des Ex-Präsidenten 1992 nach Deutschland, worauf wenig später eine zweiwöchige Tournee durch die USA folgte. Alle drei Länder hatten mit der Sowjetunion besonders unangenehme und besorgniserregende Erfahrungen gemacht und erhofften sich die meisten Vorteile von ihrer Reformierung. In allen drei Ländern war also der subjektive, teilweise egoistische und stets emotionale Blick bei der Einschätzung des Politikers Gorbatschow ausschlaggebend.

Es ist nicht meine Absicht, die tatsächlichen außenpolitischen Verdienste Gorbatschows zu mindern, doch man sollte sich darüber im klaren sein, daß an seiner Stelle jeder andere halbwegs vernünftige und halbwegs gesunde neue Generalsekretär im Westen auf erwartungsvolles Wohlwollen gestoßen wäre. Die Geschichte beweist es. Trotz der Kubakrise fand Amerika den Exoten Chruschtschow nicht unsympathisch, auch wenn er aus seiner Absicht, die Kapitalisten zu Grabe zu tragen, keinen Hehl machte; die friedensstiftenden Initiativen des Entspannungspolitikers Breschnew stießen mancherorts sogar auf Enthusiasmus, obwohl die in Prag 1968 angewandte »Breschnew-Doktrin« nie ihre Aktualität verlor; und selbst Andropow wurde trotz seiner blutigen Rolle in Ungarn 1956 und der 15jährigen KGB-Tätigkeit für seinen Versuch, wenigstens irgend etwas in der Sowjetunion zu verbessern, mit westlicher Sympathie honoriert. Gorbatschow hat natürlich für den Westen unvergleichbar mehr als seine Vorgänger getan und verwirklichte dies viel schneller, als es je für möglich gehalten wurde – es war allerdings zu diesem Zeitpunkt bereits eine objektive Notwendigkeit und letztendlich eine Überlebensfrage des Regimes. Das Besondere an ihm war auch sein unbestreitbarer Charme, jene ganz persönliche Note, die ihn von all seinen Vorgängern abhob. Eine berühmt gewordene Karikatur aus der Anfangszeit der Perestroika zeigte eine lange Reihe finster dreinblickender, völlig gleich aussehender sowjetischer Parteifunktionäre (die dem »Mister No« Gromyko ähnelten) und daneben auf einmal einen freundlich lächelnden und zuwinkenden »Mister Yes« Gorbi. Es machte Spaß, dieses Lächeln zu erwidern.

Außenpolitik ist ein überaus schwieriges Metier, aber seltsamerweise hatten mehrere sowjetische Generalsekretäre eine Vorliebe für internationale Angelegenheiten. Das gilt besonders für Breschnew, dessen Ansehen im Westen in den 70er Jahren eindeutig größer war als daheim. Diese Neigung sowjetischer Spitzenpolitiker mag sich damit erklären, daß in der Außenpolitik zumindest zwei Seiten am Werk sind und der Weg zum Erfolg daher halb so lang ist, wenn der Partner entgegenkommt. Es kann auch daran liegen, daß unter den Bedingungen des kalten Krieges, der harten Konfrontation zwischen den Militärblöcken politische Finesse und diplomatisches Fingerspitzengefühl global gesehen viel weniger gefragt waren als einfach guter Wille und gesunder Menschenverstand: Hochkarätige Diplomatie beginnt nicht bei der Beilegung einer Feindschaft, sondern beim Interessenausgleich zwischen Freunden. Eine wichtige Voraussetzung war auch die Tatsache, daß in der KPdSU-Führung die liberaleren, aufgeklärteren, progressiveren Kräfte, von Beratern bis zu Entscheidungsträgern, sich in der Regel um die außenpolitischen Ressorts gruppierten, während in der Innenpolitik die Betonköpfe das Feld beherrschten, wo es ja schließlich unmittelbar um ihre Macht ging. Das Faible für internationale Betätigung ist schließlich darauf zurückzuführen, daß Gipfeltreffen, Auslandsbesuche, Vertragsunterzeichnungen und Freundschaftsbekundungen viel spektakulärer, viel medien- und massenwirksamer sind und viel schneller zu Ruhm und Ehren verhelfen als das tagtägliche Herumfeilen an Haushaltsentwürfen, Steuerreformen oder sozialen Programmen. Nicht von ungefähr flüchten auch anderswo Präsidenten oder Regierungschefs auf die internationale Bühne, wenn sich im Landesinneren die Stolpersteine unangenehm vermehren. Die Rechnung kommt spätestens beim nächsten Urnengang, weil jeder westliche Wahlkampfstratege nur zu gut weiß, daß bei innenpolitischen Auseinandersetzungen außenpolitische Erfolge nur in den seltensten Fällen eine entscheidende Rolle spielen.

Michail Gorbatschow scheiterte an der Innenpolitik. Doch das war eigentlich gar nicht so sehr seine eigene Schuld – obwohl er persönlich viele, zu viele Fehler gemacht hat – sondern gewissermaßen eine historische Gesetzmäßigkeit. Sein innenpolitisches Fiasko war genauso vorherbestimmt wie sein außenpolitischer Triumph: Die KPdSU hatte ihn 1985 für ein Vorhaben auserkoren, dem die Geschichte zu diesem Zeitpunkt bereits alle Chancen auf Erfolg abgesprochen hatte.

Dieses Vorhaben hieß »Erneuerung des Sozialismus« und hatte das Ziel, die Macht der KPdSU zu retten.

Gorbatschow selbst war in seinen Absichtserklärungen immer absolut ehrlich, das muß man ihm lassen. Er suchte von vornherein jegliche Zweifel und Mißverständnisse bezüglich seiner Ziele auszuräumen und hat deshalb 1987 sogar das Buch *Perestroika* verfaßt (verfassen lassen), in dem alles klipp und klar gesagt ist. Etwa so: »Wir werden uns weiter auf einen besseren Sozialismus zu bewegen, und nicht von ihm weg … Jede Hoffnung, wir würden eine andere, nichtsozialistische Gesellschaft anstreben und ins andere Lager umschwenken, ist unrealistisch und zwecklos. Die Leute im Westen, die von uns eine Abkehr vom Sozialismus erwarten, werden enttäuscht sein.« Oder so: »Die lebensspendende Kraft unserer großen Revolution war zu gewaltig, als daß Partei und Bevölkerung sich mit Erscheinungen hätten abfinden können, die unsere revolutionären Gewinne zu vergeuden drohten. Die Werke Lenins und seine sozialistischen Ideale bleiben für uns eine unerschöpfliche Quelle kreativen dialektischen Denkens, theoretischen Reichtums und politischen Scharfsinns. Gerade sein Vorbild ist uns ein unsterbliches Beispiel für hohe moralische Stärke, umfassende Bildung und selbstlose Hingabe an die Sache des Volkes und des Sozialismus.« Ich glaube, das reicht.

Das Buch wurde zum Bestseller, der Westen war begeistert.

Ich kann durchaus begreifen, warum die westliche Linke nach so hoffnungslosen Fällen wie Breschnew und Tschernenko mit Gorbatschow wieder das inspirierende Gefühl bekam, aus der sowjetischen Alternative zum Kapitalismus könne doch noch etwas werden, der ersehnte dritte Weg tue sich wieder auf; ich verstehe, nicht zuletzt am eigenen Beispiel, den Elan der sowjetischen Intellektuellen, die in die Perestroika anfänglich mit reformkommunistischen Ansichten gingen (und werde auf diesen Aspekt später noch zu sprechen kommen); aber mir will es nicht in den Kopf, warum der »kapitalistische« Westen die kommunistische Phraseologie Gorbatschows nicht ernst nehmen wollte, warum man sich im Bürgertum und in den seriösen Medien so leidenschaftlich dem Selbstbetrug hingab, der nette Generalsekretär wolle das totalitäre kommunistische System demontieren und die UdSSR in eine parlamentarische Demokratie mit einer modernen Marktwirtschaft verwandeln, warum der liberale wie der konservative Westen so hartnäckig Gorbatschows ständige Treuegelöbnisse gegenüber Lenin, der KP und dem Sozialismus lediglich als Manöver, die seine mächtigen Widersacher in der Partei ablenken und beruhigen sollten, deuten wollte. Vielleicht aus der eigennützigen Überlegung heraus: Der Mann rüstet ab und ist kalkulierbar, was wollen wir noch mehr?

Es mag sein, daß bestimmte Ablenkungsmanöver 1987 nach innen hin noch nötig waren, aber dieselben Sprüche konnte man von Gorbatschow auch im Herbst 1989 nach den osteuropäischen Revolutionen hören und 1991 nach dem Blutvergießen im Baltikum, und selbst am 22. August 1991, nach dem mißglückten Putsch der Partei- und Militärfunktionäre, sprach Gorbatschow auf der für ihn politisch selbstmörderischen Pressekonferenz über seinen festen Glauben an die Reformierbarkeit der KPdSU. Dieser Mann ist immer ein eingefleischter Kommunist geblieben. Wie lange wird es wohl dauern, bis die westliche Öffentlichkeit dies endlich zur Kenntnis nimmt?

Gorbatschows Landsleuten ist die entsprechende Einsicht viel früher gekommen. Das erste große Zweifeln hatte im Herbst 1987 eingesetzt, als der Moskauer Parteichef und Politbüro-Kandidat Boris Jelzin gefeuert wurde. Ich erinnere mich noch gut, wie am Vorabend der entscheidenden Sitzung eine bekannte Autorin bei einem Seminar im Schriftstellerverband uns, einer Gruppe junger Journalisten, voller naiver und liebevoller Überzeugung sagte: »Michail Sergejewitsch wird Boris Nikolajewitsch nicht im Stich lassen!« Zwei Tage später lasen die entsetzten Moskauer, wie Jelzins Parteigenossen ihn in Anwesenheit des Generalsekretärs mit Dreck bewarfen, und man fühlte sich an Stalins Schauprozesse erinnert, über die man mittlerweile dank Glasnost gut informiert war. Die Sache mit Jelzin wurde dem Vater der Glasnost nicht verziehen, obschon man noch Verständnis zeigte. Bei jedem neuen Schwenk ins konservative Lager nahm das allerdings ab. Da jedoch der Demokratisierungsprozeß zu dieser Zeit eine immer größer werdende Eigendynamik bekam und der ständig lavierende und zögernde Gorbatschow keine entschiedenen Gegenschritte unternahm, wußte man nie so recht, was er befürwortete und was gegen seinen Willen geschah. Den Sympathisanten erlaubte das, bestimmte Erfolge auf sein Konto zu verbuchen.

Noch während der großen Moskauer Februar-Demonstrationen 1990, die eine wesentliche Zuspitzung der Konfrontation zwischen Reformern und Hardlinern markierten, konnte man auf Spruchbändern die vorwurfs- und zugleich erwartungsvolle Frage lesen: »Mit wem sind Sie, Michail Sergejewitsch?« Damals war ein Schulterschluß zwischen Gorbatschow und den Demokraten, den Geistern, die er gerufen hatte, noch möglich.

Ein Jahr später waren es eben diese Demonstranten, von denen man viele im August 91 vor dem Weißen Haus hätte wiederfinden können, die vehement Gorbatschows Rücktritt forderten. Innerhalb eines Jahres, weniger noch, binnen einiger Monate hatte Gorbatschow bei der Demokratiebewegung endgültig alles verspielt.

Das begann im Herbst 1990. Es war der Herbst des Generalsekretärs.

Den im darauffolgenden Winter oftmals gegen ihn erhobenen Vorwurf, er wolle sich mit diktatorischen Vollmachten ausstatten, wies Gorbatschow in Reden und Interviews immer wieder mit der Begründung zurück, dies könne nicht sein Ziel sein, denn sonst hätte er die Perestroika gar nicht erst beginnen brauchen – seine Wahl zum Generalsekretär der KPdSU im März 1985 hätte ihn bereits zum uneingeschränkten Gebieter im Lande gemacht. Diese Erklärung klingt überzeugend, ignoriert jedoch die Tatsache, daß der junge, vitale, ehrgeizige Gorbatschow von seinen greisen Vorgängern ein wirtschaftlich und moralisch dahinsiechendes Land mit einem durch den Afghanistankrieg, das pausenlose nukleare Aufrüsten und die ständigen Menschenrechtsverletzungen stark angeschlagenen internationalen Ansehen erbte. Gorbatschow begann mit der Perestroika nicht etwa, um die Allmacht des Generalsekretärs abzubauen: Ein Kardinal wird nicht in der Absicht Papst, den Einfluß der katholischen Kirche einzudämmen. Gorbatschow, der sein ganzes Leben lang ausschließlich mit Parteiarbeit beschäftigt war und in einer musterhaften

Nomenklatura-Karriere alle Stufen der kommunistischen Hierarchie erklommen hatte, begann mit der Perestroika, um sich in den Herrscher eines prosperierenden und weltweit geachteten Staates zu verwandeln. Bei diesen objektiv notwendigen Reformbemühungen wurden Demokratie und Glasnost nicht als Endziel der Entwicklung verstanden, sondern als Mittel, um das Land aufzurütteln, um den alten Strukturen neues Leben einzuhauchen, um dem Sozialismus ein »menschliches Gesicht« aufzusetzen und ihn von seiner blutigen Vergangenheit zu reinigen.

Diese utilitäre Einstellung zu »allgemeinmenschlichen Werten« machte sich sogar auf der Ebene der Gorbatschowschen Lexik bemerkbar. Er sprach viel öfter von Demokratisierung als von Demokratie und gebrauchte praktisch nie den Ausdruck Pressefreiheit, sondern immer nur Glasnost. Eine freie Presse war ja auch nicht nötig, denn für die Aufgabe, durch kritische Berichterstattung über die jüngste Vergangenheit der Bevölkerung die Notwendigkeit der Perestroika vor Augen zu führen und durch erschütternde Berichte über Stalins Greueltaten den humanistischen Charakter dieser »Revolution von oben« hervorzuheben, – für solch eine Aufgabe war Glasnost genau das richtige. Gekoppelt mit Demokratisierung, war Glasnost auch ein gutes Mittel, um alte Breschnew-Seilschaften zu entmachten und den, wiederum objektiv notwendigen, Generationswechsel auf allen Ebenen der Parteiführung herbeizuführen.

Sich persönlich hat Gorbatschow aus dem Demokratisierungsprozeß allerdings vorsorglich ausgeklammert. Der große Reformer hat selbst in Sternstunden seiner Popularität dem demokratischen Wettstreit um Stimmen eindeutig mißtraut. Zum Volksdeputierten ließ er sich 1989 von der KPdSU ernennen: Das damalige Wahlgesetz reservierte ein Drittel der Abgeordnetenplätze für »Vertreter gesellschaftlicher Organisationen«, davon gehörten 100 Mandate unmittelbar der Kommunistischen Partei. Der Plenarsitzung des Zentralkomitees der KPdSU, die diese Mandate verteilen sollte, wurde eine Liste aus exakt 100 Kandidaten vorgelegt, damit bei der Abstimmung nichts schiefging. Bei der Wahl zum Vorsitzenden des Obersten Sowjets der UdSSR wurden selbst ungefährliche Alternativkandidaten nicht zugelassen; und auch am 15. März 1990 war Gorbatschows Name der einzige im Stimmzettel, der den etwa 2200 Volksdeputierten vorgelegt wurde. Diese Wahlmänner waren es – und nicht das Volk – die Michail Gorbatschow zum ersten (und letzten) Präsidenten der Sowjetunion kürten. All die Jahre fehlte ihm die Legitimation durch eine landesweite freie Willensäußerung der Bevölkerung.

Als Gorbatschow merkte, daß die unvorsichtige Betätigung der Hebel »Demokratisierung« und »Glasnost« unkontrollierbare und für seine Macht gefährliche Folgen zeitigte, legte er im Herbst 1990 entschieden den Rückwärtsgang ein. Im Prinzip trat er in die Fußstapfen Nikita Chruschtschows, der in den 50er Jahren als erster KP-Chef die Entstalinisierung der sowjetischen Gesellschaft einleitete, Millionen Menschen aus den Lagern entließ und den Intellektuellen etwas Freiheit gönnte, aber nach ungefähr fünf Jahren mißglückter Reformversuche damit begann, selbst wieder alles zurückzuschrauben – wodurch er dem reaktionären Breschnew-Regime den Weg ebnete. Wie Chruschtschows Tauwetter mußte auch Gorbatschows Perestroika an der Unmöglichkeit scheitern, den Kommunismus zu reformieren, statt sich von ihm loszusagen.

Einige Ereignisse dürften Gorbatschow besonders verunsichert haben: die im März 1990 verabschiedete, seither konsequent verteidigte und dadurch zur Nachahmung anspornende Unabhängigkeitserklärung Litauens; die Blamage bei der Demonstration am 1. Mai, als er ausgepfiffen wurde und die Tribüne auf dem Lenin-Mausoleum verließ; Boris Jelzins Wahl zum Vorsitzenden des Obersten Sowjets Rußlands im Juni, die Gorbatschow mit seiner ganzen Macht zu vereiteln versuchte; Jelzins spektakulärer Austritt aus der KPdSU, an dem sich mehrere angesehene Politiker, darunter die späteren Oberbürgermeister Moskaus und St. Petersburgs, Gawriil Popow und Anatoli Sobtschak, sogleich ein Beispiel nahmen; die unter Jelzins Federführung vom Parlament angenommene Erklärung über die Souveränität Rußlands, der ähnliche Dokumente in anderen Republiken folgten, was den Ausdruck »Parade der Souveränitäten« aufkommen ließ.

All dies verstärkte gleichzeitig auch in der Öffentlichkeit die Reserve gegenüber Gorbatschow, und unter dem Eindruck der ständig mißlingenden halbherzigen Experimente mit der Wirtschaft fand die Meinung immer mehr Zustimmung, das sozialistische System habe versagt und nur eine Marktwirtschaft, deren Herzstück das von den Kommunisten verteufelte Privateigentum ist, könne das bankrotte Land sanieren.

Das Sowjetreich und die Macht der KPdSU begannen im Sommer 1990 eindeutig zu bröckeln.

Das erste Symptom einer beginnenden Wende war Gorbatschows völlig unerwartete Entscheidung, sich von dem 500-Tage-Programm loszusagen, das er mit dem frischgewählten Jelzin noch im Sommer 1990 vereinbart hatte und an dessen Ausarbeitung Wirtschaftsberater beider Politiker gemeinsam wirkten. Aus mir nicht ganz verständlichen Gründen gehörte es damals im Westen zum guten Ton, über dieses Programm abwertend und ironisch zu sprechen. Es wurde so hingestellt, als habe es die Ankunft im Schlaraffenland an Ende der 500-Tage-Frist versprochen. Eine solche Abwertung haben die Experten, die daran arbeiteten, nun wirklich nicht verdient. Dieses – sicher nicht mängelfreie – Programm hatte lediglich das Ziel, innerhalb von 500 Tagen Voraussetzungen für einen massiven Übergang zur Marktwirtschaft zu schaffen. Nicht mehr. Aber auch nicht weniger.

Manchen war das zu viel. Gorbatschow ließ den Obersten Sowjet für ein von der Ryschkow-Regierung vorgelegtes Stabilisierungsprogramm stimmen, das zwar auch von Marktwirtschaft sprach, aber für die Nomenklatura ungefährlich war. Ein Zeichen war gesetzt.

Weitere Zeichen folgten: Der als liberal geltende Innenminister Wadim Bakatin, der mit den nach Souveränität strebenden Republiken den Dialog suchte und ihn auch förderte, wurde, wiederum völlig unerwartet und unbegründet, seines Amtes enthoben und durch den Hardliner Boris Pugo, einen der künftigen Putschisten, ersetzt; ein anfangs wenig verständlicher Führungswechsel fand auch beim Staatlichen Komitee für Fernsehen und Rundfunk statt, worauf hier etwas später ausführlicher eingegangen werden soll. Dann war da noch die geheimnisvolle Nacht zwischen dem 16. und dem 17. November, die zwei von Gorbatschow im Obersten Sowjet gehaltene Reden trennte, von denen die zweite mit der ersten vom Tenor her wenig gemein hatte und ein am Vortag mit keinem Wort erwähntes Programm grundlegender Umstrukturierungen an der Machtspitze enthielt.

Etwas später kam dann der Tag, an dem nicht nur den aufmerksamen Beobachtern klar wurde, daß die konservative Wende anzulaufen begann und wer das erste Opfer sein sollte.

Am 29. November 1990 veröffentlichte die *Prawda* auf der Titelseite eine Erklärung des Politbüros (in dem der Generalsekratär bekanntlich den Vorsitz hatte) mit dem Titel »Über antidemokratische Akte und Menschenrechtsverletzungen in der Litauischen SSR«. Dort seien, so das Dokument, »Verfolgungen für politische Überzeugungen und Ansichten, moralischer Terror gegenüber Andersdenkenden, Drohungen von Gewaltanwendung und Kündigungen, die faktische Einführung des Berufsverbots« an der Tagesordnung. Ein vom litauischen Parlament verabschiedetes Gesetz verbiete die Gründung von Parteiorganisationen in den Betrieben und die Parteimitgliedschaft von Angehörigen des Militärs und der Rechtsschutzorgane. »Die Befolgung der Vorschriften dieses Gesetzes kommt einer Liquidierung aller in Litauen tätigen gesellschaftspolitischen Vereinigungen und Formationen, die für die Integrität des multinationalen Unionsstaates eintreten, gleich.« Um welche Vereinigungen und Formationen sich das Politbüro Sorgen machte, dürfte wohl klar sein. Weiter im Text wurden seine Autoren noch deutlicher: Die Änderungen im Strafgesetzbuch Litauens erlaubten den Gerichten, die Mitgliedschaft in der KPdSU als Zugehörigkeit zu einer Partei eines fremden Staates und »Handlungen von Kommunisten, die gegen die verfassungswidrigen Akte der heutigen litauischen Führung gerichtet sind«, als Landesverrat zu qualifizieren. Solche Gesetze, urteilte das Politbüro, führten zur Beendigung des Demokratisierungsprozesses, der Etablierung einer autoritären Macht (etwas früher im Text war sogar von der Errichtung eines totalitären Regimes die Rede), zeugten von einer Absage an die früher verkündeten Ziele der Perestroika. Daher halte das Politbüro »ein weiteres Ignorieren« der Verfassung und der Gesetze der UdSSR, der Beschlüsse des Volksdeputiertenkongresses und des Obersten Sowjets sowie der Litauen betreffenden Dekrete des Präsidenten der UdSSR für »unzulässig«. Das Dokument endete mit folgenden Worten: »Das Politbüro des ZK der KPdSU wendet sich an den Obersten Sowjet der UdSSR, an den Präsidenten, an die Regierung des Landes mit dem Aufruf, alle Maßnahmen zur Gewährleistung der verfassungsmäßigen Rechte und Freiheiten der sowjetischen Bürger in Litauen zu treffen.« Die Formulierung »alle Maßnahmen« war ein vielsagendes Detail.

Am selben Tag, dem 29. November 1990, tritt der von seinen Politbüro-Kollegen zum Handeln aufgerufene Präsident vor die Moskauer Parteigenossen: Er spricht vor der turnusmäßigen Konferenz der Stadtorganisation der KPdSU. Die Teilnahme an einer solchen Veranstaltung war für den Generalsekretär keine Pflicht, es sei denn, er wollte eine programmatische Rede halten. Und genau das ist der Fall. Der Tenor der Ansprache: Die Partei solle ihre Ratlosigkeit und Passivität überwinden und entschlossener ihre Vormachtstellung behaupten. Gleich am Anfang gebraucht Gorbatschow einen Ausdruck, der durchaus in der kommunistischen Tradition stand, aber beim damaligen Niveau des öffentlichen Bewußtseins bereits so fehl am Platze war, daß er praktisch wie eine eigene Bloßstellung wirkt. Gorbatschow sagt, er habe zur Kenntnis genommen, daß die Kommunisten »voller Entschlossenheit« seien, »endgültig den Schock zu überwinden« und »aus dem Schützengrabenzustand (sic!) herauszukommen«.

Er erläutert auch, was er darunter versteht. Beispiel: »Unsere Rolle ist die einer Avantgarde, ich werde nie dem zustimmen, daß wir angeblich eine Parlamentspartei sein müssen, sozusagen eine Partei irgendwelcher politischer Clubs, fröhlicher Begegnungen, Symposien. Ich meine, wir sollten eine seriöse Partei bleiben.« Der Generalsekretär der seriösen Partei beschwört in bester kommunistischer Tradition wieder einmal die Arbeiterklasse (»Wir brauchen die aktive Teilnahme der Arbeiterklasse am politischen Prozeß«) und zeigt Reue – anscheinend für sein bisheriges Kokettieren mit den unzuverlässigen Intellektuellen: »Wir sind schuldig gegenüber der Arbeiterklasse – das geht auch auf meine Rechnung – und müssen jetzt die Lage verbessern.« Der Verfechter der »allgemeinmenschlichen Werte« entsinnt sich wieder der proletarischen Ideale und greift einen Vorschlag auf, den die reaktionärsten kommunistischen Kreise angesichts der allerersten Wahlerfolge der Demokraten einbrachten, nämlich daß die Legislative »unter Teilnahme der Arbeitskollektive« gebildet werden soll. Im Klartext heißt das, die Zusammensetzung der Parlamente aller Ebenen soll nicht ausschließlich auf der unkontrollierten Willensäußerung der Einwohner der Wahlbezirke beruhen, sondern auch dem geordneten Urnengang der Belegschaften der örtlichen Betriebe Rechnung tragen. Und in den Betrieben müsse nach Gorbatschow der Einfluß der Grundorganisationen der Partei weiter ausgebaut werden. »Das ist das Wichtigste.«

Lobende Worte hat Gorbatschow für die Kolchosen und Sowchosen parat, die, so der Generalsekretär, nie richtig frei waren, weshalb man nicht wissen könne, welche Potenzen in ihnen steckten. Das sagt Gorbatschow in einer Zeit, in der er ständig Hilferufe an den Westen richtet, man möge seinem (eben wegen dieser Kolchosen und Sowchosen an den Rand des Hungers getriebenen) Land mit Lebensmitteln helfen. Im Westen, besonders in Deutschland, findet er offene Ohren und Herzen.

Auch ein Plädoyer für das Staatseigentum bekommen die Moskauer Parteigenossen aus dem Munde des Vaters der Perestroika zu hören. Das Privateigentum dagegen betrachtet er als eine Art unumgängliche Nebenwirkung seiner Umgestaltungsbemühungen. »Da Eigentümer aufkommen werden, könnte auch Privateigentum entstehen, ich stelle es mir aber so vor, daß es sich um kleines Eigentum handeln wird«, urteilt der Reformer und beteuert: »Es (das Privateigentum) wird nur in bestimmten Bereichen entscheidend sein, in denen die Genossenschaften, der staatliche Sektor nicht gebührend arbeiten.« Und immer wieder, überall im Text: Sozialismus, Entscheidung für den Sozialismus, Weg zum Sozialismus.

Als er auf das Problem des Erhalts der Sowjetunion zu sprechen kommt, unterstreicht Gorbatschow: Wir müssen dazu stehen, so wie wir bei Moskau 1941 oder bei Stalingrad gestanden haben, und greift wieder die gelungene Schützengrabenmetapher auf: »Das vorgelegte Konzept der Union souveräner Sowjetrepubliken ist der letzte Schützengraben, hinter ihm beginnt der Zerfall mit allen negativen Erscheinungen.« Schützengraben, Stalingrad – ein eigenartiges Vokabular für einen Friedensnobelpreisträger!

Apropos Nobelpreis. Am selben schicksalsträchtigen 29. November 1990 konnte man in der *Prawda* im Wortlaut auch die sensationelle TASS-Meldung nachlesen, Gorbatschow verlege seine Reise nach Oslo, wo diese hohe Auszeichnung traditionsgemäß Anfang Dezember verliehen wird. Seltsamerweise fand und findet diese Absage in den mir bekannten Gorbatschow-Analysen viel zuwenig Beachtung. Dabei dürfte es sich um eines der Schlüsselereignisse beim Kurswechsel des Generalsekretärs gehandelt haben. Was konnte Michail Gorbatschow, für den die internationale Politik Herzensbedürfnis und Steckenpferd war und der seine Triumphe im Ausland stets genoß – was konnte Gorbatschow veranlaßt haben, die Teilnahme an einer derart medienwirksamen Gala-Veranstaltung, die zur Krönung seiner weltpolitischen Aktivitäten zu werden versprach, abzusagen? Die offizielle Begründung klang nahezu lächerlich: Das Land erlebe einen Wendepunkt und Gorbatschow sei »äußerst überlastet mit Angelegenheiten, die buchstäblich stündlich der Aufmerksamkeit und Teilnahme des Präsidenten der UdSSR bedürfen«. Einen Wendepunkt erlebte das Land das ganze Jahr über, und einen Flug für ein paar Stunden nach Oslo zur Nobelpreisverleihung hätte man sicherlich selbst in einen überfüllten Terminkalender hineinzwängen können (als Gorbatschow den Preis im Juni 1991 doch noch entgegennahm, dauerte sein Norwegen-Aufenthalt nicht viel länger). Und was die »stündliche Aufmerksamkeit« anbelangt – Telefonverbindungen gibt es schließlich auch noch. Es steht also außer Zweifel: Gorbatschow wollte nicht hinfahren. Warum?

Eine in solchen Fällen übliche Vermutung klingt so: Der Präsident durfte seine Hauptstadt für keinen Augenblick verlassen, weil ihm ein Staatsstreich drohte. Doch potentielle Putschisten wären wirklich schlecht beraten gewesen, Gorbatschow gerade in jenem Augenblick zu stürzen, wo er vor den Augen der Weltöffentlichkeit den Friedensnobelpreis entgegennimmt; sie hätten außerdem nicht in der Nacht, sondern bei Tage beginnen und äußerst schnell handeln müssen, was bei einem Unterfangen von solchem Ausmaß viel zu riskant wäre. Dies konnte nicht der Grund sein.

Die Absage macht nur Sinn als Versöhnungsgeste gegenüber den mit Gorbatschows Außenpolitik immer unzufriedener werdenden Hardlinern. Die entscheidende Frage ist: War diese Geste erzwungen oder gewollt? Wäre sie erzwungen gewesen, hätte Gorbatschow Mittel finden können und müssen, dies der eigenen und auch der Weltöffentlichkeit mitzuteilen. Zum Beispiel, den Mitstreiter und Gesinnungsgenossen Eduard Schewardnadse nach Oslo zu schicken und ihn dort eine Rede mit klaren Akzenten verlesen zu lassen. Warum delegierte Gorbatschow statt dessen einen farblosen Beamten aus der dritten Garnitur? War das nur eine rein menschliche Befürchtung, der im Westen beliebte Außenminister könne ihm die Show stehlen, oder bestand schon die politische Absicht, Schewardnadse zu opfern und den Orthodoxen zum Fraß vorzuwerfen? Das offensichtliche Bestreben, die Bedeutung der Nobelpreisverleihung herabzuwerten, läßt mich die Schlußfolgerung treffen, daß Gorbatschows Absage eine freiwillige Treuebekundung gegenüber der Partei war.

Der Vater des Neuen Denkens distanzierte sich von seinem Lieblingswerk, weil eine Friedensveranstaltung nicht zu dem Aufruf paßte, sich aus den Schützengräben zu erheben, da sie Zweifel an seiner Aufrichtigkeit hätte wecken können. Die Gunst der Partei und die Macht waren Gorbatschow wichtiger als die noble Prämie. Nach dem 29. November standen in der Sowjetunion die Zeichen eindeutig auf Blut.

In der hier zitierten Erklärung des Politbüros war noch eine aufschlußreiche Passage enthalten. In dieser hieß es, daß in Litauen die »separatistischen, extremistischen Elemente unter Duldung der Rechtsschutzorgane in den letzten Tagen dazu übergegangen sind, die Taktik der offenen Konfrontation mit den Anhängern der Sowjetmacht zu praktizieren. Die Teilnehmer der Anti-Oktober-Aktionen haben den Kommunisten, den ›Verrätern des litauischen Volkes‹, den Personen nichtlitauischer Nationalität, den Soldaten der Sowjetarmee den ›Heiligen Krieg‹ erklärt und haben gegen sie provozierende und gewalttätige Handlungen unternommen«. Der Verweis auf die Anti-Oktober-Aktionen, also auf die regimefeindlichen Demonstrationen zum Jahrestag der Oktoberrevolution am 7. November, die bei weitem nicht nur in Litauen, sondern überall im Land stattgefunden hatten, zeugte davon, das das Ausmaß der Proteste die Machthaber ernsthaft beunruhigte und zum Durchgreifen herausforderte. Die Behauptung, »in den letzten Tagen« sei eine »offene Konfrontation« ausgebrochen, belegte, daß ein energisches Einschreiten der Staatsgewalt unmittelbar bevorstand.

Doch es blieb vorerst aus. Lag das an der traditionellen Unentschlossenheit und Zaghaftigkeit des Generalsekretärs? Oder daran, daß die Partei, wie schon so oft, den propagandistischen Hussa-Ruf zu voreilig ausgestoßen hatte, ohne die bevorstehende Jagd gründlich vorbereitet zu haben? Hatte man eingesehen, daß das angebliche Wüten der »extremistischen Elemente« ein zu fadenscheiniger Vorwand für ein Zuschlagen war? Oder wollte man in Anbetracht der westlichen Kreditbereitschaft doch vermeiden, ein Blutvergießen unmittelbar vor dem Nobelpreistermin zu provozieren? Vielleicht erwartete man auch vom bevorstehenden Kongreß der Volksdeputierten der UdSSR eine Legitimierung der geplanten Gewaltanwendung. Auf jeden Fall war etwas Unheilvolles in Vorbereitung, denn am 20. Dezember erklärte Eduard Schewardnadse auf dem Kongreß der Volksdeputierten seinen Rücktritt und warnte ausdrücklich vor einer kommenden Diktatur.

Man muß schon in jenen Wochen in Moskau gewesen sein, um nachempfinden zu können, wie uns damals zumute war. Ich glaube, etwas ähnliches dürften die weitsichtigeren Deutschen im Herbst und Winter 1932/33 verspürt haben. Noch kurz zuvor glaubten wir, unserer blutigen totalitären Vergangenheit entronnen zu sein, nun schien die repressive Allmacht der KPdSU, des KGB und der Armee uns wieder einzuholen. Man brauchte keinen sechsten Sinn zu haben, um zu spüren, wie die gesellschaftliche Atmosphäre immer stickiger, wie die Luft immer dicker wurde. Die zahllosen Erlasse des Präsidenten, deren Hauptinhalt darin bestand, Gesetze und Verordnungen der sich von der Vormacht Moskaus befreienden Republiken für null und nichtig zu erklären, das rechthaberische Getue der Partei- und Militärbonzen, die wieder das Sagen hatten, die neuen Ernennungen, wie beispielsweise die »Wahl« des Vize-Präsidenten – und künftigen Vorsitzenden des Notstandskomitees der August-Putschisten – Gennadi Janajew (auf dem Volksdeputiertenkongreß hatte die Mehrheit gegen ihm votiert, wonach Gorbatschow die Abgeordneten buchstäblich gezwungen hatte, noch einmal abzustimmen und diesmal »Ja« zu sagen) – dies alles waren Vorboten einer neuen Eiszeit. Der ihr voraneilende Bodenfrost war besonders stark in den Medien zu spüren: Die neostalinistische Wende bekam massive propagandistische Unterstützung.

Der Mann, der sich dieser Aufgabe mit Elan angenommen hatte, hieß Leonid Krawtschenko. Ich hatte bereits erwähnt, daß im November 1990 Präsident Gorbatschow plötzlich einen neuen Vorsitzenden des Staatlichen Komitees für Fernsehen und Rundfunk der UdSSR (Gosteleradio) ernannte. Einen augenscheinlichen Grund für diesen Führungswechsel gab es nicht – der bisherige Vorsitzende leistete gute Arbeit, war aber wohl zu liberal für die Aufgaben, die auf seine Anstalt zukamen. Der neue Mann, Krawtschenko, der zuvor bereits in leitender Funktion bei Gosteleradio tätig war, bevor er zum Chef der amtlichen Nachrichtenagentur TASS aufstieg, schlug sofort eine andere Gangart an. Die Hauptnachrichtensendung des sowjetischen Fernsehens *Wremja*, die immer ein Indikator der politischen Großwetterlage war, verwandelte sich binnen weniger Wochen wieder in ein propagandistisches Sprachrohr des Kremls – wie zu Breschnews Blütezeit. War sie noch vor kurzem um objektive Berichterstattung bemüht, beschäftigte sie sich von nun an hauptsächlich damit, Illustrationen zur verordneten Lesart der Ereignisse zu liefern. Besonders die Berichte aus dem Baltikum verblüfften durch Einseitigkeit und eindeutige Desinformation. Mehrere gewissenhaft arbeitende Reporter und Kommentatoren verschwanden allmählich vom Bildschirm, ihren Platz nahmen geprüfte Journalisten mit meistens langjähriger Auslandserfahrung ein, was nicht selten enge Kontakte zum KGB bedeutete.

Ende Dezember, also gerade einen Monat im Amt, zeigte der neue Vorsitzende, der nie müde wurde zu wiederholen, er sei gekommen, den Willen des Präsidenten auszuführen, offen die Zähne: Er nahm kurzfristig die Live-Sendung *Wsgljad* aus dem Programm. Zu jener Zeit war *Wsgljad* (Blick, Ansicht) mehr als bloß eine Fernsehsendung – das war eine Institution. Diese von jungen Journalisten gemachte eigenartige Mischung aus Unterhaltung, Talk-Show und Magazin mit brisanten Reportagen versammelte drei Jahre lang jeden Freitag bis zu 90 Millionen Sowjetbürger am Bildschirm und wurde bei Umfragen immer wieder zum Publikumsliebling gekürt. *Wsgljad* war ein Musterbeispiel, ein Aushängeschild der Glasnost-Politik. Krawtschenko nahm dieses Schild herunter, es wurde nicht mehr gebraucht.

Seine Entscheidung begründete der Fernsehchef damit, daß die Sendung zum Ausstrahlungstermin nicht fertig gewesen sei. Die jungen Journalisten konterten: Der wahre Grund sei ihre Absicht gewesen, ausführlich über den Rücktritt und die Diktatur-Warnung von Eduard Schewardnadse zu diskutieren. Doch dieses Thema war im Gorbatschowschen Fernsehen (Krawtschenko hatte erklärt, er wolle das erste Programm in einen, wie er sich ausdrückte, »Präsidentenkanal« verwandeln) tabu: Eine Zeitlang durfte nicht einmal der Name des früheren Außenministers genannt werden. Da das *Wsgljad*-Team diese Bedingung nicht akzeptieren wollte, warteten am darauffolgenden Freitag, dem 4. Januar 1991, Millionen Zuschauer wieder vergeblich auf ihre Lieblingssendung. Am 11. Januar kam dann das endgültige Verdikt: »bis auf weiteres« einstellen.

Ich habe die *Wsgljad*-Journalisten am nächsten Abend, dem 12. Januar, gesehen und gesprochen (mit einem hatte ich an der Journalistikfakultät der Moskauer Universität zusammen studiert). Sie fühlten sich als Helden, aber ihre gehobene Stimmung war auffallend unnatürlich, denn keiner von ihnen wußte so recht, wie alles weitergehen sollte. Im Grunde genommen wußte das niemand von denen, die sich an diesem Abend im Haus der Filmemacher zusammengefunden hatten.

Es gab einen Grund zu Feiern: Die Zeitung *Moskowskije Nowosti* (*Moskau News*) war 60 geworden. Geladen und gekommen war die ganze oppositionelle Politprominenz, angefangen bei Boris Jelzin über den soeben zurückgetretenen Wirtschaftsberater Gorbatschows Nikolai Petrakow bis hin zu dem erwähnten *Wsgljad*-Team, und natürlich waren auch wir da, die Mitarbeiter der Zeitung.

Die Begrüßungsrede unseres Chefredakteurs Jegor Jakowlew war alles andere als freudig und festlich. Er sagte, die Feier sei schon Monate vorher geplant gewesen, als keiner wissen konnte, daß die Situation im Lande eine derartige Wendung erfahren würde. Er sprach davon, wie beunruhigend die Lage im Baltikum sei und daß man sich in der Redaktion ernsthaft Gedanken darüber gemacht habe, das Fest abzusagen, weil man eine fröhliche Party angesichts der jetzigen Entwicklung nicht verantworten könne. Doch dann, so Jakowlew, sei man zu der Entscheidung gekommen, trotz allem zu feiern, um zu zeigen, daß man sich nicht unterkriegen, nicht entmutigen, nicht den Spaß am Leben nehmen lassen wolle.

Die darauffolgenden Gratulationsansprachen von Kollegen aus anderen Redaktionen und die halbimprovisierten Sketche von Künstlern hätten eine vorzügliche Anthologie des Galgenhumors abgegeben. Gescherzt wurde über Diktatur und Diktatoren, über Konzentrationslager und Hungerjahre. Die Kollegen aus der kessen Jugendzeitung *Komsomolskaja Prawda* hatten sich einen besonderen Gag einfallen lassen: Sie überreichten unserem Chefredakteur eine echte kugelsichere Weste. Die Schenkung wurde wie eine Modenschau aufgezogen, ein gutgebauter Reporter präsentierte am eigenen Leib das teure Stück und demonstrierte dem Publikum galant die Vorteile gerade dieses Modells.

Dies witzige Geschenk, über das an jenem Abend vom ganzen Herzen gelacht wurde, traf vielleicht am besten die damalige Stimmung in der demokratischen Öffentlichkeit: Man bereitete sich innerlich auf massive Repressionen vor. An diesem Abend versuchte man am Buffet, an der Bar oder auf der Tanzfläche etwas zu entspannen, sich ablenken zu lassen und nicht an das Schlimmste zu denken.

Wir konnten nicht wissen, daß genau in diesen Stunden das Schlimmste bereits geschah. In der Nacht auf den 13. Januar 1991 floß in Litauen Blut. Die sowjetische Armee fiel brutal über die zivile Bevölkerung her, ein 23jähriges litauisches Mädchen wurde von einem sowjetischen Panzer überfahren, ein 53jähriger Litauer von sowjetischen Elitetruppen niedergeschossen, wehrlose Demonstranten von sowjetischen Soldaten mit den Kolben ihrer Maschinenpistolen niederschlagen. Vierzehn Menschen verloren in dieser Nacht ihr Leben.

Ich hatte für den nächsten Morgen einen Flug nach Deutschland gebucht und erfuhr erst in Köln, was passiert war. Am Abend saß ich vor dem Fernseher in meinem Hotelzimmer und weinte. Es waren Tränen der Wut, der enttäuschten und verratenen Hoffnung auf ein besseres, freieres Leben, es waren Tränen der Angst um die eigene Zukunft und Tränen der Erniedrigung, weil ich mich kraftlos fühlte, der in Gang gekommenen Militärmaschinerie etwas entgegenzuhalten. Diesen Tag werde ich wohl nie vergessen können. Und dem Generalsekretär niemals verzeihen. Nach dem Blutbad in Wilna begann im Westen das große Rätselraten: Hatte Gorbatschow die Aktion angeordnet oder nicht? Dies waren naive Versuche der Selbstberuhigung. Die meisten politisch Aktiven in der Sowjetunion brauchten sich eine solche Frage gar nicht erst zu stellen. Ich sehe noch deutlich vor mir das wutverzerrte Gesicht des Publizisten Juri Tschernitschenko, damals Volksdeputierter der UdSSR und heute Vorsitzender der Bauernpartei Rußlands, der am 13. Januar in Moskau bei einer spontanen Solidaritätsbekundung mit Litauen in die Kamera eines westlichen Fernsehteams sinngemäß folgendes sagte, genauer genommen schrie: Das habt ihr nun davon, daß ihr einen Nobelpreis verleiht, ohne das Volk gefragt zu haben. – Ich möchte den Brief anführen, den am gleichen Tag die Witwe Andrej Sacharows, Jelena Bonner, verfaßte und der norwegischen Botschaft in Moskau übergab. Die Frau des großen Bürgerrechtlers, die von ihrem Mann nicht nur seine Namensrechte, sondern auch die moralische Verpflichtung, ein kompromißloses Gewissen der Nation zu bleiben, geerbt hat, bat in diesem Schreiben den Nobelpreisausschuß, den Namen Andrej Sacharow von der Liste der Träger des Friedensnobelpreises zu streichen: »Ich halte es für unmöglich, daß er in einer Reihe mit dem Namen des Generalsekretärs des ZK der KPdSU, Michail Gorbatschow, steht, der als Staatsoberhaupt die Verantwortung für das in diesem Staat vergossene Blut (Karabach, Tbilissi, Baku, Fergana, Usen, Osch) und die Verantwortung für die derzeitigen Ereignisse in Litauen, die man nach dem Vorbild von Berlin 1953, Budapest 1956, Prag 1968 und Kabul 1979 ablaufen ließ, trägt. Die tragische Ähnlichkeit dieser Ereignisse widerlegt die Existenz dessen, was als ›Neues Denken‹ bezeichnet wird.«

Sicherlich war es nicht Gorbatschow, der dem konkreten Hauptmann, Major oder Oberst gesagt hatte, wie viele Soldaten und Panzer mitzunehmen seien, um das litauische Fernsehzentrum zu stürmen. (Als George Bush einige Tage später den Angriff auf den Irak befahl, hat auch er keine Anweisungen darüber erlassen, welche Bomberstaffel welche Ziele anzufliegen habe.) Aber Gorbatschow war es, der die Vorgesetzten der Vollstrecker losschickte, die Unabhängigkeitsbestrebungen dieser Republik zu unterbinden. Schwer zu sagen, ob und welche geheimen Papiere über diese Operation jemals an die Öffentlichkeit geraten, aber es gibt zumindest ein Dokument, in dem die Verantwortung Gorbatschows von ihm persönlich beurkundet ist. Man kann es auf der ersten Seite der *Prawda* vom 11.Januar 1991 finden.

Doch zuvor kurz einige Ereignisse der vorangegangenen Tage: Im ganzen Baltikum hatte sich die Situation gleich nach Silvester dramatisch zugespitzt. Am Morgen des 2. Januar stürmt die damals berühmt-berüchtigte Rigaer Sonderpolizei OMON, eine zu diesem Zeitpunkt bereits partisanenartige Formation, die sich nicht ordnungsgemäß dem lettischen Innenministerium unterstellen will, sondern von der örtlichen KP und dem Kreml für den Tag X gemästet wird, das Pressehaus in Riga. Der seit Monaten laufende Eigentumsstreit zwischen der KPdSU, der landesweit fast alle Zeitungsdruckereien gehören, und der Regierung Lettlands, die diesen in der Republik größten Verlag für nationalisiert erklärt, soll somit gewaltsam beigelegt werden. Doch im Vordergrund dieser Nacht-und-Nebel-Aktion steht das Bestreben, in Lettland vorsorglich die Kontrolle über den Erscheinungsort der absoluten Mehrheit der Zeitungen wiederherzustellen. Wenn man bedenkt, daß zehn Tage später in Wilna der erste massive Schlag der Armee dem Fernsehzentrum galt, läßt sich eine bestimmte Kontinuität in der Prioritätenliste der Aktionen bemerken: Obenan steht das Abwürgen ungehorsamer Medien.

Am 7. Januar werden in Litauen die Lebensmittelpreise drastisch angehoben. Es kommt zu Protestdemonstrationen, die von der moskautreuen litauischen KP, einer vom Gang der Ereignisse überrollten und nur noch eine verschwindende Minderheit der Bevölkerung hinter sich versammelnden Splitterpartei, eindeutig geschürt werden. Am 8. Januar wird die Preiserhöhung vom litauischen Parlament wieder rückgängig gemacht, wonach die (im Unterschied zu zahlreichen radikalen Abgeordneten) dialogbereite Ministerpräsidentin Kazimiera Prunskiene ihr Amt zur Verfügung stellt. Die Regierungskrise gibt dem Kreml endlich das, was er im Dezember so sehr vermißte: den Vorwand zum Durchgreifen. Am selben 8. Januar erklärt das Verteidigungsministerium in Moskau, mehrere Republiken, darunter auch

Litauen, hätten die Pläne der Einberufung von Wehrpflichtigen zum Militärdienst nicht erfüllt, man müsse daher »zusätzliche Maßnahmen« ergreifen, zu deren Gewährleistung auch Luftlandetruppen heranzuziehen seien. Das Alibi für die Entsendung von Eliteeinheiten nach Litauen ist gefunden. Dort werden am 8. und 9. Januar kommunistische Protestkundgebungen abgehalten, und es beginnen Streiks in Betrieben, die Moskauer Ministerien unterstellt sind und hauptsächlich russische Belegschaften haben. Eine Destabilisierungskampagne wie aus der Staatsstreichfibel!

Doch dem Ganzen fehlt noch der Segen von höchster Instanz. Den steuert am 10. Januar Michail Gorbatschow bei. Er richtet einen Appell an den Obersten Sowjet Litauens, in dem es heißt: »Man muß der Wahrheit in die Augen schauen und die wirklichen Ursachen der entstandenen Lage sehen. Sie haben ihre Wurzeln in groben Verstößen gegen die Verfassung der UdSSR und die Verfassung der Litauischen SSR sowie in Abweichungen von ihnen, in der Verletzung der politischen und sozialen Rechte der Bürger, in dem Bestreben, im Schatten demokratischer Parolen eine Politik zu realisieren, die die Wiederherstellung der bourgeoisen Gesellschaftsordnung zum Ziel hat, was den Interessen des Volkes widerspricht.«

Eine prächtige kommunistische Formulierung! Darum geht es also: die Wiederherstellung der volksfeindlichen bourgeoisen Ordnung zu unterbinden. Was den Osteuropäern und Ostdeutschen gegönnt war, soll den Litauern (natürlich zu ihrem eigenen Nutzen!) vorenthalten werden. Wenn es sein muß, mit Gewalt.

Weiter im Text: »Die Situation gerät im Grunde genommen in eine Sackgasse. Die Notwendigkeit, aus der entstandenen Lage einen Ausweg zu finden, diktiert ein unverzügliches Ergreifen von Maßnahmen. In die Machtorgane der Union gehen aus der Republik zahlreiche Appelle von gesellschaftspolitischen Organisationen, von Produktionskollektiven, von Bürgern aller Nationalitäten ein. Die Menschen fordern die Wiederherstellung der verfassungsmäßigen Ordnung, zuverlässige Garantien ihrer Sicherheit und normale Lebensbedingungen. Enttäuscht von der Politik der jetzigen Führung, fordern die Menschen die Einführung einer Präsidialverwaltung.

Ich schlage dem Obersten Sowjet der Republik vor, unverzüglich im vollen Umfang die Gültigkeit der Verfassung der UdSSR und der Verfassung der Litauischen SSR wiederherzustellen, die bislang verabschiedeten verfassungswidrigen Akte aufzuheben. Der Oberste Sowjet der Litauischen SSR muß sich seiner Verantwortung vor den Völkern der Republik und der Sowjetunion voll bewußt werden.«

Dies ist die Sprache eines Ultimatums, und der Satz über die Präsidialverwaltung zeigt, wohin die Reise gehen soll: Das frei gewählte Parlament wird aufgelöst, der Präsident der UdSSR übernimmt die Regierungsgewalt in der Republik und ernennt seine Statthalter. Die Kandidaten lassen nicht lange auf sich warten: Am 11. Januar gibt ein litauischer KP-Funktionär bekannt, ein soeben gegründetes Nationales Rettungskomitee übernehme die Macht in der Republik; wer die Mitglieder dieses Komitees sind, wird »aus Sicherheitsgründen« nicht mitgeteilt. Am selben Tag besetzen Truppen des sowjetischen Innenministeriums verschiedene Objekte in mehreren Städten Litauens, darunter in Wilna das Pressehaus mit der größten Druckerei. Am Abend des 11. Januars starten in der sowjetischen Hauptstadt zwei Regierungsflugzeuge, die die KGB-Sondereinheit »Alfa« nach Wilna bringen (jene »Alfa«, die im August auch das Weiße

Haus in Moskau stürmen sollte). Alles läuft nach dem klassischen Umsturzszenario.

Ich habe den verlogenen und zynischen Aufruf Gorbatschows an das litauische Parlament hier fast ungekürzt wiedergegeben, weil kaum ein anderes Dokument das wahre Gesicht des letzten sowjetischen Generalsekretärs so deutlich zeigt wie dieses. Mit dem »Wunsch der Werktätigen« wurden in der Sowjetunion seit eh und je alle unpopulären Maßnahmen der Führung gerechtfertigt – von Preiserhöhungen bis hin zur Ausbürgerung widerspenstiger Schriftsteller. Auch der Einmarsch in die Tschechoslowakei 1968 und die Invasion in Afghanistan 1979 wurden ausschließlich auf Verlangen der dortigen Bevölkerung unternommen. Der Vater des Neuen Denkens hat sich nicht geniert, seinen Landsleuten das muffigste Argument aus Breschnews Trickkiste zuzumuten. Von wem stammten denn die angeblich so zahlreichen Appelle an die Unionsorgane? Die *Prawda* vom 11. Januar weiß nur von einigen Kommunisten und einigen kommunistischen Organisationen zu berichten. Was waren denn das für »enttäuschte Menschen«, die die Einführung der Präsidialverwaltung forderten? In derselben *Prawda* vom 11. Januar wird unter Berufung auf TASS über ein Treffen berichtet, das bereits am 9. Januar stattgefunden haben soll: Im Obersten Sowjet der UdSSR wurden »im Auftrag des Präsidenten«, wie die KP-treue Nachrichtenagentur betont, gleich 16 Vertreter von »Partei-, Frauen-, Jugend-, Veteranen- und wissenschaftlichen Organisationen sowie der Arbeitskollektive« empfangen, die ihre Besorgnis über die Lage in Litauen zum Ausdruck brachten. Wer diese Personen waren und welche Organisationen sie vertraten, wird aus der TASS-Meldung nicht ersichtlich, dafür aber wird mitgeteilt, daß die Abgesandten des Volkes die Einführung der Präsidialverwaltung forderten. Dieselbe Forderung erheben auch die Teilnehmer einer Protestkundgebung in Wilna am 9. Januar, deren Zahl ungenannt bleibt; die von ihnen verabschiedete Resolution erscheint in großer Aufmachung in der Tageszeitung *Prawda* am 12. Januar. Mehr war wohl nicht aufzutreiben. (Ich verweise hier so ausführlich gerade auf die *Prawda*, um dem Leser einen Eindruck von der Machart und dem Niveau der KP-Propaganda zu vermitteln.)

Ein paar anonyme Besucher, eine lautstarke Kundgebung – und schon eilen Gorbatschows Truppen zur Hilfe. Der »Wunsch des Volkes« ist ihm Befehl.

Vergeblich warteten in der Sowjetunion am Abend des »blutigen Sonntags« die treuesten Befürworter Gorbatschows auf eine Stellungnahme, eine Verurteilung, eine Beileidsbekundung mit den Opfern: Während Litauen seine Toten beweint, läuft im unionsweiten »Präsidentenkanal« des Fernsehens eine lustige Show. Tags darauf machten sich vor dem Obersten Sowjet der UdSSR drei Männer mit wechselseitig abgestimmten Argumenten für den Truppeneinsatz stark: Verteidigungsminister Jasow, Innenminister Pugo und Präsident Gorbatschow (die beiden ersten Herren werden auch beim August-Putsch eine tragende Rolle spielen). Von Reue war nichts zu spüren. Erst am 23. Januar, nach dem mörderischen Sturm auf das lettische Innenministerium durch die Rigaer OMON-Partisanen und erneuten Protesten im In- und Ausland, lenkte Gorbatschow ein. Endlich mochten ihm die verheerenden Folgen der mißlungenen Offensive im Baltikum klargeworden sein: Er gab eine Erklärung im Fernsehen ab, in der er seine Politik im großen und ganzen zwar rechtfertigte, aber dennoch den betroffenen Familien sein Beileid bekundete, eine »gründliche Untersuchung« der Geschehnisse zusicherte (dieses Versprechen hat er nicht gehalten) und sich von den verfassungswidrigen Rettungskomitees und der Gewaltanwendung durch die Armee distanzierte. Doch jetzt war es zu spät: Der Zug in Richtung Demokratie fuhr nun ohne ihn weiter.

Der 13. Januar 1991 war das Ende des Reformers Michail Gorbatschow. Sein Verrat an der Sache, die er 1985 selbst begonnen hatte, offenbarte sich an diesem Tag mit unmißverständlicher, blutiger Deutlichkeit. Bis zum 13. Januar 1991 hatte Gorbatschow, trotz aller seiner kommunistischen Rückfälle, immer noch die Chance gehabt, der Führer der Reformbewegung zu bleiben. In jener schrecklichen Nacht überschritt er den Rubikon. Die Geschichte hatte das Baltikum zum Prüfstein für Gorbatschow auserkoren; der Generalsekretär war der Prüfung nicht gewachsen.

In den Jahren der Perestroika ist den Balten eine ganz besondere Rolle zuteil geworden. In der Sowjetunion, der sie 1940 gewaltsam angegliedert wurden, galten sie auch früher schon (und völlig zu Recht) als die zivilisiertesten, die »westlichsten«, die europäisiertesten Völker des Reiches; es war für viele ein Traum, so wie die Balten zu leben. Nach 1985 waren es neben den russischen Großstädten Moskau und Leningrad gerade die baltischen Republiken, die am lebhaftesten auf die begonnenen Reformen reagierten und sie am konsequentesten vorantrieben. Sie pochten als erste auf wirtschaftliche Selbständigkeit. Dort wurden die ersten Volksfronten gegründet, die zum Vorbild oppositioneller Sammelbewegungen in anderen Teilen der Sowjetunion wurden. Dort kamen erstmals verbotene nationale Symbole wieder zu ihrem Recht. Es waren die Balten, die bei Wahlen als erste die Kommunisten entmachteten, sie haben als erste die völlige Unabhängigkeit von der UdSSR auf die Tagesordnung gestellt. Das Inspirierende dabei war, daß all diese Umwälzungen friedlich und gewaltlos verliefen: Die Balten kämpften mit Volksgesängen, mit Mahnwachen, mit brennenden Kerzen in der Hand; es gab zwar unausweichliche nationale Spannungen, aber keine Nationalitätenkonflikte. Für die demokratische Öffentlichkeit in Rußland und auch in den anderen Republiken waren die Balten, besonders die Litauer, Wegbereiter, Hoffnungsträger und Sorgenkind zugleich: Sollte ihr Experiment glücken, würde das bedeuten, daß ein zivilisiertes Ausscheiden aus der UdSSR und eine friedliche Systemtransformation möglich war. Die Litauer hatten unter ihren Nationalfahnen hocherhobenen Hauptes allen voran das Minenfeld betreten. In Moskau, in Kiew, in Tiflis drückte man ihnen die Daumen – ganz im Sinne der Maxime, die im 19. Jahrhundert im zaristischen Rußland polnische und russische Revolutionäre vereinte: »Für eure und für unsere Freiheit!«.

Als das Imperium am 13. Januar in Wilna zurückschlug, fühlten sich auch die Demokraten in Moskau, in Kiew, in Tiflis als Zielscheibe. Und da angesichts all der Fakten, die ich hier aufgezählt habe, kaum jemand daran zweifelte, daß hinter dieser Vergeltungsoperation Gorbatschow persönlich stand, konnte man nicht länger in dessen Lager bleiben.

Der hier zitierte Brief von Jelena Bonner an das Nobelpreiskomitee in Oslo brachte in konzentrierter Form die Meinung vieler zum Ausdruck. In dem Brief geht es aber nicht allein um Litauen. Gorbatschows Engagement für den baltischen Militäreinsatz führte in der Gesellschaft zu einer Neubewertung seines vorherigen Wirkens, besonders seiner Rolle in einigen ungeklärten und meist blutigen Ereignissen. Jelena Bonner führt eine ganze Liste von Städtenamen an, die zu Symbolen schwerer

Ausschreitungen geworden sind. In den meisten von ihr genannten Fällen handelte es sich um Nationalitätenkonflikte. Die Aufarbeitung dieses besonders dunklen und unrühmlichen Kapitels der Perestroika wird sicherlich zu einer großen Aufgabe für die Historiker werden; es gilt vor allem festzustellen, inwieweit militanter nationaler Haß, der zu einem schweren Erbe für mehrere Nachfolgestaaten der Sowjetunion und für einige Gebiete Rußlands geworden ist, vom Kreml, von der herrschenden KPdSU zielgerichtet geschürt wurde, um nach dem alten römischen Prinzip des »Teile und herrsche« die Souveränitätsbestrebungen der Republiken zu unterminieren und stets auch Vorwände zum militärischen Eingreifen parat zu haben. Bestimmt werden solche Studien auch eine Antwort auf die Frage geben, ob und welche Rolle in diesen Konflikten der Generalsekretär der sich an ihre Macht klammernden KPdSU gespielt hat.

Einige Fakten sind bereits an die Öffentlichkeit gelangt. So erklärte Generalmajor Genrich Maljuschkin, der in der süd-ossetischen Hauptstadt Zchinwali die Truppen des Innenministeriums der UdSSR befehligte, deren Aufgabe im Auseinanderhalten der verfeindeten Georgier und Osseten bestand, daß er im Januar 1991 – zur selben Zeit wurde im Baltikum die Armee in die Offensive geschickt – von Innenminister Pugo eine angeblich mit Gorbatschow abgestimmte Anweisung bekommen habe, mehrere Tausend georgische Polizisten und Freischärler mit Schußwaffen und Panzerwagen in die Stadt hineinzulassen. Dies konnte nur eine weitere Zuspitzung des Nationalitätenkonfliktes in Georgien zur Folge haben – das damals wie die Balten mit größter Entschiedenheit eine Loslösung von der Sowjetunion anstrebte.

In Jelena Bonners Liste werden allerdings auch zwei Städte genannt – Tiflis und Baku –, in denen Blutvergießen nicht durch aufgebrachte oder aufgestachelte Nationalisten, sondern eindeutig durch Übergriffe der regulären Armee verursacht worden sind. Deren Oberbefehlshaber war aber niemand anders als Gorbatschow.

Der 9. April 1989 in Tiflis war, wenn man die Katastrophe von Tschernobyl ausklammert, der erste große innenpolitische Schock der Perestroika. Sowjetische Eliteeinheiten hatten in der georgischen Hauptstadt nachts eine friedliche, aber gegen die kommunistische Führung gerichtete Kundgebung auseinandergejagt: mit Schlagstöcken, messerscharfen Pionierspaten und Giftgas. 16 Menschen wurden getötet – 14 davon Frauen im Alter zwischen sechzehn und siebzig Jahren. Da Glasnost zu dieser Zeit bereits an Boden gewonnen hatte, berichteten die Medien ausführlich über die Tragödie und sensibilisierten die öffentliche Meinung. Bald darauf wurde auf dem 1. Volksdeputiertenkongreß eine parlamentarische Kommission unter der Leitung des künftigen Leningrader Oberbürgermeisters Anatoli Sobtschak mit der Untersuchung der Ereignisse beauftragt. Sie kam nach einigen Monaten zu dem Schluß: Gorbatschow, der am 7. April spätabends von einer Auslandsreise zurückgekehrt und gleich auf seine Datsche weitergefahren war, sei unzulänglich informiert worden und trage keine Schuld an dem Massaker. Genau das wollte die in den Vater der Perestroika immer noch verliebte Gesellschaft auch hören. Dieses Ergebnis paßte vorzüglich in das Schema vom guten Generalsekretär und seinen bösen Politbüro-Widersachern, die hinter seinem Rücken Intrigen spinnen, um ihn in Mißkredit zu bringen. So ließ man nahezu unbeachtet, daß Gorbatschow die von Sobtschaks Kommission benannten Schuldigen nicht zur Rechenschaft zog – die für den Truppeneinsatz unmittelbar verantwortlichen Generale wurden sogar noch befördert.

Am 20. Januar 1990 kam es zu einem neuen, noch schlimmeren Gemetzel. Diesmal in der aserbaidschanischen Hauptstadt Baku. Dort hatten am 13. Januar antiarmenische Pogrome begonnen, aber dies war für den Kreml kein triftiger Grund zur Einmischung, und so blieben die Truppen untätig, bis die Ausschreitungen die Züge eines antikommunistischen Aufstandes annahmen und die nationalistische Volksfront nach der Flucht des örtlichen KP-Führers die Macht an sich zu reißen begann. Und wieder war es Nacht, als sowjetische Panzer die Stadt stürmten. Diesmal feuerten sie blindlings auf alles, was sich bewegte. Mindestens 131 Menschen wurden getötet und über 700 verwundet – mehrheitlich völlig unschuldige Zivilisten, darunter Kinder.

Eine ausführliche Reportage über diesen Einmarsch konnte im russischen Fernsehen erst zwei Jahre später gesendet werden. Damals, im Januar 1990, versagte Glasnost plötzlich, so daß der militärische Einsatz in Baku von vielen als Hilfssaktion für die Pogromopfer mißverstanden wurde. Es vergingen Monate, bis der Öffentlichkeit allmählich klar wurde, daß die Armee nicht die verfolgten armenischen Familien, sondern die bankrotte aserbaidschanische Nomenklatura retten sollte. Was sie auch tat: Ein neuer KP-Chef – Ajas Mutalibow – wurde eingesetzt, dann wurden unter den Bedingungen des Ausnahmezustands Parlamentswahlen abgehalten, bei denen die Kommunisten natürlich die meisten Stimmen bekamen. Sogleich zeichnete sich eine gewisse Bevorzugung Aserbaidschans seitens des Kremls im Konflikt um Berg-Karabach ab, da in Armenien auf die moskauhörigen Kräfte bereits kein Verlaß mehr war. Mutalibow, dessen Macht auf sowjetischen Bajonetten beruhte, um einen Ausdruck aus kommunistischen Broschüren über die großen Kolonialreiche zu benutzen, stürzte im Frühjahr 1992; bald darauf wurde der Spitzenkandidat der Volksfront, Ebulfez Elçibey, mit überwältigender Mehrheit zum Präsidenten Aserbaidschans gewählt.

Bis zum 13. Januar 1991 wollte die Öffentlichkeit weder die Ereignisse in Tiflis noch die in Baku in direkte Verbindung mit dem Namen Gorbatschow bringen. Erst die blutige Nacht in Wilna hat ihm mit einem Schlag die pauschale Unschuldsvermutung genommen. Der althergebrachte russisch-sowjetische Traum vom edlen Zaren, den seine Kamarilla über den wahren Stand der Dinge im Reich betrügt, vom gerechten Genossen Stalin, der natürlich nichts davon weiß, daß seine treuesten Anhänger heimtückisch mit Genickschuß hingerichtet werden – der Traum vom ahnungslosen Herrscher war ausgeträumt.

Es war nicht allein Jelena Bonner, die die Ereignisse in Litauen mit denen in Aserbaidschan und Georgien verglich. Die drei Städtenamen Tiflis-Baku-Wilna kehrten in allen Schlagzeilen und Kommentaren der demokratischen Presse wieder, waren Thema zahlreicher Stellungnahmen prominenter Demokraten. »Was nun auch mit uns geschehen mag, die Völker unseres Landes werden folgendes nie mehr vergessen: Tiflis (April 1989), Baku (Januar 1990), Wilna (Januar 1991)«, schrieb in jenen Tagen Anatoli Sobtschak, ein bis dahin nahezu unbeirrbarer Mitstreiter Gorbatschows. Im Epilog zu seinem auch in Deutschland erschienenen Buch *Für ein neues Rußland!* findet man eine damals sehr gängige Formulierung, die Gorbatschows »persönliches Drama«, wie Sobtschak sich ausdrückte, auf den Punkt brachte: »Der Präsident hat es am Ende doch nicht geschafft, zu einem wirklichen Präsidenten seines Volkes zu werden, sondern ist Generalsekretär des ZK der KPdSU geblieben.«

Politik wird oft als ein »schmutziges Geschäft« bezeichnet. In der Tat: jeder Spitzenpolitiker hat seine Flecken auf der Weste, bei manchen sind sie blutig. Es gehört eben zum Metier, daß mit der Macht auch Verfügungsgewalt über Menschenleben verbunden ist. Irgendwann kommt der Augenblick, wo man von ihr Gebrauch macht – oder machen muß. Margaret Thatcher hatte ihre Falkland-Inseln, Ronald Reagan sein Grenada, George Bush sein Panama, vom Golfkrieg und seiner Zeit als CIA-Chef mal ganz abgesehen. Niemand will ihnen heute deshalb den Prozeß machen. Allerdings wäre es auch absurd, sie als Friedensengel darzustellen.

Ich konnte nie die Inkonsequenz jener Deutschen begreifen, die in einem Atemzug die Bestrafung Honeckers forderten und Gorbatschow als den Jahrhunderthumanisten feierten. Beide Generalsekretäre haben töten lassen. Für beide ging es um die Erhaltung ihrer Macht und der ihrer Partei. Und es lag vielleicht gar nicht so sehr an ihnen persönlich, sondern eher an der Struktur des Systems, daß sie, im Unterschied zu ihren westlichen Amtskollegen, den Schießbefehl gegen das eigene und nicht gegen fremde Völker erteilten.

Sie waren eben – wie es in Trinksprüchen bei Festveranstaltungen unter Genossen immer so schön hieß – echte Kommunisten.

Nach dem 13. Januar hatte Gorbatschow mehrmals Gelegenheit, dies unter Beweis zu stellen. Zum Beispiel gleich am 16. Januar. Aufgebracht durch die einhellige scharfe Verurteilung der Militäraktion in Litauen in den unabhängigen demokratischen Medien, darunter auch in meiner Zeitung, der *Moskau News*, die an jenem Morgen mit Trauerrand und einer Erklärung bekannter Intellektueller unter dem Titel »Das Verbrechen eines Regimes, das nicht von der Bühne abtreten will« erschien (der zornige Gorbatschow zitiert uns namentlich), bringt der

Generalsekretär im Parlament den Vorschlag ein, daß »der Oberste Sowjet das gesamte Fernsehen und den Rundfunk und alle Zeitungen unter Kontrolle nimmt«, damit »dort alle Standpunkte widergespiegelt werden«. Als ein Abgeordneter auf die Existenz des Pressegesetzes hinweist, das erst am 1. August 1990 in Kraft getreten war und jegliche Formen der Zensur aufgehoben hatte, erklärt Gorbatschow prompt, man könne »jetzt einen Beschluß fassen und das Pressegesetz aussetzen«.

»Ich war überrascht, um nicht zu sagen erschüttert über die Leichtigkeit, die Ungezwungenheit, mit der der Präsident seinen Vorschlag, das Pressegesetz auszusetzen, eingebracht hat«, erinnerte sich der Schriftsteller und Volksdeputierte der UdSSR Juri Karjakin. Zwar bemerkte Gorbatschow gleich darauf, was für ein Ausrutscher ihm da unterlaufen war, und beharrte nicht weiter auf seiner Idee, aber die demokratische Öffentlichkeit hatte nun aus seinem eigenen Mund vernommen, wie ernst der Vater der Glasnost es mit der Pressefreiheit wirklich meinte und wie weit sein Demokratiebewußtsein tatsächlich gereift war.

Belege aus zweiter Hand gab es dagegen ständig: Leonid Krawtschenko, der willfährige Fernseh- und Rundfunkchef, bastelte unermüdlich an immer neuen Zensursperren. Am 11. Januar untersagte er die Tätigkeit der unabhängigen Nachrichtenagentur Interfax in seinem Hause und ließ ihr Eigentum beschlagnahmen. Interfax benutzte damals einige Zimmer in der riesigen Moskauer Sendezentrale, denn zu den Gründern der Agentur, die sich schnell durch aktuelle und wahrheitsgetreue Informationen einen Namen im In- und Ausland gemacht hatte, gehörte im September 1989 auch eine Redaktion des staatlichen Rundfunks. Natürlich hat Interfax Krawtschenkos Vorstoß überlebt, ist einfach umgezogen und zählt heute zu den besten in der Branche. Aber ich frage mich immer wieder: War es reiner Zufall, daß Gorbatschows Protegé die Nachrichtenagentur ausgerechnet am 11. Januar lahmzulegen versuchte, oder wußte er bereits, daß in wenigen Stunden in Litauen ein militärischer Einsatz bevorstand und möglichst vielen unabhängigen Informationsquellen der Strom abgeschaltet werden sollte?

Doch man konnte den Hahn nicht allen zudrehen. So berichtete das neugegründete und Jelzin unterstützende »Radio Rußland« ausführlich über die Gewaltaktion in Litauen und über Proteste in der ganzen Sowjetunion. Krawtschenko zog schnell die Konsequenz: »Radio Rußland« wurde auf einen leistungsschwächeren Sender verlegt und verlor mit einem Schlag ein Drittel seiner Reichweite und damit seiner möglichen Hörerschaft. Als Boris Jelzin, damals Parlamentspräsident und somit Staatsoberhaupt Rußlands, angesichts der kritischen Situation im Land sich live an die 150 Millionen Einwohner seiner Republik wenden wollte, verwehrte ihm Krawtschenko zwei Wochen lang den Zugang zum staatlichen Fernsehen. Und was tat Gorbatschow? Er unternahm am 8. Februar einen Coup, um seinen Günstling gegen mögliches Sperrfeuer zu decken: Per Ukas wurde das Staatliche Komitee für Fernsehen und Rundfunk in eine Staatliche Allunionsgesellschaft für Fernsehen und Rundfunk verwandelt. Der Wechsel der Aushängeschilder machte aus einem Ministerium ein Staatsunternehmen, dessen Chef nicht mehr vom Parlament bestätigt werden brauchte (Krawtschenko war nahezu drei Monate ohne dieses Plazet im Amt) und nicht mehr dem Gesetzgeber, sondern einzig und allein dem Präsidenten rechenschaftspflichtig war. So abgesichert, schöpfte dieser fleißige Zensor seine Vollmachten bis zum August reichlich aus, war dann zweieinhalb Tage den Putschisten dienlich und verschwand erst danach von der Bildfläche.

Kann man sich da noch wundern, daß heutzutage russische Journalisten, die Intellektuellen überhaupt, dem Generalsekretär Gorbatschow keine Träne nachweinen?

Nun, in den ersten Monaten des Jahres 1991 hat Gorbatschow seinerseits gleichfalls ohne Tränen den Verlust seiner treuesten Verbündeten – eben der Intelligenzija – hingenommen. Mit derselben verblüffenden Leichtigkeit, mit der er das Pressegesetz außer Kraft setzen wollte, distanzierte er sich damals von jenen Menschen, die mit ihren Artikeln, Filmen, Büchern, Ausstellungen, Theateraufführungen in entscheidendem Maße zu seinem Image eines großen Reformers, eines weltoffenen und toleranten Systemverbesserers oder gar -veränderers beigetragen hatten. 1986 hatten sich die Filmemacher als erster Künstlerverband auf ihrem spektakulären 5. Kongreß nahezu geschlossen hinter Gorbatschows Perestroika gestellt, die alten Kulturapparatschiks abgewählt, mit der Demokratisierung des Filmwesens und mit einer kritischen Aufarbeitung der sowjetischen Geschichte und Gegenwart begonnen; seither warben sie auf internationalen Filmfestivals mit ihren Streifen und ihrem Auftreten enthusiastisch für Glasnost und deren Vater. Im Februar 1991 waren es fast vollzählig dieselben Regisseure, Schauspieler, Autoren, die zu einem Boykott des Krawtschenko-Fernsehens aufriefen und Jelzins Sammelbewegung »Demokratisches Rußland« beitraten.

Gorbatschow fand in jenen Tagen großes Gefallen an dem Ausdruck »die sogenannten Demokraten«: In diese verachtenswerte Kategorie stufte er all die ehemaligen Mitstreiter ein, die mit seiner konservativen Kehrtwendung nicht einverstanden waren. Was diese »sogenannten Demokraten« für zwielichtige Personen waren und welch hinterlistigen Ziele sie verfolgten – das offenbarte Gorbatschow dem Volk am 26. Februar in einer Rede in der belorussischen Hauptstadt Minsk.

Ich habe noch gut in Erinnerung, wie am nächsten Tag Jegor Jakowlew, der Chefredakteur von *Moskau News*, der sich seit Beginn der Perestroika als ein Mann aus Gorbatschows Team verstand und dessen Reformpolitik bis zu jenem Winter stets mit Überzeugung vertreten hatte, auf unserer Redaktionkonferenz sagte, daß diese Rede den endgültigen Bruch Gorbatschows mit der Demokratiebewegung markiere und wir uns auf eine neue innenpolitische Konstellation einstellen sollten. Ein anderer Chefredakteur, Vitali Tretjakow, faßte in der *Nesawissimaja Gaseta* (Unabhängige Zeitung) seine Eindrücke von Gorbatschows Auftritt mit dem Wort Schock zusammen: »So etwas haben wir schon lange nicht mehr gehört.«

Gorbatschow erklärte damals den geladenen Minsker Intellektuellen und gleichzeitig dem Fernsehpublikum, daß die einzig wahre und zielbewußte demokratische Kraft in der sowjetischen Gesellschaft die KPdSU sei, während die »sogenannten Demokraten« mit separatistischen, nationalistischen, terroristischen und sogar profaschistischen Gruppierungen paktierten. Er äußerte sein Bedauern über die »Fortentwicklung, die die bei uns gut begonnenen demokratischen Bewegungen erfahren haben«, in denen es zwar immer noch progressiv denkende und ihrem Vaterland treue Menschen gäbe, bloß: »Die Losungen, von denen diese aktiven Perestroika-Kräfte inspiriert waren, sind heute in bedeutendem Maße ausgehöhlt und verdreht, sie werden für die Tarnung anderer weitreichender Ziele mißbraucht, die in einigen Fällen in fremden Forschungszentren und in fremden Köpfen entstanden sind. Sie sind also irgend jemandem dienlich, aber nicht uns und nicht Ihnen«.

Da war es wieder, das klassische Feindbild eines jeden echten Kommunisten. Es hatte sich bereits unter Stalin bestens bewährt, als Millionen angeblich ausländischer Agenten und Handlanger in den Gulag geschickt wurden; Breschnew hatte es ebenfalls immer dann bei der Hand gehabt, wenn es wieder einmal galt, Sacharow und Solschenizyn oder all die anderen Bürgerrechtler oder Schriftsteller als vom CIA bezahlte Miesmacher zu verurteilen, zu verbannen oder auszubürgern. Nun durften wir erleben, daß auch der Friedensnobelpreisträger Michail Gorbatschow ein Komplott finsterer Kräfte aufdeckte.

Kann man sich da noch wundern, daß all die »sogenannten Demokraten«, die ein halbes Jahr später den Panzern der Putschisten trotzten und danach der Alleinherrschaft der KPdSU ein Ende setzten, seither kein Herz für den Generalsekretär Gorbatschow haben?

Sensationell an der Minsker Rede war nicht nur ihr Ton und ihr Inhalt. Die *Nesawissimaja Gaseta* hatte die Absicht, sie im Wortlaut abzudrucken, denn Vitali Tretjakow wollte seinen Lesern Gorbatschows Credo nicht vorenthalten. Die Redaktion konnte jedoch selbst 24 Stunden später kein offizielles Stenogramm bekommen, obwohl die amtliche Nachrichtenagentur TASS in solchen Fällen immer sehr zügig arbeitete, denn auf die Reden der Führer warteten die Morgenzeitungen. Es war klar: Der Text wurde frisiert, und zwar gründlich. In der Fassung, die zwei Tage später doch noch in der Presse erschien, fehlten tatsächlich mehrere Passagen, darunter die Formulierung über die »fremden Forschungszentren«, die Millionen Menschen mit eigenen Ohren gehört und einige Journalisten mitgeschnitten hatten. Es war also wie mit dem Ausrutscher über das Pressegesetz: Gorbatschow war beim Anprangern der »sogenannten

Demokraten« dermaßen in Rage gekommen, daß er etwas aussprach, was im Hinterkopf hätte bleiben müssen. Das war für die Öffentlichkeit eine wichtige und für ihre weitere Beziehung zu Gorbatschow folgenschwere Erkenntnis.

Die einen, besonders die älteren – wie etwa Jagor Jakowlew – nahmen sich dieses neue Wissen sehr zu Herzen. So schrieb der *Moskau News*-Chef in einem Kommentar: »Nachdem sich Gorbatschow jäh dem Konservatismus und der Zwangsordnung zugewandt hat, ist er innerlich – daran zweifle ich nicht im geringsten – davon überzeugt, daß er die zeitweilige und seiner Meinung nach erzwungene Schräglage wird überwinden können. Jeder Pilot, der in einen Sturzflug gerät, hofft, ihn abfangen zu können. Nicht jedem aber gelingt das. Wie noch nie zuvor hoffe ich, unrecht zu haben.«

Die jüngeren, die nicht zu den Perestroika-Männern der ersten Stunde zählten – wie etwa Vitali Tretjakow, der zu meiner Generation gehört –, nahmen die Trennung von Gorbatschow nicht so tragisch und versuchten weder sich noch die anderen mit der Hoffnung auf dessen wunderbare Rückverwandlung zu trösten. Tretjakows Kommentare beispielsweise waren nicht pathetisch, sondern bissig und schonungslos. So griff er einen Passus aus der Minsker Rede auf, in dem Gorbatschow, wie schon so oft in diesem Winter, nachdrücklich versicherte, er sei Kommunist, Anhänger der sozialistischen Idee und werde ihr bis an sein Lebensende treu bleiben. Diese Beteuerung wurde mit folgenden Worten untermauert: »Dies ist eine vor langem gefällte und unwiderrufliche Entscheidung. Und zwar nicht nur von mir, sondern auch von meinem Großvater und Vater.« »Aber doch nicht alle in der UdSSR sind Kinder eines Vaters und Enkel eines Großvaters«, erwiderte Tretjakow dem vom Volk nicht gewählten Präsidenten und gab seinem Aufmacher eine Überschrift, die damals bei der Moskauer Intelligenzija zu einer geläufigen Redewendung wurde: »Schon der Großvater des Präsidenten hat seine Entscheidung getroffen. Dem muß Rechnung getragen werden.«

Das war eine neue Art der Auseinandersetzung mit dem Generalsekretär, und wer sich heute wundert, warum viele Russen über Gorbatschow ironisch, spöttisch oder gar sarkastisch sprechen, der sollte eine Erklärung dafür nicht zuletzt in den Ereignissen und Stimmungen des Winters 1990/91 suchen. Witze über Gorbatschow hatte es seit seinem Amtsantritt gegeben – einen habe ich eingangs bereits zitiert. Zuerst strahlten sie eindeutig Sympathie aus, dann waren sie ausgelassen-neckisch (so bekam er während der Antialkoholkampagne den Spitznamen »Mineralsekretär«), dann rückte – genau wie in den Nachrichtensendungen – seine Frau Raissa immer mehr in deren Vordergrund. Nach den tagelangen Live-Übertragungen vom 1. Kongreß der Volksdeputierten im Mai 1989 begannen professionelle Kabarettisten und Entertainer, Gorbatschow nachzuahmen und seine Abweichungen von der Sprachnorm sowie seine Künste und Tricks bei der Versammlungsführung zu parodieren. Doch all dies ging selten über das gewöhnliche Witzeln hinaus.

Im Winter 1990/91 verloren die Späße ihren gutmütigen Charakter. Nun kreidete man Gorbatschow alles an, was früher scherzhaft abgetan wurde – seine südrussische Aussprache, die bei Moskauer und Petersburger Intellektuellen immer auf Verachtung stößt, seine ständigen Betonungsfehler, seine Sprüche und Redewendungen –, und machte ihn lächerlich. Dies war sicherlich keine besonders feine Form des politischen Kampfes, doch: *A la guerre comme à la guerre*, wie gebildete Russen zu sagen pflegen. Man konnte es sich einfach nicht leisten, auf diese spitze Waffe zu verzichten, wo doch der Gegner über so viele verschiedene Möglichkeiten der Kriegsführung verfügte.

Er trat zum Beispiel gegen die in den Ansätzen steckengebliebene Wirtschaftsreform und die verkündete Rechtsstaatlichkeit an – als er am 26. Januar den Präsidentenerlaß über »Maßnahmen zur Bekämpfung der Wirtschaftssabotage« unterschrieb, der dem Geheimdienst KGB und der Polizei erlaubte, ohne irgendwelche Durchsuchungsbefehle in Unternehmen einzudringen und beliebige Unterlagen oder Waren zu beschlagnahmen. Über jeder der ohnehin nicht zahlreichen privatwirtschaftlich organisierten Firmen hing von nun an ein Damoklesschwert.

Er stattete die Armee mit Polizeifunktionen aus – als er per Erlaß den Befehl von Verteidigungsminister Jasow und Innenminister Pugo absegnete, der vom 1. Februar an ein gemeinsames Patrouillieren durch Polizisten und Soldaten in den Städten anordnete. Die verfassungswidrige Einführung der Militärstreifen in 86 Städten der Sowjetunion, hauptsächlich in Rußland, unter dem Vorwand der Kriminalitätsbekämpfung wurde damals als ein eindeutiger Versuch gewertet, das ganze Land allmählich in einen Ausnahmezustand zu drängen.

Er setzte das staatliche Fernsehen und den Rundfunk sowie die ganze Parteipresse auf einen unbequemen Politiker an – auf Boris Jelzin, dem Krawtschenko endlich einen Fernsehauftritt zugestanden hatte und der dort am 19. Februar Gorbatschow zum Rücktritt aufgefordert hatte. Das, was sich danach von Woche zu Woche steigerte, kann man mit keinem anderen Wort als Hetzkampagne bezeichnen. Die Demokratiebewegung hatte allen

Grund, sich um das weitere Schicksal des einzigen ernsthaften Gegenspielers Gorbatschows Sorgen zu machen, denn auf Anweisung der KPdSU-Führung ließ die kommunistische Mehrheitsfraktion für Ende März einen Sonderkongreß der Volksdeputierten Rußlands einberufen, um Jelzin seines Postens als Parlamentspräsident zu entheben.

Er leistete sich die kostspieligsten politischen Inszenierungen – etwa als er am 17. März ein Referendum über den Fortbestand der UdSSR durchführen ließ. Der Frage, die den wahlberechtigten Bürgern damals vorgelegt wurde, sollte man einen Ehrenplatz in der Geschichte der politischen Manipulation einräumen, und ich möchte es mir nicht nehmen lassen, diese historische Formulierung auch in meinem Buch zu verewigen: »Halten Sie die Erhaltung der Union der Sozialistischen Sowjetrepubliken als erneuerte Föderation gleichberechtigter souveräner Republiken für notwendig, in der die Rechte und Freiheiten des Menschen jeder Nationalität vollumfänglich garantiert sind?« Die eindeutig überladene und irreführende Frage strotzte nur so von Ungereimtheiten, worauf aus den Reihen der Demokratiebewegung im Vorfeld des Volksentscheids ständig hingewiesen wurde.

Wie könne von einer »Erhaltung« die Rede sein, wo es doch um eine »erneuerte«, also noch nicht existierende Union geht? Wie sei der Begriff »Föderation souveräner Republiken« zu verstehen, wo doch eine Föderation ein Bundesstaat sei, dessen Teilländer zwar eine bestimmte Autonomie, aber keine Souveränität haben könnten, denn dann wäre es bereits etwas anderes, nämlich eine Konföderation, also ein Staatenbund? Wozu die vielen juristisch nicht untermauerten und propagandistisch anmutenden Worte über die Einhaltung der Menschenrechte? Da man schwerlich annehmen konnte, daß die

Autoren des Textes all diese Schwachstellen übersehen hatten, lag die Schlußfolgerung nahe, daß es der Landesführung überhaupt nicht darum ging, die Meinung des Volkes zu erfahren, was ja den Sinn eines Referendums ausmacht. Vielmehr wollte sie offenbar mit einer absichtlich so nebulös formulierten Frage möglichst viele Ja-Stimmen einfangen, um auf diesem Wege eine Legitimation für eine härtere Gangart gegenüber den Republiken und im Endeffekt eine Blankovollmacht für eine rigorose Unterbindung der Unabhängigkeitsbestrebungen zu beschaffen. Breschnew ließ Demokratie durch einmütiges Händeheben im Obersten Sowjet imitieren – Gorbatschow hatte den Erfahrungsschatz der Partei schöpferisch weiterentwickelt, wie sich in solchen Fällen sowjetische Lehrbücher ausdrückten. Die Vehemenz, mit der sich die KPdSU für das umstrittene Referendum einsetzte, sprach dafür, daß ein »Ja« zum Erhalt des Landes, das den Namen Union der Sozialistischen Sowjetrepubliken trug, offiziell als eine Treuebekundung an das kommunistische Regime ausgelegt werden würde. Dies konnte der Demokratiebewegung nichts Gutes verheißen. Doch Gorbatschows Inszenierung mißlang: Sechs der 15 Republiken nahmen am Volksentscheid überhaupt nicht teil; in den anderen bekam seine Formulierung zwar die Mehrheit der Stimmen, aber die gleiche Mehrheit konnten in Rußland und der Ukraine Zusatzbefragungen über den weiteren Ausbau ihrer Selbständigkeit verbuchen, was den propagandistischen Wert des ganzen Unterfangens erheblich relativierte. Die engstirnigsten Kommunisten berufen sich allerdings noch heute auf die Ergebnisse dieser Farce, wenn die diversen Nachfolgegruppen der aufgelösten KPdSU ein ums andere Mal die Wiederherstellung der Sowjetunion fordern.

Schließlich konnte der Generalsekretär die Armee zur

Einschüchterung des Volkes aufmarschieren lassen – was er am 28. März auch tat. Dies war der Eröffnungstag des Kongresses der Volksdeputierten Rußlands. Jelzin sollte als Parlamentspräsident abgewählt werden, und seine Anhänger hatten zu einer großen Solidaritätsdemonstration aufgerufen, die von den Stadtbehörden genehmigt worden war. Moskau hatte schon mehrere Kundgebungen der Demokratiebewegung mit Hunderttausenden Teilnehmern erlebt, die alle sehr diszipliniert verliefen und kein einziges Mal von Gewalttätigkeiten begleitet wurden. Doch diesmal verspürten 29 kommunistische Abgeordnete plötzlich eine dermaßen starke Bedrohung, daß sie in einem publik gemachten Brief direkt an Gorbatschow ihn um Schutz baten. Und da Hilferufe einen Generalsekretär nie gleichgültig lassen konnten – Gorbatschow hatte es in Litauen gerade noch einmal bewiesen –, verbot er kurzerhand die Demonstration und beorderte gleich 50 000 (!) Polizisten und Soldaten nach Moskau. Das Gefühl für das richtige Maß hatte die kommunistischen Führer vollständig verlassen, und so beschworen sie mit diesem Säbelrasseln, genau wie mit der Verleumdungskampagne gegen Jelzin, Ereignisse und Entwicklungen herauf, die für sie verheerende Folgen haben sollten.

Nachdem die in ihrer Mehrheit kommunistisch-konservativen Volksdeputierten Rußlands sich an jenem Morgen durch die zahlreichen Absperrungen vorbei an wachsamen Armeeposten in den umstellten Sitzungssaal hindurchgewunden hatten, platzte ihnen drinnen der Kragen: Sie fühlten sich in ihrer Würde gekränkt, weigerten sich, unter Aufsicht der Militärs zu tagen, und schickten Gorbatschow die ultimative Forderung, die Truppen sofort aus der Stadt abzuziehen. Der Generalsekretär hatte es fertiggebracht, sogar diejenigen von sich zu stoßen, die seinen großen Widersacher zu stürzen hatten. Der Kongreß, der Jelzins Abgang besiegeln sollte, wurde statt dessen zu seinem Triumph. Nach einer spektakulären Rede von Oberst Alexander Ruzkoi, dem künftigen Vize-Präsidenten Rußlands, spaltete sich die kommunistische Fraktion, und die neuen Mehrheitsverhältnisse erlaubten es, einen Beschluß zu fassen, den der Generalsekretär so sehr hatte verhindern wollen: Entsprechend den Ergebnissen der Zusatzbefragung vom 17. März wurde in Rußland ein Präsidentenamt eingeführt. Für den 12. Juni beraumte man Wahlen an. Daß Jelzin sie gewinnen würde, galt damals schon als so gut wie sicher.

Das militärische Muskelspiel der sowjetischen Führung am 28. März hatte also ganz unerwartet die Parlamentarier des sich politisch emanzipierenden Rußlands gegen Gorbatschow aufgebracht und dadurch einen weiteren Keil zwischen die Politiker der Union und der Republik getrieben, obwohl die meisten von ihnen der gleichen Partei angehörten. Vielleicht ist die höhnische Atmosphäre im russischen Obersten Sowjet, dem Gorbatschow am 23. August zum Putschversuch seiner Mitstreiter aus der Unionsführung Rede und Antwort stehen mußte, auch auf die Erfahrung jenes demütigenden Spalierlaufs im März zurückzuführen.

Eine noch tiefere Spur hinterließ das Ereignis im Bewußtsein der Moskauer. Ich kann nicht beurteilen, ob die Aktion für die Militärs eine Übung im Vorfeld des August-Putsches war, aber für die Einwohner der Hauptstadt war sie zweifelsohne die Generalprobe zur Verteidigung des Weißen Hauses.

Es ist schon ein eigenartiger Anblick, wenn Truppen in deine Stadt einmarschieren. Aus den Fenstern der *Moskau News*-Redaktion am Puschkinplatz konnten wir den ganzen Vormittag beobachten, wie immer neue feldgrüne Autokolonnen sich in Richtung Zentrum bewegten, wie schwere Lastkraftwagen vorfuhren, um die Seitenstraßen zu blockieren, wie Soldaten und Polizisten methodisch in Stellung gingen. Ich habe mich dann mit einer Kollegin in den Wagen gesetzt: Wir wollten uns in der Stadt etwas umschauen. Wir fanden überall Absperrungen vor, sahen die in Hinterhöfen und Parkanlagen wartenden Einsatzgruppen, die berittene Polizei, die Wasserwerfer, die mobilen Funkstationen, die umherfahrenden schwarzen *Wolgas* des KGB. So etwas hatte Moskau noch nicht erlebt: Gorbatschow zeigte dem Volk unverhohlen, was sein Machtapparat in petto hatte.

Am Vorabend hatten hohe Militärs verkündet, sie würden zwar nicht schießen lassen, aber das Demonstrationsverbot durchzusetzen wissen. Trotzdem kamen Hunderttausende. Auch die meisten aus unserer Redaktion gingen hin – Jegor Jakowlew beispielsweise war schon morgens vorsorglich nicht wie gewöhnlich im Anzug, sondern im warmen Pullover erschienen, denn zusammen mit anderen demokratisch gesinnten Volksdeputierten der UdSSR beabsichtigte er, einen Puffer zwischen der Armee und den Demonstranten zu bilden, um Blutvergießen zu verhindern. Doch die Konfrontation endete friedlich: Die Anhänger Jelzins hielten ihre Kundgebungen entlang der Absperrketten ab und versuchten nicht, in den Stadtkern vorzudringen, während die Armee nichts unternahm, um sie auseinanderzujagen. Somit hatte Gorbatschow abermals, wie schon so oft in den Jahren der Perestroika, etwas erreicht, was seiner ursprünglichen Absicht entschieden zuwiderlief, jedoch die demokratische Entwicklung der Gesellschaft förderte: Er hatte den Moskauern die Angst vor der Militärmaschinerie genommen.

Hätte sich Gorbatschow, oder jemand aus seiner Umgebung, etwa einer der künftigen August-Putschisten, an jenem Tag unter das Volk gemischt, so hätte er sehen können, daß die Hauptstadt das System nicht mehr länger zu dulden bereit war, daß sie sich entschlossen hatte, ihm die Stirn zu bieten; er hätte ferner sehen müssen, daß die Armee nicht die geringste Lust verspürte, gegen die eigenen Mitbürger vorzugehen, und sich mit ihnen zum Teil offen solidarisierte. Doch die hohen Herren mischten sich nicht unter das Volk. Und so konnten sie jenen Polizeihauptmann nicht hören, der im ungezwungenen Gespräch mit den Demonstranten wie selbstverständlich sagte, daß – wäre er heute nicht im Dienst – er natürlich unter ihnen wäre; und so verpaßten sie all die Diskussionen über Recht und Unrecht, über Jelzin und die KPdSU, die die Teilnehmer der Kundgebungen mit den Armeeangehörigen an den Absperrketten führten. Das damals erprobte Einreden auf die Uniformierten wurde im August zu einer der wirksamsten Waffen der Gegner der Putschisten: Soldaten, die einen Tag oder eine Nacht neben den demonstrierenden Menschen verbracht hatten, waren nicht mehr einsatzbereit.

Jetzt, im nachhinein, erscheint die Moskauer Kraftprobe vom 28. März als der Prolog zur Augustrevolution. Damals jedoch ging es den Menschen in erster Linie darum, Boris Jelzin zu stützen und das Abgleiten des Landes in neostalinistische Zustände aufzuhalten. Da man die konservative Wende in Gorbatschow personifiziert sah, verlangten die Demonstranten in Sprechchören und auf Transparenten seinen Rücktritt. Die gleiche Forderung stellten auch etwa 300 000 Bergarbeiter, die sich zu diesem Zeitpunkt bereits vier Wochen im Ausstand befanden.

Die berühmte Streikaktion im Frühjahr 1991, die alle

Kohlereviere des Reiches – vom fernöstlichen Sachalin über Workuta nördlich des Polarkreises bis hin zur Westukraine – erfaßt hatte, ist eines der dramatischsten und faszinierendsten Kapitel in der Geschichte der sowjetischen Demokratiebewegung. Die Bergleute hatten schon im Juli 1989 für Aufsehen gesorgt – ihre landesweiten Arbeitsniederlegungen waren eine erste ernsthafte Wortmeldung unzufriedener Proletarier im Perestroika-Staat. Damals ging es um die Versorgung mit Lebensmitteln und Konsumgütern (vielerorts gab es beispielsweise keine Seife), um bessere Arbeitsbedingungen, um höhere Löhne und Renten. Doch das Wichtigste, was die Kumpel haben wollten, war die Selbständigkeit ihrer Betriebe. Das bot Gorbatschow die denkbar beste Gelegenheit, die Wirtschaftsreformen ins Rollen zu bringen: Die durch Massenstreiks geschockte und gelähmte Bürokratie hätte einem entschiedenen Abbau ihrer Macht kaum Widerstand leisten können. »Wir streiken für Gorbatschow!« betonten damals immer wieder die Bergleute. Der Generalsekretär der Arbeiterpartei hatte diese Chance nicht wahrnehmen wollen.

Statt dessen schaffte die Regierung in jenem Sommer schnell Mangelware aus anderen Landesteilen herbei, gab hier und da nach und stellte grundlegende Reformen in Aussicht. Anfang 1991 riß dann der Geduldsfaden der betrogenen Bergleute. Die Regale der Geschäfte waren längst schon wieder leer (neuerdings fehlte es sogar an Brot), die Lohnerhöhungen durch die Inflation zunichte gemacht, die wirtschaftliche Freiheit ausgeblieben – wie eh und je wurden die Kumpel durch den Arbeiter-und-Bauern-Staat in Gestalt des Kohleministeriums der UdSSR bevormundet und ausgebeutet. Die Schlußfolgerung der Bergleute lautete: Zugeständnisse der Regierung werden unser Leben nicht verbessern können, die Wurzel des Übels liegt im System. Und da es in diesem Winter in der Sowjetunion keinen zweiten gab, der dieses System so zu lobpreisen wußte wie Gorbatschow, richtete sich die kalte Wut des am besten organisierten Teils der Arbeiterschaft gegen ihren ehemaligen Hoffnungsträger. Die Kumpel griffen Jelzins Forderung nach einem Rücktritt Gorbatschows auf und traten am 1. März in einen unbefristeten politischen Streik.

»Bergleute! Wir sind mit euch! Auch wir glauben nicht mehr dem Präsidenten!« hieß es auf einem Plakat der Mahnwache, die im Zentrum von Moskau zur Solidarität mit den Streikenden aufrief. Kaum jemand konnte der KPdSU so gefährlich werden, wie diese unter menschenunwürdigen Bedingungen arbeitenden und tagtäglich ihr Leben aufs Spiel setzenden Männer, die nun wirklich »nichts zu verlieren hatten, außer ihren Ketten«, um die marxistische Metaphorik angemessen zu gebrauchen. So wurde für viele Regimegegner in der Sowjetunion der Kampf der Bergleute zu einer Art Schicksalsfrage: Wenn sie es nicht schaffen, schafft's keiner. Überall im Land wurden Geld und Sachspenden für die Familien der Kumpel gesammelt. Litauen entsendete Lastwagen mit Dutzenden Tonnen Lebensmittel – auch im Baltikum knüpfte man große Erwartungen an die Streikaktion, die ja nicht allein Gorbatschows Rücktritt sowie die Auflösung der von der KPdSU kontrollierten Legislative – des Obersten Sowjets und des Volksdeputiertenkongresses der UdSSR – zum Ziel hatte: Der konstruktive Teil der Forderungen sah die Übergabe der Macht im Land an den Föderationsrat vor, einem aus den Spitzenpolitikern der Republiken bestehenden Gremium, das mehr Sinn für Demokratie und Selbstbestimmungsrecht zu zeigen versprach.

Doch die kommunistische Führung hatte sich seit

1989 ein dickes Fell zugelegt: Wochenlang wurden alle Forderungen der Streikenden ignoriert, einer Delegation ließ Gorbatschow sogar die Tür weisen, der darauffolgende Hungerstreik blieb vom Kreml unbeachtet, öffentliche Solidaritätsbekundungen in Moskau – darunter auch die erwähnte Mahnwache – wurden per Erlaß des Präsidenten verboten. Das Krawtschenko-Fernsehen suchte währenddessen systematisch die Bevölkerung gegen die Bergarbeiter aufzubringen, indem es Abend für Abend ausführlich darüber berichtete, welchen Schaden der Streik der gesamten Wirtschaft zufüge. Es entstand eine spannungsgeladene Pattsituation. Doch da passierte etwas, was niemand erwartet hatte.

Belorußland, eine für damalige Verhältnisse wohlhabende Republik, die seit Beginn der Perestroika in Anlehnung an die Geschichte der Französischen Revolution als Vendée der Sowjetunion bezeichnet wurde, weil sie ausgesprochen konservativ gestimmt zu sein schien und sich politisch erstaunlich inaktiv gab – Belorußland trat in den Ausstand. Was als Empörung wegen der Preisanhebung vom 2. April begann, entwickelte sich innerhalb eines Tages zur politischen Aktion: Als sich am 4. April im Zentrum von Minsk etwa 100 000 Arbeiter aus den bestreikten Großbetrieben zu einer Kundgebung versammelten, erhoben sie praktisch die gleichen Forderungen wie die Bergleute. Ganz oben in der Liste stand Gorbatschows Rücktritt.

Die *Nesawissimaja Gaseta* berichtete damals aus Minsk: »Wie seltsam das auch klingen mag, aber gerade der jüngste Besuch des Präsidenten der UdSSR Michail Gorbatschow in Belorußland hat die Radikalisierung der öffentlichen Meinung beschleunigt. Die Weißrussen haben begriffen, für wen man sie hält, und das hat sie in ihrer nationalen Würde gekränkt. Gleich nach dem Besuch Gorbatschows veröffentlichte die belorussische Jugendzeitung *Snamja Junosti* einen Artikel unter der Überschrift ›Wir sind schon ein tolles Volk, Brüder!‹, der auf gewaltige Resonanz stieß. Leserzuschriften zeigen, daß der Autor sehr treffend die Reaktion der meisten Weißrussen auf den Umstand wiedergeben hat, daß man bei ihnen Unterstützung sucht, während die Bergleute streiken.« So kassierte Gorbatschow eine weitere Quittung für seine Minsker Grundsatzrede.

Zwei Wochen später lenkte er ein. Der unversöhnliche Ausstand in den Kohlerevieren, die Moskauer Protestdemonstration, Jelzins neue Machtfülle nach dem Volksdeputiertenkongreß und schließlich der plötzliche Massenstreik der scheinbar obrigkeitshörigen Weißrussen hatten der halbjährigen konservativen Wende ein Ende gesetzt und den Generalsekretär an den Verhandlungstisch gezwungen. Am 23. April unterschrieb Gorbatschow zusammen mit Spitzenpolitikern von neun Republiken in dem damals sofort berühmt gewordenen Moskauer Vorort Nowo-Ogarjowo eine gemeinsame Erklärung, die die Ausarbeitung eines grundsätzlich neuen Unionsvertrages ankündigte. In diesem sensationellen Papier war von einer künftigen Union Souveräner Staaten die Rede (das Wort »sozialistisch« war verschwunden), von dem Recht der sechs Nichtunterzeichner-Republiken, sich selbständig zu entscheiden, ob sie dem Bund beitreten wollen oder nicht (der brutale Druck auf das Baltikum und andere Widerspenstige war aufgehoben), von einer neuen Verfassung und von Neuwahlen – eine indirekte Antwort auf die Forderung der Streikenden. Gorbatschow schien endlich eingesehen zu haben, daß er, um an der Macht zu bleiben, einen Großteil dieser Macht würde abgeben müssen – an die Republiken, die in diesem Winter politisch erstarkt waren und endgültig die Initiative bei der Reformierung der Sowjetunion übernommen hatten. Im Gegenzug wurde ihm Loyalität zugesichert, und Jelzin versprach die Rückkehr der Kumpel in die Zechen.

Es gab sogleich viele skeptische Stimmen, die behaupteten, Gorbatschows Unterschrift unter die 9+1-Erklärung sei lediglich ein listiger Schachzug: Er wolle nur Zeit und Spielraum gewinnen, um seine geschwächte Position zu stabilisieren – danach würde er sich von den getroffenen Vereinbarungen genauso lossagen, wie er dies im Herbst 1990 mit dem 500-Tage-Programm getan habe. Doch die unmittelbare Auseinandersetzung der Demokratiebewegung mit dem Generalsekretär war eingestellt. Nun war er nicht mehr der Gegner, sondern ein wichtiger, wenn auch Mißtrauen erweckender Verhandlungspartner. Er hatte Anrecht auf Schonfrist, von der einstigen liebevollen Verehrung allerdings konnte keine Rede mehr sein.

So ging es den Menschen auch nicht so sehr um den konkreten Politiker Gorbatschow, als sie am 19. August Barrikaden im Moskauer Stadtkern errichteten und sich um Boris Jelzin und seine Residenz, das Weiße Haus, scharten. Sie kämpften nicht für Gorbatschow, sondern gegen die Putschisten, und so wurde deren prominentestes Opfer, über dessen Verbleib nichts bekannt war, zu einem willkommenen Symbol für den Widerstand. Die Demokratiebewegung hatte die Legitimität des sowjetischen Präsidenten bisher oft genug in Zweifel gezogen, doch im Vergleich zu den Usurpatoren wurde er zum Sinnbild der rechtmäßigen Macht, die es zu verteidigen galt. Jelena Bonner hatte das an jenem Morgen deutlich zum Ausdruck gebracht, als sie erklärte, die Pflicht des Volkes sei es, erst einmal das Parlament Rußlands, den Präsidenten Rußlands und den Präsidenten der UdSSR zu schützen, danach könne man entscheiden, was gut und was schlecht an ihnen ist, doch dies sei Sache des ganzen Volkes und nicht eines selbsternannten Notstandskomitees.

Das »danach« trat bereits am 22.August ein. In dem Augenblick, in dem der unversehrte Gorbatschow in Moskau aus dem Flugzeug stieg, das ihn von der Krim zurückgeholt hatte, erlosch die Aureole des Märtyrers. Er war nicht mehr jene abstrakte Gestalt des Vaters der Perestroika, dem die Verschwörer die Freiheit genommen hatten, – er war wieder der leibhaftige Generalsekretär jener Partei, die den soeben niedergeschlagenen Staatsstreich initiiert hatte. Der Wunsch nach Versöhnung, genährt durch Mitleid und Mitempfinden – für Menschen in Rußland außerst wichtige Gefühle, die seinerzeit maßgeblich zu Jelzins politischem Comeback beigetragen hatten –, der Wunsch nach Versöhnung war zweifellos vorhanden, aber auch der berechtigte Argwohn. Gorbatschows Schicksal stand auf der Kippe, und er wäre gut beraten gewesen, hätte er jede seiner Äußerungen und Handlungen gründlichst abgewogen. Doch die Berater fehlten anscheinend.

Er selbst hatte nichts verstanden und nichts dazugelernt. So fährt er vom Flughafen gleich auf die Datsche – und nicht zu den Menschen auf den Barrikaden, die seine Rückkehr ermöglicht hatten, nicht zu der Stelle, wo drei junge Männner in der Nacht zuvor ihr Leben gelassen hatten, wo er zumindest Blumen hätte niederlegen müssen; so bestellt er am nächsten Tag ein Kamerateam zu sich und verliest eine Fernsehansprache an das Volk – und geht nicht zu der Siegeskundgebung am Weißen Haus, um direkt vor den jubelnden Moskauern zu sprechen; so findet er den ganzen Tag über keine Gelegenheit, sich mit Boris Jelzin zu treffen – und setzt Personen, die mit den Putschisten kollaboriert oder sich ihnen jedenfalls nicht widersetzt hatten, in die Chefsessel des KGB, des Verteidigungs- und Innenministeriums. (Tags darauf annulliert Jelzin diese Ernennungen.) Am Abend macht Gorbatschow dann auf der internationalen Pressekonferenz seinen folgenschwersten Fehler: Er spricht – wer hätte das nach allem, was passiert war, für möglich gehalten! – nicht von der Schuld der KPdSU, sondern von seinem tiefen Glauben an die Erneuerung der Partei, die keinesfalls eine reaktionäre, sondern eine überaus progressive Kraft sei, und verspricht ein neues Parteiprogramm. Zur gleichen Zeit fordern Demonstranten in Moskau das Verbot der KP, gehen Straßenschilder mit den Namen von Marx und Lenin zu Bruch, wird das Denkmal für den ersten kommunistischen Geheimdienstchef Dserschinski gestürzt, jubeln die Menschen über Jelzins Beschluß, die rote Hammer-und-Sichel-Fahne abzuschaffen und die vorrevolutionäre Trikolore Rußlands wieder offiziell einzuführen. Gorbatschow aber lobt die Ideen der Oktoberrevolution, zitiert Lenin und schwört wieder einmal Treue zum Sozialismus. Nebenbei bekommt die Presse, wie das auf ideologischen Beratungen im Zentralkomitee so üblich war, eine strenge Rüge für ihre »Rücksichtslosigkeit« und ihre »Unausgeglichenheit in den letzten Tagen« – ausgerechnet die Presse, die doch mit illegalen Flugblättern und Sonderausgaben einen wesentlichen Beitrag zum Sieg über die Putschisten beigetragen hatte und eindeutig zu den Helden jener Tage gehörte. Er war wieder der hundertprozentige Generalsekretär.

Doch die bereits ehemalige Sowjetunion konnte es sich von nun an leisten, ohne einen Generalsekretär und ohne die KPdSU zu leben. Der 13. Januar 1991 war das Ende des Reformers Gorbatschow; am 22. August 1991 kam das Ende für den Politiker Gorbatschow. Daß er eineinhalb Tage später von seinem Parteiposten zurücktrat, konnte am vernichtenden Eindruck der Pressekonferenz nichts mehr ändern. Anfang Oktober faßte ein deutscher Chefredakteur mir gegenüber die Eindrücke von seiner Moskau-Reise mit den Worten zusammen: »Der Name Gorbatschow wurde in den Gesprächen kaum erwähnt.« Bis zum offiziellen Abgang des ersten und letzten Präsidenten der UdSSR blieben noch fast drei Monate.

Seit dem 22. August gibt es ständig Spekulationen über Gorbatschows Mitschuld am Putsch. Die Geschichte des August '91 ist vorerst noch sehr lückenhaft. Kann sein, daß wir manches schon bald, anderes in ferner Zukunft oder auch niemals erfahren werden – drei hochrangige (angebliche) Selbstmörder haben schon damals viel Wissen mit ins Grab genommen. Es wäre unverantwortlich von mir, einer gründlichen Aufarbeitung dieses Kapitels mit unbewiesenen Fakten und bislang noch vagen Vermutungen, die es in russischen Medien in Fülle gibt, vorgreifen zu wollen. Doch den Gedankengang jener, die Gorbatschow in die Durchführung des Staatsstreichs einbeziehen, möchte ich den Lesern nicht vorenthalten.

So meinen die Befürworter dieser Version, Gorbatschow habe zu jener Zeit bereits eindeutiges Interesse an einem Putsch gehabt. Am 20. August sollte der in Nowo-Ogarjowo ausgehandelte Unionsvertrag unterzeichnet werden, der nach Auffassung der Demokratiebewegung viel zu viele Zugeständnisse an die Zentrale im Kreml enthielt, aber nichtsdestoweniger das Ende der alten Sowjetunion besiegeln und eine Umverteilung der Macht zugunsten der Republiken einleiten sollte. Die Zeitung *Commersant* hatte schon im April, gleich nach der 9+1-Erklärung, geschrieben, Gorbatschow müsse sich auf die Rolle einer englischen Königin einstellen. Für einen Machtpolitiker seines Formats konnte das keine erstrebenswerte Perspektive darstellen.

Weiter verweisen die Verfechter dieser Lesart der Ereignisse auf die verblüffende Tatsache, daß an der Verschwörung praktisch die ganze unmittelbare Umgebung des Präsidenten beteiligt war: vom Vize-Präsidenten über den Premierminister und die Chefs der Schlüsselressorts KGB, Verteidigungs- und Innenministerium bis hin zum Leiter seiner Kanzlei und dem persönlichen Leibwächter. Praktisch alle Anführer der Putschisten verdankten ihre Posten Gorbatschow, drei der acht Mitglieder des Notstandskomitees hatte er gerade erst im Winter 1990/1991 berufen: den Vize-Präsidenten Janajew, den Innenminister Pugo und den Premierminister Pawlow, wobei der letztere ausgerechnet am 14. Januar, einen Tag nach dem Blutbad in Wilna, ernannt wurde. Entweder war Gorbatschow in seiner Personalpolitik völlig blind, was man bei einem erfahrenen KP-Apparatschik, der sich von ganz unten bis zum Generalsekretär hochgearbeitet hatte, schwer vermuten kann, oder aber...? Das weitere Szenario hätte so aussehen können: Das Notstandskomitee macht die schmutzige Arbeit und rettet das Imperium, während der Präsident sich seiner »Krankheit« hingibt, dann kehrt er zurück, lobt seine Mitstreiter für ihren patriotischen Eifer, distanziert sich von den zugelassenen Übergriffen und übernimmt in dieser für sein Land so schweren Stunde wieder die Staatsgeschäfte – wobei der Westen dies alles schluckt, weil er es mit Gorbatschow und nicht mit jemand anderem zu tun haben möchte. Diesem imaginären Drehbuch möchte ich eine ganz persönliche Überlegung anschließen: Ich kann mir sehr schwer einen westlichen Staats- oder Regierungschef vorstellen, dessen ganze politische Mannschaft – und nicht etwa ein einzelner Minister – an einer verfassungswidrigen Aktion oder gar einem Komplott teilnimmt, er aber daraus nicht die geringsten Kosequenzen für sein Verbleiben im Amt zieht.

Noch etwas gibt den Theorien über Gorbatschows Mitwisserschaft Nahrung: die dilettantische Ausführung des Putschversuches. Von dem Dreigestirn KGB, Armee und Polizei hatte man eigentlich mehr Professionalismus erwartet. Natürlich wollte man der ganzen Aktion den Anschein einer verfassungsmäßigen Prozedur verleihen – deshalb wurde auch der Vize-Präsident in den Vordergrund gestellt. Massenverhaftungen und andere Attribute eines Staatsstreichs paßten da nicht ins Bild. Doch wenn man schon die Armee aufmarschieren ließ, so hätte man sie auch handeln lassen müssen. Der Putschversuch in Moskau im August trägt die gleiche zögerliche Handschrift wie der Putschversuch im Baltikum im Januar – als ob jemand zwar eine gewaltsame Veränderung der Machtverhältnisse haben möchte, dabei jedoch möglichst wenigen weh tun will. Nach dem Einsatz im Baltikum hatten einige der beteiligten Offiziere in Interviews durchblicken lassen, sie seien von Moskau verraten worden, man habe dort auf halbem Wege haltgemacht, statt die begonnene Aktion durchzuziehen. Der Umsturz in Wilna begann mit der Erstürmung des Fernsehzentrums, scheiterte aber dann an den Zehntausenden Menschen, die sich vor das Parlamentsgebäude gestellt hatten, um die legitime Macht zu schützen. Der Putsch in Moskau begann mit der Gleichschaltung der elektronischen Medien, blieb aber dann in den Barrikaden um das Weiße Haus stecken. Waren es die Profis – der Geheimdienstchef und der Armeemarschall –, die sich nicht trauten, nach dem »A« auch noch »B« zu sagen? Bei der

Analyse der Chronik des 19. und 20. August fällt vielen auf, daß die Putschisten stundenlang tatenlos zusahen, wie sie immer mehr an Boden verloren, aber nichts dagegen unternahmen – als ob eine unsichtbare Hand sie zurückhielt, als ob sie auf einen Befehl oder eine Erlaubnis warteten.

Warum, fragt man sich dann zu guter Letzt, sind die Verschwörer nach dem Mißlingen des Staatstreichs am 21. August ausgerechnet zu Gorbatschow geflogen? Wie soll man das verstehen?

Dieser Mann hat der Welt viele Rätsel aufgegeben. So bleibt beispielsweise nach wie vor die Frage unbeantwortet, warum Gorbatschow, der so krampfhaft sein Reich zusammenzuhalten versuchte und selbst vor Gewaltanwendung nicht zurückschreckte, nahezu gelassen auf den Zusammenbruch der »sozialistischen Staatengemeinschaft« reagierte. Hat er vielleicht die Revolutionen in Osteuropa anfänglich als »Erneuerung des Sozialismus« mißverstanden und den Irrtum erst entdeckt, als es schon zu spät war und er nur noch eine gute Miene zum (für ihn) bösen Spiel machen konnte? Oder hatte Gorbatschow bewußt Ballast abgeworfen und seine politisch instabilen und wirtschaftlich maroden Verbündeten gegen die Gunst mächtiger und zahlungsfähiger neuer Freunde – der USA, Deutschlands, der EG, der NATO – eingetauscht, um selber über Wasser zu bleiben und vom Westen Nachsicht für bestimmte innenpolitische Vorgehensweisen verlangen zu können? Oder hat er einfach konzeptlos auf die hereingebrochenen Ereignisse reagiert, wie er es ja auch im eigenen Land tat, nachdem er 1985 draufloszureformieren begann, ohne sich ernsthaft Gedanken gemacht zu haben, wohin das führen könnte?

»Das Rätsel Gorbatschow« nannte Vitali Tretjakow,

der künftige Chefredakteur der *Nesawissimaja Gaseta* und damals Kommentator bei *Moskau News*, sein 1989 veröffentlichtes publizistisches Porträt des Generalsekretärs, das allererste dieser Art in der sowjetischen Journalistik. *Das Rätsel Gorbatschow* betitelte Jegor Ligatschow, einst der mächtige Gegenspieler im Politbüro und heute Rentner, seine 1992 erschienenen Memoiren.

Gorbatschow wird uns noch lange beschäftigen, und ich vermute, daß so manche neue Erkenntnis weitere Gewissensbisse bei den Mitgliedern des Nobelpreisausschusses hervorrufen könnte. Warum viele meiner Mitbürger, besonders die jüngeren, genauso denken, habe ich hier zu begründen versucht. Ich betone nochmals: Mir ging es nicht um eine umfassende Bewertung des politischen Wirkens Gorbatschows – ich wollte lediglich erklären, aus welchen Gründen das demokratische Rußland ihn als Politiker auf den Weg in seine Zukunft nicht mitgenommen hat.

Sicher, er war der beste, der intelligenteste und auf alle Fälle der galanteste Herrscher von allen, die das System hervorzubringen vermocht hat, und das erzeugt den Eindruck, man habe ihm unrecht getan. In Wirklichkeit jedoch ist einfach die historische Zeit abgelaufen, die dem großen kommunistischen Experiment gegeben war, und so ließ die Geschichte ohne Nachsicht gerade den Besten total versagen. Die *Nesawissimaja Gaseta* hatte zum Ausklang des dramatischen Jahres 1991 ein humoristisches »Who is who« veröffentlicht, in dem der Buchstabe »G« unter einem witzigen Vorwand ausgelassen wurde, während unter »R« nachzulesen war: »Reagan – ein Präsident, in dessen Amtszeit die regierende Republikanische Partei nicht verboten wurde und die USA nicht auseinandergefallen sind«. Deutlicher hätte man es kaum sagen brauchen. Allerdings hat die ganze Welt von Gorbatschows Mißgeschick profitiert. So ist er in der Politik zu einem Kolumbus geworden: Der Seefahrer wollte an ganz anderen Ufern landen, erntet aber für seinen grandiosen Irrtum noch fünfhundert Jahre später den Dank der Menschen.

Heute gibt es weder die Partei, deren Funktionär Gorbatschow sein ganzes Leben lang war, noch den Staat, den er sechs Jahre regiert hat, noch die Gesellschaftsordnung, der er eine so große Zukunft prophezeite. Er lebt heute in einer anderen Welt, die er so nicht gewollt hatte und die nach seiner Meinung so nicht hätte kommen müssen. Er wird deshalb in dieser anderen Welt immer ein Mann von gestern bleiben und deshalb nie wieder an die Macht kommen: Wenn er in der alten Sowjetunion schon realitätsfern war, so kann man kaum erwarten, daß er überzeugende Konzepte für das neue Rußland finden wird. Er selber scheint das nicht so zu sehen, was seine Anspielungen auf General de Gaulle und der belehrende Ton seiner Interviews in russischen Medien beweisen. Doch vor General de Gaulle, der bereits als betagter Mann zwölf Jahre nach seinem Rücktritt wieder die Regierungsgewalt übernahm und danach ein ganzes Jahrzehnt die 5. Republik prägte, stand nicht die Aufgabe, eine ihm wesensfremde Gesellschaftsordnung aufzubauen. Außerdem hatte de Gaulle das Gebot der Stunde verstanden und das französische Kolonialreich demontiert, während Gorbatschow die ehemaligen Sowjetrepubliken immer noch zu einem einheitlichen Land zusammenzubringen gedenkt. Beeindruckt vom Freistaat Bayern, empfahl er in seiner Rede in München im März 1992 den Nachfolgestaaten der Sowjetunion eine Föderation nach deutschem Beispiel, räumte also den heutigen UNO-Mitgliedern den Stellenwert der Bundesländer ein. Wer eine derartige Ignoranz der politischen Entwicklungen im ehemaligen sowjetischen Imperium an den Tag legt, der wird wohl auch kaum Fingerspitzengefühl für die ökonomischen Probleme der postkommunistischen Epoche entwickeln können. Die Wählerschichten in Rußland, die einen schnelleren Übergang zur Marktwirtschaft und zur modernen westlichen Demokratie haben wollen, werden sich daher hüten, ihre Stimme dem ehemaligen Generalsekretär zu geben. Und die, die dem einheitlichen Land und dem Sozialismus – in welcher Form auch immer – hinterherhängen, sehen in Gorbatschow den Hauptschuldigen am Untergang der UdSSR und hassen ihn auf den Tod. Der demokratische Weg zur Macht ist ihm somit verbaut – er hat einfach keine Wählerschaft. Der undemokratische auch: Ein offener Putsch könnte ja nur aus der radikalen kommunistisch-nationalistischen Ecke kommen, wo man nur davon träumt, den Verräter Gorbatschow am Laternenmast hängen zu sehen; ein verdeckter Putsch der Kapitäne des militärisch-industriellen Komplexes und der pragmatischen ehemaligen KP-Nomenklatura würde dagegen bei einer Berufung Gorbatschows zu viel Aufsehen erregen und starken Unmut sowohl bei den antikommunistischen als auch bei den prokommunistischen Teilen der Bevölkerung hervorrufen.

So findet sich der große Taktierer, der die ganze Perestroikazeit zwischen den Lagern lavierte und sich ständig den Vorwurf einhandelte, er sitze zwischen zwei Stühlen, in einem Raum wieder, in dem es überhaupt keine Stühle mehr gibt. Doch niemand aus dem Kreis seiner Mitstreiter wagte das bis heute offen auszusprechen, mit der einen Ausnahme Wadim Bakatins, der bis Herbst 1990 Innenminister der UdSSR war und nach dem August 1991 im Auftrag von Jelzin und Gorbatschow einige Monate mit der Reformierung des KGB beschäftigt war.

Sein Verdikt: Gorbatschow hat keine Chancen in der großen Politik.

Aber Bakatin arbeitet auch nicht in der Gorbatschow-Stiftung, in die sich ein Teil der gestrandeten Perestroika-Mannschaft zurückgezogen hat. Dort wollen jetzt jene Männer, die sich in den Folgen ihrer eigenen Tätigkeit schicksalsschwer verkalkuliert hatten, Prognosen über die Politik ihrer Nachfolger erstellen. Ihre Einschätzungen stoßen vorwiegend im Ausland auf Interesse, und so sind die Herren viel und gern unterwegs. Die Stiftung, im Grunde genommen eine Arbeitsbeschaffungsmaßnahme, wird dadurch zum Umschlagplatz für ausländische Honorare und Spenden sentimentaler Kapitalisten. Ungeachtet aller Turbulenzen der letzten Jahre scheint die Gorbatschow-Mannschaft ihr bolschewistisches Sendungsbewußtsein nicht eingebüßt zu haben: 1987 trug das Buch *Perestroika* im russischen Original den Titel *Perestroika und Neues Denken für unser Land und die ganze Welt* – nun will die Stiftung nach den Worten ihres Namenspatrons Wege in eine neue Zivilisation des 21. Jahrhunderts weisen.

Da die Deutschen, wie eingangs bereits festgestellt, für ihre Gorbatschow-Begeisterung tiefere psychologische Motive als andere Völker hatten und nach dem absehbaren Aufschwung in den neuen Bundesländern immer mehr Grund zur Dankbarkeit ihm gegenüber haben werden, könnte dieses Gefühl bei ihnen ungewöhnlich lange Bestand haben. So könnte es passieren, daß die Liebe der Deutschen zum Paten ihrer Wiedervereinigung sich in einen unterschwelligen Störfaktor für die Beziehungen mit dem heutigen Rußland verwandelt. Es wäre schade, wenn die Gestalt des Ex-Präsidenten wie der Schatten von Hamlets Vater die Gemüter verwirren sollte.

Das Kapitel Gorbatschow ist beendet. Der Generalsekretär war das blendende Schlußlicht einer Epoche. Zum großen Mann des Übergangs ist ein anderer geworden: der Parteidissident Boris Jelzin.

2. Die letzte Revolution

Boris Jelzin, der große Mann des Übergangs

»Sagen Sie, ähnelt Jelzin in seinem ganzen Wesen, mit all seiner Kraft, seinen Emotionen, seinem Charisma nicht in gewisser Weise Franz Josef Strauß?« Mit dieser Frage verblüffte mich ein Gesprächspartner bei einer Talk-Show in München. Ich hatte die beiden Figuren früher nie nebeneinander gestellt, doch jetzt, wo man mich mit einem solchen Vergleich konfrontierte, mußte ich zugeben: Da ist was dran.

Den ehemaligen Bauernjungen aus dem Ural und den Metzgersohn aus München eint aber nicht nur der kräftige Körperbau, der volkstümliche Charakter, das sture Durchsetzungsvermögen und das aufsehenerregende Benehmen: Beide stehen für einen Politikertyp, der sich bei seinen Landsleuten einer phänomenalen Beliebtheit erfreut, während die Außenwelt ihm zurückhaltend, skeptisch oder gar ablehnend gegenübersteht. Solche urwüchsigen Persönlichkeiten besitzen eine besondere Ausstrahlung, die auf ihre Mitbürger eine manchmal fast magische Wirkung ausübt, aber von Fremden oft überhaupt nicht wahrgenommen wird. Sie ist wie das Infrarot. Manchmal handelt es sich um massenhafte Verblendung (die Deutschen und die Russen haben da böse Erfahrungen gemacht), doch es gibt genügend Beispiele, wo ein Volk, unbeirrt von den Reaktionen der außenstehenden Beobachter, rein gefühlsmäßig die bestmögliche Entscheidung trifft. Die deutsche Linke hat Strauß stets vehement verteufelt, aber das hat seinen Wahlergebnissen zu Hause nichts anhaben können, und wenn man sich heute Bayern anschaut, wird man zugeben müssen, daß die Menschen dort von der langjährigen Regierungszeit des berüchtigten CSU-Vorsitzenden durchaus profitiert haben, auch wenn sie dem liberalen Geist nicht unbedingt förderlich war.

Ich glaube, im nächsten Jahrhundert wird man Boris Jelzin als die optimale Figur für den Übergang Rußlands vom Kommunismus zu Marktwirtschaft und Demokratie betrachten und würdigen. Der Mann des Durchbruchs konnte nur so sein wie er. Ein anderer Politikertyp mit einer anderen Biographie hätte unter den konkreten Bedingungen der Sowjetunion und bei der jetzigen Mentalität der Bevölkerung kaum eine Chance gehabt. Die Zeit für einen russischen Václav Havel ist zweifellos noch nicht reif – wie wir alle feststellen mußten, waren offenbar auch die Tschechen und Slowaken mit einem solchen Präsidenten überfordert. Der in westlichen Karikaturen übliche grimmige Sowjetbär konnte nur von einem ebenso grimmigen russischen Bären besiegt werden. Das Ende des Kommunismus mußte ein Kommunist herbeiführen.

Boris Jelzin war ein schlechter Kommunist. Das haben seine hochgestellten Parteigenossen spätestens im Oktober 1987 erkannt, als er der Créme der Nomenklatura die Feststimmung verdarb. Man hatte sich damals nichtsahnend in Moskau zu einer Tagung des Zentralkomitees der KPdSU zusammengefunden, um sich die Thesen von Gorbatschows Rede zum bevorstehenden 70. Jahrestag der Großen Sozialistischen Oktoberrevolution anzuhören. Für die jubiläumsfreudigen Sowjetkommunisten war das ein willkommener Anlaß, um sich wieder einmal vom Volk feiern zu lassen, die weltbewegenden Errungenschaften des Sozialismus zu beschwören und die Massen zu neuen Höchstleistungen zu mobilisieren. In diese Atmosphäre der Selbstbeweihräuchung platzte nun Jelzin mit seiner kurzen und spontanen Rede hinein. Sie wurde über ein Jahr lang streng geheimgehalten, und als das Stenogramm der Tagung im Februar 1989 in der Parteizeitschrift *Iswestija ZK KPSS* (Nachrichten des ZK der KPdSU) endlich veröffentlicht wurde, klang das Gesagte fast schon harmlos, denn die sowjetische Gesellschaft hatte seither einen gewaltigen Schritt nach vorn gemacht.

Doch für den Oktober 1987 war der Auftritt des Moskauer Parteichefs und Politbüro-Kandidaten eine Meuterei. Wie jede Meuterei, hatte auch diese kein konstruktives Programm: Dafür war Jelzin einfach noch nicht reif. Aber der Reformkommunist hatte intuitiv verstanden, was der Perestroika, die ihn anfangs so inspiriert hatte, im Wege stand: die Partei selbst. Die Einsicht, daß die KPdSU als Staatspartei unreformierbar ist, daß sie nur beseitigt werden kann, kam der sowjetischen Gesellschaft und Jelzin erst einige Jahre später. Damals sagte Jelzin nur, er sei bisher davon ausgegangen, daß die Umgestaltung bei der Partei, bei ihren Führungsgremien beginnen müsse, wie dies in ZK-Beschlüssen auch festgehalten worden sei. Aber nichts habe sich geändert, man ziehe zudem keine Schlußfolgerungen aus der eigenen Geschichte. Er äußerte sich besorgt darüber, daß der Aufbruchsenthusiasmus der Bevölkerung zur Neige gehe, und empfahl, die Partei solle jetzt sehr vorsichtig mit den Versprechen konkreter Ergebnisse sein: Auf dem Parteitag Anfang 1986 sei von zwei bis drei Jahren die Rede gewesen – zwei Jahre seien nun bald um, und man spreche erneut von zwei bis drei Jahren. Dies könne letztendlich zu einem Autoritätsverlust der Partei führen. Danach kam Jelzin auf das heikelste und explosivste Thema zu sprechen: In der KPdSU bahne sich ein neuer Personenkult an – diesmal um Michail Gorbatschow. Jetzt, wo es um die Einführung demokratischer Prinzipien gehe, sei so etwas unzulässig.

Es war der Aufschrei eines Politikers, der mit sich selbst und seiner Tätigkeit nicht mehr klarkam, eines Provinzfunktionärs, der erst vor zwei Jahren in die Hauptstadt geholt worden war und sich den Gepflogenheiten am Fuße des Throns nicht anpassen konnte (wollte), eines Menschen, der eine schwere Enttäuschung erlebt hat. Es war ein grober Verstoß gegen die Spielregeln.

Nun stellt sich natürlich die Frage, warum von den über 500 auf der ZK-Tagung anwesenden Oberkommunisten ausgerechnet Boris Jelzin zum Störenfried wurde. Ein Anhaltspunkt läßt sich im Stenogramm jener Sitzung finden, die sich nach der Rede und der Rücktrittserklärung des Politbüro-Kandidaten nicht mehr um Gorbatschows Jubiläumsthesen kümmerte, sondern mehrere Stunden lang nur damit beschäftigt war, den neuen Abweichler zu entlarven und anzuprangern. Da meldete sich unter vielen anderen auch Sergej Manjakin, Vorsitzender des Komitees für Volkskontrolle der UdSSR, zu Wort (heute ein gänzlich vergessener Funktionär) und machte folgende äußerst interessante Beobachtung: »Warum ist so etwas passiert? Ich bin im ZK das 26. Jahr. Noch nie hat es solch einen Auftritt und solch eine Erklärung gegeben. Dies ist wegen der politischen Unreife des Genossen Jelzin passiert. Er ist spät in die Partei eingetreten, hat nicht die nötige Abhärtung erfahren, besonders durch die Partei, hat außerdem zu wenig im Amt des Ersten Sekretärs des Gebietsparteikomitees gearbeitet. Anscheinend hat dieser schnelle Aufstieg vor dem Hintergrund der politischen Unreife zu dem heutigen Auftritt geführt.« Was auf parteirussisch »politische Unreife« hieß, war nichts anderes als ein Untauglichkeitszeugnis in Marxismus-Leninismus.

Boris Jelzin war als KP-Funktionär eindeutig eine Spätgeburt. In der Regel trug ein künftiger Apparatschik schon mit 22 oder 23 Jahren das rote Parteibuch in der Tasche – der Bauingeneur Jelzin trat der KPdSU erst mit 30 Jahren bei, als ein solcher Schritt bereits unumgänglich war, wenn man es in seinem Beruf zu etwas bringen wollte. Der künftige russische Präsident brachte es vom Meister bis zum Direktor eines Bauunternehmens mit mehreren tausend Beschäftigten. Erst mit 37 Jahren wurde er 1968 als Abteilungsleiter in das Swerdlowsker Gebietsparteikomitee berufen. Das war ein gewöhnlicher Vorgang: Die KPdSU rekrutierte ihre Kader hauptsächlich aus dem Jugendverband Komsomol und den Chefetagen der Großindustrie. Natürlich wurde Jelzin nicht gegen seinen eigenen Willen ernannt, aber die Parteikarriere war zweifellos kein Jugendtraum von ihm gewesen. Auch als KP-Funktionär beschäftigte sich Jelzin die acht darauffolgenden Jahre vor allem mit der Bauindustrie, bis er dann 1976 Erster Sekretär des Gebietsparteikomitees wurde.

Der Einfluß der Glaubenslehre und der Mentalität des KP-Apparats auf die Persönlichkeit des Absolventen der Uraler Polytechnischen Hochschule Boris Jelzin war somit viel geringer als beispielsweise auf Michail Gorbatschow, der noch unter Stalin die Rechtswissenschaft (!) zu studieren begann und danach sein ganzes Leben lang ausschließlich mit Komsomol- und Parteiarbeit beschäftigt war. Sicherlich haben die neun Jahre, die Jelzin von 1976 bis 1985 im Sessel des Gebietschefs von Swerdlowsk verbracht hat, ihn entsprechend geprägt, doch in dieser Industrieregion war selbst der Statthalter eher ein Administrator als ein Politiker, geschweige denn ein Ideologe. Im nordkaukasischen Stawropol, wo Gorbatschow Gebietschef war, sah es schon etwas anders aus: Hier pflegten die Parteiführer, darunter die Generalsekretäre, Urlaub zu machen, hier war man deshalb viel näher zum Kreml und seinen Hofgeheimnissen, hier konnte man sich den Weg nach oben auch mit sommerlicher Gastfreundschaft pflastern.

Gorbatschow war von vornherein der bessere Taktierer und Politiker. Ein solcher Ausrutscher, wie Jelzins ZK-Rede, konnte ihm beim Aufstieg nicht unterlaufen. Doch die sich gerade erst formierende russische Demokratiebewegung brauchte zu jener Zeit an ihrer Spitze keinen cleveren Staatsmann, sondern einen willensstarken, überzeugend wirkenden Kämpfer. Jelzin war bei seinen Landsleuten in Swerdlowsk in guter Erinnerung geblieben und hatte sich gleichzeitig durch Hinwendung zu sozialen Problemen und Offenheit im Umgang mit den Medien in den fast zwei Jahren als Moskauer Parteichef die Sympathien der Hauptstädter erworben. Nun stellte er mit dem Frontalangriff auf die Nomenklatura seine Glaub- und Vertrauenswürdigkeit unter Beweis. Dies war nicht seine bewußte Absicht, er sah sich noch nicht als Oppositionsführer oder Gorbatschow-Rivale, die Aktion war weder geplant noch durchdacht gewesen; taktisch gesehen war sie eine Niederlage. Doch sie eröffnete vor Jelzin ungeahnte politische Horizonte. Ein neuer Volksheld war geboren.

Es gab mehrere Gründe für die breite Zustimmung, die er bei der Bevölkerung fand. Da war beispielsweise einfach Mitleid, das traditionelle russische Mitleid mit einem Erniedrigten und Beleidigten, um Dostojewskis

Worte zu gebrauchen. Man wußte zwar nicht im einzelnen, was hinter den verschlossenen Türen des Zentralkomitees passiert war, aber die Reden von Jelzins engsten Mitarbeitern, die ihn drei Wochen später als Moskauer Parteichef »abwählten« und dabei fleißig mit Dreck beschmierten, hatte man gelesen. Seit je genossen in Rußland Menschen, die »für die Wahrheit leiden«, eine besondere Liebe und Achtung. Es war offensichtlich, daß Jelzin gerade wegen seiner kritischen Äußerungen über die Partei von ihr mit Füßen getreten wurde.

Die Partei war damals alles: Herr und Gebieter, Haßobjekt, Hoffnungsträger. Die KPdSU war eben die einzige politische Organisation im Land, und so richteten sich alle Erwartungen zwangsläufig auf sie. In den Jahren 1987, 1988, 1989 ahnte niemand, daß die Partei sehr bald schon zerschlagen und verboten sein könnte, genau wie in Deutschland bis in den Herbst 89 hinein kaum jemand vermutete, daß in Kürze die Mauer fallen und die Nation zusammenfinden würde. Wollte man also die sowjetische Gesellschaft verändern, mußte man dies über die Partei tun. Das war nur Insidern möglich. Boris Jelzin war ein Insider, und zwar einer, der schon mal in der höchsten Machtetage gewesen ist. Dies stellte einen weiteren Grund für seine massenhafte Unterstützung dar.

Man sollte sich einmal vorstellen: Im Frühjahr 1988 drohten die Belegschaften mehrerer Großbetriebe mit Streiks, nur weil die Nomenklatura Jelzins Wahl zum Delegierten der 19. Parteikonferenz verhindern wollte. Im März 1989 nahm ich an der ersten Moskauer Solidaritätsdemonstration für Jelzin teil. Anlaß war die Gründung einer Kommission des Zentralkomitees, die seine Erklärungen in westlichen Medien untersuchen sollte. Das hätte zu einem Parteiverfahren und einem Ausschluß führen können. Wir, mehrere tausend Menschen, forderten eine Auflösung der Kommission – und sangen dabei die »Internationale«. Allerdings nur die erste Strophe, denn an den weiteren Text konnte sich niemand erinnern.

Es war die reformkommunistische Phase der Perestroika. Millionen Menschen, darunter auch ich, glaubten noch an den »real existierenden Sozialismus«, an seine angeblichen Vorteile gegenüber dem Kapitalismus, zumal die sowjetische Gesellschaft schon so lange unter diesem System gelebt hatte, daß die Einführung eines anderen als schier unmöglich angesehen wurde. Der Glaube war im gewissen Sinne zur Gewohnheitssache geworden. Man muß noch bedenken, daß, im Unterschied zu den Völkern Osteuropas, denen der Sozialismus nach dem Zweiten Weltkrieg von den sowjetischen Befreiern und Besatzern auferlegt wurde, die Bürger der UdSSR sich ihr Schicksal durch die Oktoberrevolution selber ausgewählt hatten. Zumindest waren wir lange davon überzeugt gewesen. Viele empfanden den Sozialismus als einen Wesenszug der nationalen Identität. Ich habe die UdSSR und ihre Politik in Diskussionen mit Ausländern jahrelang verteidigt, weil ich das als meine patriotische Pflicht verstand. Heute schäme ich mich, daß ich beispielsweise 1981 in einem mehrstündigen Streitgespräch mit einem Studenten aus der Schweiz den Einmarsch in Afghanistan zu rechtfertigen versuchte.

Natürlich war man nicht blind und sah die Unzulänglichkeiten seines Lebens, meinte aber, sie seien nicht systembedingt, sondern lediglich die Folge falscher Handhabung guter Gebrauchsanweisungen. Der Alleinschuldige hieß Stalin. Ein berühmtes Perestroika-Plakat zeigte Gorbatschow als inspirierten Dirigenten, vor dessen Augen eine Partitur des Autors Lenin lag. Die Inschrift auf dem Plakat lautete: »Bravo!«

Heute verwendet kaum jemand in Rußland das Wort Stalinismus; man spricht generell vom Bolschewismus. Entsprechend ist auch die Gegenüberstellung von Stalin und Lenin nicht mehr akut. Nach der Veröffentlichung zahlreicher früher streng geheimgehaltener Dokumente ist offensichtlich geworden, daß der Führer der Oktoberrevolution mit seinen Schriften und Taten, mit seiner Diktatur des Proletariats den Grundstein für alle Greueltaten des blutrünstigen Nachfolgers gelegt hat. Doch damals, 1987 und 1988, war das öffentliche Bewußtsein noch nicht soweit, die Aufarbeitung der Geschichte hatte gerade erst begonnen. Und so betrachtete sich der spätere Unterzeichner des Dekrets über das Verbot der KPdSU nach wie vor als einen Kommunisten, glaubte fest an den Sozialismus und berief sich hin und wieder auf Lenin – allerdings nicht so oft, wie sein Generalsekretär. Eine politische Tätigkeit außerhalb der Partei konnte er sich vorerst nicht vorstellen. Gorbatschow hatte zwar den Parteidissidenten, dem er einen Ministerposten im Staatskomitee für Bauwesen zuweisen ließ, unmißverständlich gewarnt: »Ich lasse dich nicht in die Politik«, doch der sture 57jährige Uraler wollte unbedingt zurückkehren.

Im Sommer 1988 verstößt er wieder gegen die Spielregeln des Systems. Er ergreift das Wort auf der 19. Parteikonferenz, wiederholt praktisch alle Thesen seiner Oktoberrede und endet mit der Bitte, ihn politisch zu rehabilitieren.

Man kann über die späteren Beweggründe des Politikers Jelzin sagen, was man will: Damals ging es ihm zuallererst um die Wiederherstellung seiner Menschenwürde. Er wollte zeigen, daß die erlittenen Erniedrigungen ihn nicht gebrochen hatten, daß er sich mit ihnen nicht abfinden werde, daß er auf seinem Recht bestand, hocherhobenen Hauptes leben zu dürfen. Dies war ein politischer Präzedenzfall, denn ein vom Parteiolymp heruntergestoßener Funktionär war nach sowjetischer Tradition für immer aus dem öffentlichen Leben verbannt. Dies war ein moralisches Lehrstück für eine Nation, der der Dichter Michail Lermontow noch im 19. Jahrhundert vorgeworfen hatte, sie sei ein Land der Sklaven und der Herren.

Der Eindruck von Jelzins Auftritt wurde durch die Schlammschlacht verstärkt, die Gorbatschow im Sitzungssaal gegen ihn entfachen ließ. Als Kronzeuge der Anklage agierte der von Jelzin schon im Oktober 1987 angegriffene konservative »zweite Mann« in der Partei, Jegor Ligatschow. Doch der Schlagabtausch erfolgte diesmal nicht hinter verschlossenen Türen: Am Bildschirm sah das ganze Land zu, denn die Parteikonferenz stand im Zentrum des öffentlichen Interesses. Das Ergebnis war für die Nomenklatura verheerend. Aus dem Volkshelden wurde ein Volkstribun. Der gescheiterte KP-Funktionär Boris Jelzin beginnt an diesem Tag seinen Werdegang vom Rebell zum Staatsmann.

Er hatte zu jener Zeit noch kein politisches Konzept und kein Programm, denn er war gleichsam aus dem Nichts gekommen, und so konzentrierte er sich auf den schon früher begonnenen Kampf gegen die Parteiprivilegien. Dadurch entstand das Klischee eines Populisten, das sich vor allem in den westlichen Medien lange hielt. Natürlich waren Jelzins erste selbständige Gehversuche populistischer Natur, doch unter den konkreten Bedingungen der damaligen Sowjetunion war Populismus eine neue und durchaus fortschrittliche Erscheinung. Im Reich der schwarzen Dienstlimousinen, in dem das Volk als Arbeitsvieh behandelt wurde, das ständig zu immer neuen Leistungen zum Wohle des sozialistischen Vaterlandes angetrieben werden sollte, war ein Parteiboss, der sich um die Belange der kleinen Leute kümmerte – oder wenigstens überzeugend so tat – ein stark wirkender Demokratisierungsfaktor. Die Menschen bekamen endlich das Gefühl vermittelt, daß ihre Meinung wirklich etwas zähle.

Im Grunde genommen war Gorbatschow der erste Populist der Perestroika-Zeit, denn es war ja kein anderer als er, der gleich nach dem Machtantritt die Praxis der Straßengespräche mit zufälligen (oder auch nicht zufälligen) Passanten einführte. Doch Jelzin ging in dieser Frage – wie in den meisten anderen auch – mehrere Schritte weiter. Noch in Swerdlowsk hatte er regelmäßige alltagsbezogene Ansprachen im Lokalfernsehen, morgendliche Fahrten in überfüllten Bussen und spontane Besuche in Geschäften praktiziert – als Moskauer Parteichef handelte er sich mit solchen Aktionen den begeisterten Zuspruch der Einwohner und die Mißgunst der Politbüro-Kollegen ein. Sie warfen ihm Effekthascherei vor, ließen sich jedoch nicht dazu herab, etwas ähnliches einmal selber zu probieren: Dafür waren sich die Führer der Arbeiter-und-Bauern-Partei zu fein.

Eigentlich brauchten sie das auch gar nicht, denn jahrzehntelang wurde in der Sowjetunion Politik nicht auf der Straße, nicht in den Wahllokalen und nicht im Parlament, sondern hinter schallsicheren Bürotüren und auf Nobeldatschen gemacht. Als der ausgestoßene Jelzin 1988 sein Comeback begann, verfügte er über keine Seilschaften, auf die er sich hätte stützen können, denn in der Parteiführung hatten sich nahezu alle von ihm abgewandt, konnte er, selbst wenn er wollte, keine Intrigen am Hof spinnen, denn er war nicht mehr hoffähig. Ihm blieb einfach nichts anderes übrig, als an die »einfachen Menschen« zu appellieren und um ihre Gunst, um ihre

Stimmen zu kämpfen. Sein Aufstieg markiert den Beginn einer neuen politischen Kultur in Rußland: In der tausendjährigen Geschichte der Nation ist Boris Jelzin der erste demokratisch legitimierte Machthaber. Dies scheinen jene westlichen Kommentatoren zu vergessen, die es als besonders witzig empfinden, den russischen Präsidenten mit »Zar Boris« zu titulieren. Besonders enttäuschend ist, daß sich dieser bereits abgegriffenen Redewendung auch solide Journalisten bedienen.

Boris Jelzin hat drei Jahre hintereinander – 1989, 1990 und 1991 – Wahlen durchmachen müssen, wobei alle ausgesprochene Kampfabstimmungen waren. Jede war für ihn eine neue Stufe in seiner Entwicklung als Politiker und als Persönlichkeit. Zum ersten Mal stand sein Name auf einem Stimmzettel am 26. März 1989 bei den in der sowjetischen Geschichte einzigen halbwegs demokratischen Wahlen zum neugeschaffenen Volksdeputiertenkongreß der UdSSR. Nominiert wurde Jelzin von Betriebsbelegschaften und Einwohnerversammlungen in unzähligen Wahlkreisen überall im Land, doch letztendlich entschloß er sich, in Moskau zu kandidieren. Er wählte damit die unsicherste Variante. Aber es war für ihn eine Frage der Ehre und des Stolzes, in jener Stadt anzutreten, in der er geächtet wurde. Er siegte mit einem atemberaubenden Ergebnis von 89,6 Prozent der Stimmen.

Wer nach Erklärungen für das Scheitern des Putsches im August 1991 sucht, der sollte unbedingt auch dieses Resultat berücksichtigen. Bereits im Frühjahr 1989 sprachen sich für den Parteidissidenten Jelzin neun von je zehn Wählern in Moskau aus – der Hochburg der Nomenklatura, einer Stadt mit über einer Million KPdSU-Mitgliedern, mit Zehntausenden Apparatschiks, Militärs, KGB-Mitarbeitern. Ein Großteil von ihnen muß damals schon insgeheim auf ihn gesetzt haben. Dieser Sieg war das Fundament seines Aufstiegs.

Seit je wird das politische Schicksal des Riesenreichs Rußland in zwei Städten entschieden – in Moskau und St. Petersburg. In anderen zentralistischen Staaten war das früher – oder ist heute noch – genauso: Paris war seinerzeit deshalb eine Messe wert, weil man mit der Hauptstadt auch gleich ganz Frankreich eroberte. Alle vier russischen Revolutionen des 20. Jahrhunderts begannen und endeten an der Newa und/oder an der Moskwa. Die Revolution von 1905, die den Absolutismus in eine konstitutionelle Monarchie mit Mehrparteiensystem, Parlament und relativer Pressefreiheit verwandelte, wurde im Januar in Petersburg ausgelöst, als am »blutigen Sonntag« vor dem Winterpalais die Armee auf eine Arbeiterdemonstration das Feuer eröffnete, und flaute nach dem Moskauer Aufstand im Dezember ab. Die Februarrevolution 1917, die der russischen Monarchie ein Ende setzte und die Republik verkündete, spielte sich praktisch nur in der Newa-Metropole ab. Die Oktoberrevolution 1917, die die kommunistische Diktatur einleitete, begann mit der Machtergreifung in Petrograd, wie die Hauptstadt seit Beginn des Ersten Weltkrieges hieß, und konnte als erfolgreich gelten, erst nachdem die Bolschewiki den Widerstand ihrer Gegner auch in Moskau gebrochen hatten. Danach herrschte mehrere Jahre Bürgerkrieg, der für die »Roten« zeitweise mit dem Verlust großer Landesteile verbunden war, aber eine der wichtigsten Voraussetzungen für ihren letztendlichen Sieg bestand darin, daß Lenin stets die Kontrolle über die beiden Schlüsselstädte behielt. Die Augustrevolution 1991, die das kommunistische Sowjetimperium zu Fall brachte, fand im Grunde genommen lediglich in Moskau statt, wo das Weiße Haus verteidigt wurde, und in Leningrad, wo es zu Massendemonstrationen kam. Nichtsdestoweniger stellt sie einen Wendepunkt in der Geschichte der Nation dar.

Diesen außerordentlichen Stellenwert »zweier Hauptstädte«, wie sich die Russen traditionell ausdrücken, sollten all jene berücksichtigen, die sich mit Prognosen über Jelzins Zukunft beschäftigen und über einen neuen Putsch spekulieren. Solange Jelzin Rückhalt bei der Bevölkerung und den Eliten der beiden Metropolen findet, sitzt er fest im Sattel. Unruhen oder Arbeitsniederlegungen in anderen Regionen können zwar seine Tätigkeit beeinträchtigen und ihm ernsthafte Zugeständnisse oder Kursänderungen abzwingen, aber sie sind nicht imstande, ihn direkt zu stürzen – Gorbatschows Ausharren während des wochenlangen Bergarbeiterstreiks im Frühjahr 1991 ist ein Beleg für diese Behauptung. Eine soziale Explosion in Moskau dagegen könnte den Weg für eine undemokratische Absetzung des legitimen Präsidenten ebnen – deshalb war es im entscheidenden Winter 1991/1992 von prinzipieller Bedeutung, daß ein großer Prozentsatz der westlichen humanitären Hilfe gerade in die Hauptstadt ging.

Sollte in Rußland heute wirklich jemand an eine Palastrevolte denken, müßte er sich – besonders nach den Erfahrungen des Augustputsches – zuallererst die Gewißheit verschaffen, daß die verschiedenen Machtstrukturen und Interessengruppen der beiden Metropolen nicht mehr hinter Jelzin stehen. Erst wenn sie sich eindeutig von ihm abwenden, könnte ein Staatsstreich Chancen auf Erfolg haben. Ein postsowjetischer Präzedenzfall ist der Sturz des ehemaligen georgischen Präsidenten Swiad Gamsachurdia: Im Frühjahr 1991 hatte man ihn mit überwältigender Mehrheit der Stimmen gewählt, doch schon im Herbst zeigte sich Tiflis, vor allem die dortige Intelligenzija, aus allerlei Gründen von ihm enttäuscht, und so gab sie ihn Ende Dezember zum Abschuß frei: Zwei Wochen lang wurde seine Residenz von bewaffneten Aufständischen belagert, aber die georgische Hauptstadt tat nichts, um ihm zu helfen. So mußte er schließlich passen, obwohl er Anhänger in der Provinz hatte.

Doch Moskau ist nicht Tiflis, Rußland nicht Georgien und Jelzin nicht Gamsachurdia. Das Fundament, das sich der jetzige russische Präsident im März 1989 geschaffen hat, ist bei weitem noch nicht zerbröckelt, auch wenn es einige Risse aufweist. Die Wahl zum Volksdeputierten der UdSSR und der darauffolgende Einzug in den Obersten Sowjet verwandelten den Parteidissidenten wieder in einen Politiker. Diesmal in einen der gerade entstandenen Opposition. Sie trug den Namen Interregionale Deputiertengruppe und vereinte einige hundert Abgeordnete, die die Perestroika zwar befürworteten, aber von ihren kommunistischen Vätern mehr Konsequenz und eine schnellere Gangart verlangten. Jelzin wurde zu einem der Co-Vorsitzenden dieser Vereinigung. Ein anderer war Andrej Sacharow.

Die Zeit zwischen Frühjahr 1989 und Frühsommer 1990 ist ausschlaggebend für die weltanschauliche und politische Umorientierung Jelzins. Dank der Interregionalen Deputiertengruppe bekommt der rebellische Provinzfunktionär, der sich, wie bereits festgestellt, mit ideologischen Fragen nie besonders beschäftigt hat, engen Kontakt zu der intellektuellen Elite des Landes, zu den Vor- und Querdenkern der Demokratiebewegung, zu Bürgerrechtlern und ehemaligen Dissidenten. Die beiderseitige Annäherung führt schon bald zu einem Bündnis. Jelzin ist sicherlich kein Intellektueller, aber im Unterschied zu Gorbatschow hat er sich als solcher auch nie ausgegeben. Doch er hat einen gesunden Menschenverstand, eine ausgeprägte Intuition, auf die praktisch alle verweisen, die mit ihm zusammengearbeitet haben, und er ist lernwillig sowie lernfähig. Die geistige Verarbeitung der neuen Eindrücke, die Auseinandersetzung mit ungewohnten Ideen und unabhängigen Expertenmeinungen geben seinem Umdenken einen mächtigen Auftrieb. Die ständigen Brüskierungen und Provokationen seitens der Nomenklatura erleichtern ihm die Aufgabe.

Seine Beziehungen mit der Demokratiebewegung sind jedoch bei weitem keine Einbahnstraße. Auch Jelzin hat seinen neuen Verbündeten etwas zu bieten: sein Charisma, seine Popularität bei den »einfachen Menschen« und nicht zuletzt seine langjährigen Erfahrungen als Industriemanager und Parteifunktionär. Die demokratische Opposition hat nämlich mehrere Denker und Theoretiker, aber fast keine Praktiker. Das ist eine offensichtliche Folge der kommunistischen Herrschaft: Man konnte sich zwar früher im stillen Gedanken über verschiedene Demokratiemodelle machen und sie sogar zu Papier bringen – was allerdings schon nicht ungefährlich war –, aber es war schier unmöglich, politisches Know-how außerhalb der Staatspartei zu sammeln. Mit diesem Problem werden alle ehemaligen sozialistischen Länder konfrontiert. Am leichtesten hat es Ostdeutschland überwunden: Zu Entscheidungsträgern auf verschiedenen Ebenen wurden einfach gestandene Westpolitiker berufen. Außerdem gab es in der DDR noch die Blockparteien, die bei all ihrer Unselbständigkeit trotzdem eine gewisse Grundschule für Führungspersönlichkeiten darstellten. Solche Parteien existierten auch in einigen anderen Ostblockstaaten. In Polen war die Alma mater der postkommunistischen Politiker die Solidarność: Als 1989 dort die Demontage des Systems begann, hatten die besten Leute der Gewerkschaft bereits zehn Jahre aktiver praktischer Oppositionstätigkeit hinter sich.

Nichts dergleichen gab es in der Sowjetunion. So nimmt es nicht wunder, daß in vielen Nachfolgestaaten der UdSSR heute ehemalige kommunistische Spitzenfunktionäre regieren – und zwar in den meisten Fällen mit einem eindeutigen Mandat des Volkes. Nur sie konnten ihren Wählern eine entsprechende Qualifikation vorweisen, nur sie hatten bisher Gelegenheit, die Ausübung der Macht zu praktizieren und ihr Verantwortungsbewußtsein auf die Probe zu stellen. Newcomer haben sich dagegen auf verschiedenen Etagen der Staatsmacht allzu oft als unvorbereitet und manchmal auch als unkalkulierbar erwiesen. Über kurz oder lang werden sich ernstzunehmende Parteien etablieren und eine neue Politikergeneration großziehen, aber bis es soweit ist, wird der kasachische, der ukrainische und auch der russische Präsident immer wieder auf Personen oder Persönlichkeiten mit KP-Vergangenheit zurückgreifen müssen bzw. wollen. Wer einmal Kommunist war, muß aber nicht immer Kommunist bleiben.

Ich behaupte das aus eigener Erfahrung. Wie Millionen meiner Landsleute, habe auch ich von 1985 an einen intensiven Umorientierungsprozeß durchgemacht. Ich war ein begeisterter Perestroika- und Gorbatschowanhänger, als ich 1986 der KPdSU beitrat –, und gleichzeitig natürlich auch ein karrierebewußter junger Journalist, der sich darüber im klaren war, daß er sich ohne das rote Parteibuch als Deutschlandexperte, also als Auslandskorrespondent, nicht würde verwirklichen können. Als 1987 der Chefredakteur des Glasnost-Vorreiters *Moskau News* Jegor Jakowlew mir eine Stelle in seiner Redaktion anbot, legte er besonderen Wert auf meine KP-Zugehörigkeit – anderenfalls hätte er mich in verantwortlichen Funktionen nicht einsetzen dürfen. Aber auch in der Grundparteiorganisation der Zeitung brauchte er jede Stimme, denn Jakowlew war selber erst 1986 zum Chefredakteur dieses ehemaligen Propagandablattes für ausländische Leser ernannt worden und mußte sich bei den alteingesessenen Mitarbeitern noch durchsetzen – gerade auf Parteiversammlungen bekam er ihren Widerstand gegen seinen Kurs hautnah zu spüren, und so waren wir bestrebt, ihre Attacken abzuwehren und in die einflußreiche redaktionelle KP-Leitung seine Befürworter zu wählen.

Ich glaube, den Westdeutschen mangelt es beim Umgang mit den ostdeutschen Landsleuten und ihrer einstigen SED-Mitgliedschaft an Sensibilität für derartige Sachverhalte; sie neigen eindeutig zur Pauschalisierung. Deshalb möchte ich nochmals auf die Erfahrung meines Landes verweisen: In den ersten Jahren der Perestroika waren unter den Sowjetbürgern, die sich aktiv für demokratische Veränderungen einsetzten, die meisten mehr oder weniger gläubige Reformkommunisten. Ich erinnere mich, wie ich 1988 einen Kölner Geschäftsmann völlig aufrichtig davon zu überzeugen suchte, daß kollektives Eigentum an Produktionsmitteln eindeutig besser sei als privates. Doch unter dem Eindruck immer neuer Veröffentlichungen über die bolschewistischen Verbrechen, von denen man früher zwar gehört, aber nicht die geringste Vorstellung von ihrem tatsächlichen Ausmaß gehabt hatte, distanzierten sich gerade die aktiven, die engagierten Sowjetbürger – zuerst innerlich – immer mehr von der KPdSU, von ihrer Ideologie und ihrer Praxis. Unter dem Eindruck der von Jahr zu Jahr offensichtlicher werdenden totalen Wirtschaftskrise des Landes, die Gorbatschows halbherzige Reformbemühungen nur verschärften, gelangten die weitsichtigeren Menschen letztendlich zu der Überzeugung, daß uns weder kommunistische noch sozialistische Rezepte aus dieser Misere werden hinausführen können, sondern einzig und allein die Marktwirtschaft, die Initiative privater Eigentümer. Ende der 80er Jahre begannen die Ideen des klassischen Liberalismus in den sowjetischen Großstädten schnell an Boden zu gewinnen. Die Sowjetbürger haben sich deshalb leichter von sozialistischen Illusionen befreien können als so mancher Ostdeutsche, weil die DDR ein Musterland des Systems war und seinen Einwohnern tatsächlich einiges an Sozialleistungen und ein vergleichsweise hohes Lebensniveau zu bieten hatte, während sich in der UdSSR alle sogenannten Errungenschaften beim näheren Hinschauen als bloße Fiktion erwiesen.

Ich bin aus der KPdSU im Januar 1991 nach dem Blutbad in Wilna ausgetreten. Boris Jelzin hatte diesen Schritt sechs Monate vorher gemacht und dadurch vielen, auch mir, ein Beispiel gegeben. Der frischgewählte Parlamentspräsident Rußlands erklärte seinen Austritt auf dem 28. Parteitag der KPdSU vom selben Rednerpult aus, von dem er zwei Jahre zuvor die 19. Parteikonferenz um seine Rehabilitierung gebeten hatte. Dies war für ihn der logische Schlußpunkt einer persönlichen Entwicklung, die Millionen Menschen in Rußland nachvollziehen können, weil sie den gleichen geistigen Weg hinter sich haben. Daher das Vertrauen zu Jelzin unter russischen Demokraten, daher seine Glaubwürdigkeit als antikommunistischer Politiker. »Ich sympathisiere mit ihm«, sagt Konstantin Borowoi, der Präsident der Russischen Waren- und Rohstoffbörse und einer der Wortführer der neuen Unternehmerklasse, »er ist ein Ebenbild der Gesellschaft.« Einer Gesellschaft, die die kommunistischen Bazillen mit der Muttermilch aufgesaugt hat und nun ehrlich bestrebt ist, diese Krankheit auszuheilen.

Der Kongreß der USA wußte dieses Engagement Jelzins zu würdigen – die amerikanischen Gesetzgeber haben ihm elfmal stehend (sic!) applaudiert, als er im Juni 1992 in seiner historischen Rede in Washington verkündete: »Das kommunistische Idol … ist ein für allemal gestürzt. Ich bin hier, um Ihnen zu versichern: Auf unserem Boden wird es sich nie mehr aufrichten können … Rußland hat sich endgültig für die Zivilisation, für den gesunden Menschenverstand, für die allgemeinmenschlichen Erfahrungen entschieden … Freiheit und Kommunismus sind unvereinbar!«

Von den russischen Gesetzgebern bekommt Jelzin schon lange keinen derartigen Applaus mehr. Was durchaus verständlich ist, denn die Volksdeputierten sind in ihrer überwiegenden Mehrheit nicht sonderlich lernfähige Ex-Funktionäre der KP, Direktoren von Staatsbetrieben und Kolchosvorsitzende. Im Frühjahr 1990, als sie gewählt wurden, stellten sie für die damaligen Verhältnisse und im Vergleich zu den Volksdeputierten der UdSSR eine fortschrittlichere Kraft dar. Im sowjetischen Obersten Sowjet hätte der Parteidissident keine Aufstiegschancen gehabt, hier jedoch gelang es dem Abgeordneten Jelzin (er hatte diesmal in seiner Heimatstadt und Hochburg Swerdlowsk kandidiert) nach einem spannenden Kopf-an-Kopf-Rennen mit kommunistisch-konservativen Kandidaten und mehreren ergebnislosen Wahlgängen doch noch – mit einem Vorsprung von nur vier Stimmen – den Wettstreit um den Posten des Parlamentspräsidenten zu gewinnen. Am 29. Mai 1990 wird der Volkstribun zum Staatsmann. Allerdings in einem nicht existierenden Staat.

Rußland oder die Russische Sozialistische Sowjetrepublik (RSFSR), wie es damals offiziell hieß, war unter den 15 Sowjetrepubliken die mit den geringsten Rechten. Selbst solche Attribute der Scheinselbständigkeit wie eine eigene Fernseh- und Rundfunkanstalt oder eine eigene Akademie der Wissenschaften, die es in allen anderen vierzehn Republiken gab, blieben ihr verwehrt. Bezeichnenderweise gab es in der RSFSR zwar einen Obersten Sowjet und einen Ministerrat, aber keine eigene KP. Während also das Politbüro die anderen Republiken über die örtlichen kommunistischen Parteien (die armenische, die lettische, die usbekische usw.), deren Zentralkomitees und Ersten Sekretäre regierte, waren Rußlands Parteiorganisationen dem ZK der KPdSU direkt unterstellt. Sie hatten deshalb jeden widersinnigen Beschluß der dogmatischen Zentrale zu erfüllen – in Kiew, in Tiflis oder Tallinn dagegen konnten die Anweisungen aus des Kreml unter Berufung auf nationale Besonderheiten und Traditionen gewissen Korrekturen unterzogen werden. In Rußland beispielsweise wurde das Bestellen privater Gemüsegärten immer wieder rigoros verfolgt – in anderen Republiken drückte man eher ein Auge zu, was dort zu einem größeren Angebot an Lebensmitteln führte und den Bauern zusätzliche Einkommen sicherte. Rußland bekam die Folgen der kommunistischen Doktrin über die vorrangige Entwicklung der Schwerindustrie in vollem Maße zu spüren – im Baltikum oder im Kaukasus dagegen wurde auch dem Dienstleistungsbereich Aufmerksamkeit geschenkt. Dies alles führte zu einer paradoxen Situation: Im Sowjetimperium lebten die Einwohner der Kolonien, zumindest im europäischen Teil, besser als die des angeblichen Mutterlandes – jeder, der die UdSSR bereist hat, wird das bestätigen können.

Um die Republiken und deren Parteibosse bei Stimmung zu halten, gewährte man ihnen nicht nur bestimmte Rechte, sondern auch zusätzliche Subventionen und Investitionshilfen. Großzügige Geschenke gab es auch. So hat Chruschtschow 1954 die zur RSFSR gehörende Halbinsel Krim aus Anlaß des 300. Jahrestages der Vereinigung der Ukraine mit Rußland und als Dankeschön für die Unterstützung der Kiewer Genossen beim Machtkampf im Kreml einfach der Ukraine übergeben. (Diese Zeitzünderbombe drohte schon 1992, nicht zuletzt wegen des Streits um die Schwarzmeerflotte, zu explodieren, und sie ist bei weitem noch nicht entschärft.) Natürlich wurden die Kolonien ausgebeutet, aber eben nicht von Rußland, sondern vom Sowjetsystem, das immer mehr Mittel für die Rüstung, für den bürokratischen Apparat, für den weltweiten Klassenkampf, für die Selbstdarstellung brauchte. Die Bürger der RSFSR haben vom imperialen Kuchen nichts abbekommen, im Gegenteil, sie wurden ebenfalls skrupellos ausgenutzt. Selbst die sogenannte Russifizierung war eigentlich eine Sowjetisierung. Den Einwohnern der Republiken wurden zwar die russische Sprache und einige russische Gewohnheiten wie etwa die Anrede mit dem Namen und dem Vatersnamen aufgezwungen, aber das Verbot nationaler Symbole und nationaler Schriftsteller, das Aufstellen von Lenin-Götzen und das Umbenennen von Straßen hatte mit russischer Kultur nichts zu tun. Sie litt genauso unter der Sowjetisierung – man brauchte sich nur die geschändeten orthodoxen Kirchen anzusehen (auf die Probleme der kulturellen Wiedergeburt werde ich in diesem Buch noch ausführlich zu sprechen kommen).

Rußland wurde ständig mit der Sowjetunion gleichgesetzt – die Tatsache, daß in der UNO die UdSSR, die Ukraine und Weißrußland vertreten waren, spricht Bände. In den Augen der Kremlherren war die RSFSR der Grundpfeiler ihres Imperiums: Im Baltikum oder im

Kaukasus waren Abtrünnige noch vorstellbar, die Treue Rußlands galt a priori als unverbrüchlich.

Am 12. Juni 1990 verabschiedete der 1. Volksdeputiertenkongreß der RSFSR unter dem Vorsitz von Boris Jelzin die Souveränitätserklärung Rußlands: Die Republik werde von nun an selbständig über ihre Bodenschätze verfügen, ihre Gesetze hätten ab jetzt Vorrang vor denen der Sowjetunion. Dies war eine historische Weichenstellung. Seit 1991 ist der 12. Juni der Staatsfeiertag.

Kaum zu glauben, daß dieses schicksalsträchtige Dokument nahezu einhellig dieselben Abgeordneten verabschiedet haben, die sich 1992 Jelzins Reformen vehement in den Weg stellten und auf Konfrontationskurs mit dem Präsidenten gingen. Warum Jelzin damals auf die Souveränität Rußlands gesetzt hat, ist offensichtlich: Das Jahr des Umdenkens in der Interregionalen Deputiertengruppe, der unter anderem auch Vertreter des Baltikums angehörten, hat ihn nicht nur auf den Bruch mit der KPdSU vorbereitet, sondern auch für die Probleme des Vielvölkerimperiums und die Loslösungstendenzen in den Republiken sensibilisiert. Er hatte klar erkannt, daß die unausweichliche Folge der weiteren Demokratisierung der Sowjetunion eine grundlegende Umverteilung der Macht zugunsten der Republiken sein wird, und kam zu der weitsichtigen Entscheidung, seine politische Zukunft mit Rußland und seiner Wiedergeburt zu verbinden. Aber warum haben die Funktionäre der KPdSU und die Wirtschaftsnomenklatura auf dem Volksdeputiertenkongreß ebenfalls für die Souveränitätserklärung gestimmt, wo dies doch zu einer Schwächung ihres Generalsekretärs und ihres Zentralkomitees führen würde? Auch sie waren an einer Umverteilung der Macht interessiert.

Es werden bestimmt noch viele Studien darüber erstellt werden, wie die Sowjetunion auseinandergebrochen ist und ob dieser Prozeß aufzuhalten gewesen wäre. Ich glaube, an drei Beispielen – der UdSSR, Jugoslawien und der Tschecho-Slovakei – wird deutlich, daß kommunistische Bundesstaaten nach dem Ende der KP-Herrschaft mit nichts mehr, nicht einmal mit Gewalt, zusammenzuhalten waren. Die Flucht aus der sozialistischen Misere wollen offensichtlich alle Völker auf eigene Faust versuchen. Dieses irrationale Bestreben bringt ein gigantisches Machtroulette in Gang und ruft Figuren auf den Plan, die in stabilen Zeiten kaum hochgekommen wären und die bewußt auf die blutroten Felder setzen. Der Untergang des Sozialismus ist auch ein Lehrstück in Machiavellismus.

Das letzte Kolonialreich war nicht zu retten gewesen. Die Abschwächung der kommunistischen Zentralgewalt mußte unweigerlich zu einer Auflösung des eurasischen Vielvölkerstaates führen, genau wie der Fall der Berliner Mauer nur den Weg einer schnellen deutschen Wiedervereinigung offenließ. Früher oder später hätten die annektierten baltischen Republiken ihr Recht auf Selbständigkeit angemeldet, wäre der Islam in Mittelasien und in Aserbaidschan erstarkt. Doch 1985, auch 1987, sogar 1989 bestanden noch Möglichkeiten, einer solchen Entwicklung anderen Charakter und andere Formen zu verleihen. Wäre die Perestroika von Anfang an mit entschiedenen marktwirtschaftlich orientierten Reformen verbunden gewesen, wäre es vielleicht zu einem Auseinandergehen und nicht zu einem Auseinanderlaufen gekommen, stünde am Ende vielleicht eine Konföderation. So aber führte das Ausbleiben von effizienten Reformen vor dem Hintergrund des sturen Festhaltens des Kremls an seinem Machtmonopol zu einem politischen Erdrutsch.

1990 hatten in den Sowjetrepubliken bereits die verschiedensten Gruppen ihr Interesse an der Auflösung oder zumindest Auflockerung der UdSSR erkannt. Die Demokratiebewegungen sahen darin die einzige Chance, der kommunistischen Herrschaft ein Ende zu setzen, die nationalistisch geprägten Kräfte eine Grundlage für die Wiedergeburt ihrer Völker nach Jahrzehnten der Sowjetisierung, die örtliche Nomenklatura eine gänzlich neue Perspektive für ihre Macht. Ein ukrainischer oder kasachischer KP-Funktionär konnte es früher im Leben höchstens zum Ersten Sekretär in Kiew bzw. Alma-Ata bringen, vielleich zum Politbüro-Mitglied in Moskau, aber über ihm hätte es immer einen Generalsekretär gegeben, und er wäre nie gegen die Bevormundung durch den Kreml gefeit gewesen. Heute dagegen sind Leonid Krawtschuk und Nursultan Nasarbajew die frei gewählten Präsidenten zweier großer unabhängiger Staaten, die UNO-Mitglieder sind und spürbaren Einfluß auf die Weltpolitik nehmen – nicht zuletzt wegen der auf ihren Territorien stationierten Atomwaffen.

Die Vertreter der Nomenklatura haben am 12. Juni 1990 zusammen mit den Demokraten und den Nationalisten für die Souveränität Rußlands gestimmt, weil sie sich eine neue Machtfülle versprachen. Zu Volksdeputierten der Republik wurden in der Provinz nicht selten jene Funktionäre, die im Vorjahr nicht zu Volksdeputierten der UdSSR gewählt worden waren, weil dieses Recht ihren Vorgesetzten vorbehalten blieb. Nun bekamen sie die Möglichkeit, ihre lokalen Rivalitäten auf Landesebene auszutragen. Ihre damalige Loyalität gegenüber dem Parteidissidenten Jelzin erklärt sich mit dem Autoritätsverlust Gorbatschows und der Einsicht, daß die sich ständig verschlechternde Lage in der Wirtschaft endlich einen handlungsfähigen Politiker und greifbare

Reformen notwendig macht. Aus diesen Motiven haben die Volksdeputierten Rußlands Jelzin im Frühjahr 1991, nach dem hier bereits ausführlich geschilderten Muskelspiel des Kremls vom 28. März, den Weg ins Präsidentenamt geebnet und ihn im Herbst 1991 für sein Reformprogramm mit zusätzlichen Vollmachten ausgestattet, um die drohende Katastrophe abzuwenden. Doch sie scheinen nicht erwartet zu haben, daß sein radikaler marktwirtschaftlicher Kurs ihre eigenen Positionen derartig schnell und tief untergraben würde. Die Betriebsdirektoren und Kolchosvorsitzenden mit Abgeordnetenmandaten stimmten zwar für mehr eigene Selbständigkeit gegenüber den Ministerien – aber sie hatten nicht die Absicht, ihre Monopolstellung in der Wirtschaft aufzugeben und sich einem harten Konkurrenzkampf aussetzen zu lassen (daher das unendliche Tauziehen um das Konkursgesetz); sie sprachen sich für begrenztes Privateigentum im Handel und in der Dienstleistungsbranche aus – aber die Industrie und die Landwirtschaft, die sie verwalteten, mußte nach ihren Vorstellungen in staatlicher Hand bleiben (daher die sture Weigerung der Abgeordneten, dem Privateigentum an Grund und Boden zuzustimmen). Die Mehrheit der Abgeordneten will Sozialismus mit kapitalistischem Gesicht. Jelzin will einfach Kapitalismus.

Seinen ersten – allerdings mißglückten – Großangriff auf die vom Präsidenten gebildete Regierung startete der Volksdeputiertenkongreß im April 1992. Im Herbst haben sich die Fronten wieder gefährlich verhärtet. Die Tragik der entstandenen Lage besteht darin, daß sich Rußland bei seinen Reformbemühungen nicht mehr auf sein Parlament, das ureigenste Sinnbild der Demokratie, stützen kann, denn es hat sich mittlerweile in eine faktisch reaktionäre Kraft verwandelt. Seine Zusammensetzung entspricht den Realitäten des Frühjahrs 1990; seither hat das Land und die Gesellschaft einschneidende Wandlungen erfahren – nicht aber der Volksdeputiertenkongreß. Wenn in den fünf neuen Bundesländern die im März 1990 gewählte DDR-Volkskammer immer noch das Sagen hätte, könnten die Deutschen diese Situation besser nachvollziehen.

Die Doppeldeckerform des russischen Parlaments entspricht gar den Realitäten des Jahres 1989. Dies war eine Erfindung der Gorbatschow-Mannschaft, die das Machtmonopol der KPdSU mit etwas mehr Demokratie verbinden wollte und einen Volksdeputiertenkongreß kreierte, der im Falle der UdSSR eine Mammut-Versammlung von fast 2250 Abgeordneten darstellte, die sich zweimal im Jahr zusammenfanden, einige Grundsatzentscheidungen trafen und aus ihren Reihen einen kompakten, ständig tagenden Obersten Sowjet wählten. Keine Republik der Sowjetunion hat dieses Modell übernehmen wollen – außer der RSFSR, was nochmals meine These belegt, daß Rußland unter den Experimenten des Politbüros am meisten zu leiden hatte.

Der Volksdeputiertenkongreß Rußlands hat bereits mehrmals beweisen können, daß er kein arbeitsfähiges gesetzgebendes Organ ist – er ist mit über tausend Mitgliedern einfach zu groß, seine stürmischen Sitzungen ähneln in der Regel Kundgebungen, die Redner entbehren meistens jener Kompetenz, die sich die ständigen Mitglieder des Obersten Sowjets durch die tagtägliche Parlamentsarbeit allmählich angeeignet haben. Er ist ein Relikt der Vorzeit – kann aber entscheidenden Einfluß auf die Zukunft Rußlands nehmen. Seine Selbstauflösung wäre sicherlich ein Heil, aber daran denken die macht- und diätenbewußten Abgeordneten nicht. Mit dieser Einstellung beabsichtigen sie auch über eine dringend nötige neue Verfassung Rußlands zu urteilen, deren Entwürfe jedoch keinen Volksdeputiertenkongreß, sondern – wie in allen normalen Ländern – lediglich ein Parlament vorsehen.

Der Konflikt zwischen der reformwilligen Exekutive und der zusehends reformfeindlicher werdenden Legislative bildete am Ende des entscheidenden Durchbruchsjahres 1992 den Kernpunkt des innenpolitischen Lebens Rußlands. Die demonstrative Weigerung des Obersten Sowjets, Jelzins Bitte entgegenzukommen und den 7. Volksdeputiertenkongreß vom Dezember 92 auf das Frühjahr 93 zu vertagen, kam einer Kriegserklärung gleich. Bisher haben alle, die Jelzin den Krieg erklärten, verloren.

Im Unterschied zu Gorbatschow, der im stillen Meer gekonnt zwischen den Riffen lavierte, aber bei Sturm die Übersicht und die Nerven zu verlieren schien, ist Jelzin ein Politiker extremer Situationen. Immer, wenn er herausgefordert, angegriffen, bedroht war, präsentierte er sich in bester Form, handelte cool, entschlossen, zielsicher. Das Stehen auf dem Panzer ist ihm auf den Leib geschrieben.

Zudem genießt Jelzin erfahrungsgemäß immer dann die größte Unterstützung bei der Bevölkerung, wenn er in Bedrängnis gerät. Das hat auch der 6. Volksdeputiertenkongreß im April 1992 gezeigt. Zu diesem Zeitpunkt hatten die Bürger Rußlands die Preisexplosion seit Beginn der Reform im Januar gebührend einschätzen können und brachten ihre Meinung bei Straßeninterviews und Umfragen deutlich zum Ausdruck. Doch als die Abgeordneten, inspiriert und getäuscht von diesen Stimmungen, die von Jelzin getragene Regierung zu stürzen versuchten, verzeichneten alle Umfragen einen sofortigen sprunghaften Anstieg der Zahl ihrer Befürworter. In Moskau sprachen sich vor dem Kongreß 23 Prozent für einen Rücktritt der Regierung und 48 Prozent für ihren

Verbleib im Amt. Während der Tagung lag dieses Verhältnis bereits bei 17 zu 62, nach ihrem Abschluß bei 16 zu 64.

Entsprechend pflegt Jelzin in schwierigen Minuten direkt an das Volk zu appellieren – das ist eine bemerkenswerte Besonderheit dieses Politikers und eine weitere Erklärung für das Vertrauen der Menschen. So stellte er nach dem 6. Volksdeputiertenkongreß als Antwort auf dessen Angriffe auf den Reformkurs ein Referendum über die Auflösung dieses Gremiums in Aussicht. Bei einer solchen Volksbefragung könnte der Präsident mit einem überzeugenden »Ja« rechnen, denn der Kongreß und auch der Oberste Sowjet genießen wenig Ansehen in der Bevölkerung. Ich sagte bereits, daß dies ein sehr tragischer Sachverhalt ist, denn auf dem Weg aus dem Totalitarismus müßte gerade das Parlament als Beispiel für demokratisches Denken und Handeln allen vorangehen. Es wäre noch tragischer, wenn Jelzin den Volksdeputiertenkongreß tatsächlich auflösen und eine Präsidialverwaltung einführen sollte. Aber wenn sich erweisen würde, daß der gleichzeitige Übergang zu Demokratie und Marktwirtschaft nicht möglich sein sollte, wie ziemlich viele behaupten, würde sich die Mehrheit der Bevölkerung Rußlands eher für oder zumindest nicht gegen eine autoritäre Regierungsform mit Jelzin an der Spitze aussprechen. Ihm traut man zu, die Reformen durchboxen zu können. Von ihrem Gelingen hängt alles andere ab: Es gibt Marktwirtschaft ohne Demokratie, aber keine Demokratie ohne Marktwirtschaft.

Bleibt zu hoffen, daß Jelzin von dieser Option nicht wird Gebrauch machen wollen, daß er seine vom Volk erhaltene Macht und seine lebensnotwendigen Reformen nicht mit extremen Mitteln wird verteidigen müssen.

»Ist Jelzin nicht machthungrig?« werde ich von deutschen Gesprächspartnern immer wieder mit Besorgnis gefragt. Ich versuche sie mit dem Argument zu beruhigen, in Sachen politischen Appetits stehe Jelzin Gorbatschow noch um einiges nach. Gleichzeitig bringe ich aber meine Verwunderung über den unüberhörbar verurteilenden Ton solcher Fragen zum Ausdruck: Ebenso sinnvoll wäre es, sich z. B. darüber zu entrüsten, daß ein Künstler eitel oder ein Unternehmer geizig ist. Ein Spitzenpolitiker, besonders in einem großen unruhigen Land, muß den Willen zur Macht haben, sonst hat er den falschen Beruf gewählt.

Boris Jelzin hat den richtigen Beruf. Dank seinem Willen zur Macht wird der geächtete Parteidissident am 12. Juni 1991, am Jahrestag der Souveränitätserklärung, aus sechs Kandidaten gleich im ersten Wahlgang mit absoluter Mehrheit der Stimmen zum Präsidenten Rußlands gewählt. Dank seinem legitimen Machtanspruch widersetzt er sich am 19. August 1991 den Putschisten und leitet damit das Ende des Bolschewismus ein.

Für mich sind jene drei Tage im August der Wendepunkt im Leben meiner Generation. Die Triebkraft der Perestroika waren hauptsächlich Intellektuelle, die in ihrer Jugend von Chruschtschows Entstalinisierung nach dem 20. Parteitag der KPdSU (1956) geprägt wurden und die in der Breschnew-Zeit ihren Traum von einem geläuterten Sozialismus bewahren konnten: die Tauwetter-Generation. Ihre Kinder waren für diese Ideale nicht mehr zu gewinnen. Die Verteidigung des Weißen Hauses rückte die neue Generation in den Vordergrund. In den drei Tagen und Nächten auf den Barrikaden hat sie sich das Recht genommen, von nun an das Leben in Rußland nach eigenen Vorstellungen, und nicht mehr nach denen der Väter, umzugestalten.

So ist es überaus symbolhaft, daß Jelzin im Herbst 1991 die Regierungsbildung gerade Jegor Gaidar anvertraute: einem mit 35 Jahren für bisherige Verhältnisse sensationell jungen Mann, dem Enkel des berühmten sowjetischen Kinderbuchautors Arkadi Gaidar, der in seinen Werken die Stalinzeit feierte, dem Sohn des Marineoffiziers und Journalisten Timur Gaidar, eines typischen Vertreters der Tauwetter-Generation.

Jegor Gaidar übernahm die Aufgabe, Rußland in den Kapitalismus zu führen. »Die erste postkommunistische Regierung lebt nie lange. Das ist ein medizinisches Faktum, das ist gar nicht schrecklich. Für die Befreiung der Wirtschaft muß man einen politischen Preis zahlen«, erklärte er kurz nach seiner Ernennung und hat somit nüchtern und sachlich, wie er ist, seine Zukunft vorausgesagt. Er hat die allerersten und daher schmerzlichsten, unpopulärsten, aber notwendigen Schritte getan. Ihm und seiner Mannschaft junger Experten, denen Jelzin die wichtigsten Ressorts anvertraute, ist der Einstieg in die Reform geglückt – und auch der Einstieg einer neuen Generation in die russische Politik.

Neben vielen anderen ist dies ein weiterer historischer Verdienst Boris Jelzins. Ihm stehen noch viele Kämpfe und schwere Tage bevor, aber er hat die richtige Mentalität für diese Übergangszeit. Die Große Kapitalistische Augustrevolution, wie der Volksmund in Anlehnung an den vielgehörten Begriff Große Sozialistische Oktoberrevolution die Niederschlagung des Putsches bezeichnete, und der Beginn der Wiedergeburt Rußlands sind sein Lebenswerk, und er ist sich bewußt, was er den Rußländern, die ihn in ihre Hoffnungen setzen, schuldig ist.

Ich benutze hier absichtlich (und werde es in diesem Buch auch weiterhin tun) den ungewohnten Ausdruck »Rußländer«: Nicht jeder meiner Landsleute ist Russe, aber wir alle, unabhängig von Nationalität und Konfession, sind die Bürger Rußlands – eben Rußländer. In der russischen Sprache werden diese beiden Begriffe deutlich voneinander getrennt: Es gibt das Wort »Russkij« (Russe) und das Wort »Rossijanin« (Rußländer), »russkij« (russisch) und »rossijskij« (rußländisch). Jelzin nennt sich nicht »russkij«, sondern »rossijskij« Präsident, und es ist außerordentlich wichtig, daß dies auch weiterhin so bleibt, denn es gibt schon genügend Politiker, die sich von der Ideologie eines Rußland für Russen verleiten lassen.

Aber die Menschen in Rußland sind der Ideologien und der Revolutionen müde. Sie wollen endlich für sich und nicht für Ideen leben. So wird zum besten Gegengift gegen den großrussischen Chauvinismus, mit dem Jelzin noch zu kämpfen haben wird, der Wohlstand. Die Konsumgesellschaft.

II. Teil

Die Zukunft

1. Der neue Zeitgeist

Aufbruch in die Konsumgesellschaft

Hammer und Sichel sind vergessen, die berühmte Skulpturengruppe von Vera Muchina »Arbeiter und Kolchosbäuerin«, die ein halbes Jahrhundert lang das Symbol des Sowjetstaates war, ist nicht einmal mehr für bissige Karikaturen gut. Das Maskottchen der Modernen Zeiten heißt Hermes. Die Figur des sportlichen Griechen mit den Flügeln am Hut durfte früher nur das Internationale Handelszentrum in Moskau schmücken; heute tragen seinen Namen (oder den seines römischen Amtskollegen Merkur) ein Erdölkonzern mit Hauptquartier in Tjumen, eine Holding mit Handelshäusern in Jekaterinburg, Smolensk und Nowosibirsk, eine russisch-tadschikische Aktiengesellschaft mit Ableger in Duschanbe, eine Unternehmerzeitung in Perm und auch ein Buchladen bei mir nebenan. Der Gott der Händler und Diebe hat Hochkonjunktur. Genau wie seine Schützlinge.

Wenn schon die antiken Hellenen, die den Olymp ausgiebig mit Göttern besiedelt hatten, einen gemeinsamen Schirmherrn sowohl für die Kaufleute als auch für die Diebe vorsahen, so sollte es nach über drei Jahrtausenden Menschheitsgeschichte eigentlich niemanden mehr verwundern, daß – besonders in der Stunde Null – Handel und Betrug, Geschäftsmann und Geschäftemacher eng miteinander einhergehen. Wurde Amerika vielleicht mit weißen Handschuhen erschlossen? Waren es etwa lauter Edelmänner, die Australien kolonisierten? Sind die Fabrikanten im englischen Manchester als faire Arbeitgeber in die Geschichte eingegangen? Waren diejenigen, die 1945 damit begannen, Deutschland wirtschaftlich wiederzubeleben, allesamt aus bestem Hause? Und man braucht sich gar nicht so weit in die Vergangenheit zu vertiefen: Im Winter 1989/1990, als die deutsche Wiedervereinigung gerade erst angepeilt wurde, stürmten aus dem respektablen Westen allen voran die fliegenden Händler und die Abenteurer in die Noch-DDR, und sicherlich können viele Menschen in den neuen Bundesländern ein Lied über ihre damaligen Erfahrungen mit der »Marktwirtschaft« singen. Es liegt also hauptsächlich an der leider unvollkommenen menschlichen Natur, daß die ökonomische Tätigkeit eines Volkes in Umbruchzeiten überall in der Welt abstoßende und kriminelle Züge aufweist. Allmählich legt ein zivilisierter werdender Markt dieser Tätigkeit bestimmte wirtschaftliche Zwänge und ein erstarkender Rechtsstaat gewisse juristische Schranken auf; doch bis es soweit ist, muß man eben im künftigen Gemüsegarten das wuchernde Unkraut in Kauf nehmen. Genau diese Phase erleben wir zur Zeit in Rußland, und wie gesagt, wir sind beileibe nicht die ersten, die so etwas durchmachen.

Um so befremdlicher die Einstellung derjenigen im Westen, die auf die ersten Gehversuche des postsowjetischen Kapitalismus mit einem Gefühl reagieren, das irgendwo zwischen Naserümpfen und Entrüstung angesiedelt ist. Ich war überrascht, als ein erfahrener deutscher Journalist, der vom Alter her den Anfang der Bundesrepublik gut in Erinnerung haben müßte, seine Bedenken über die Zukunft der Reformen in Rußland mir gegenüber mit dem Argument untermauerte, das sei doch vorerst alles nur Hinterhofmarktwirtschaft. Hat er denn gleich auf lauter Prachtstraßen mit glitzernden Vitrinen gehofft?

Bei einem Westler sind solche Illusionen kaum erklärbar, eher schon bei den Russen. Der Schriftsteller Alexander Kabakow hat in einem Essay, in dem er nostalgisch auf das Verschwinden des von der Stalinzeit geprägten Moskaus seiner Kindheit und Jugend blickt, die Diskrepanz zwischen Erwartungshaltung und Realität bildhaft beschreiben können: »Ich ertappe mich beim Gedanken, daß ich zuviel verlange: Wenn es schon nicht mehr Moskau ist, dann möge es gleich Paris sein! Doch das neue Leben ist wirr und häßlich, die elegante Marktwirtschaft kann immer noch nicht in unseren Alltag einziehen. Statt dessen dringen überall asiatischer Basar, Bettler und Diebe ein ... Und wir wollen uns nicht damit abfinden, daß die soeben zur Welt gekommene Marktwirtschaft ungesund und erblich belastet ist, daß sie die Windeln schmutzig macht, wie verrückt schreit und so lange nicht auf die Beine kommt.«

Nun sind diese Zeilen im Frühjahr 1991 geschrieben worden, als selbst die halbherzigen Perestroika-Reformen wegen der konservativen Wende Gorbatschows auf Messers Schneide standen und der junge Kapitalismus sich nicht besonders hervorwagte. Daher auch eine andere Metapher von Kabakow: »Die Marktwirtschaft zieht durch Moskau nicht wie ein Eroberer, sondern eher wie ein Kundschafter.«

Als Sieger und Eroberer hielt sie Einzug erst ein Jahr später, im entscheidenden Frühling 1992. Doch es waren immer noch nicht ihre Elitetruppen in blitzblank geputzter Uniform und in geordneter Formation, die da einmarschierten, sondern die waghalsige und beutelustige Vorhut, die sich holen wollte, was zu holen war. Eine entsprechende Urkunde des Oberbefehlshabers ermächtigte und ermunterte sie dazu: Am 29. Januar 1992 unterschrieb Präsident Jelzin den Erlaß über die Freiheit des Handels. Das Dokument erlaubte allen Unternehmen (»unabhängig von ihrer Eigentumsform«) und allen Bürgern, ohne irgendwelche Genehmigungen überall Handel zu treiben. Dieser Ukas wird einmal einen herausragenden Platz in der psychologischen und ökonomischen, kaum allerdings in der ästhetischen und schon gar nicht in der sanitären Geschichte des Neubeginns Rußlands einnehmen.

Um sich der Bedeutung dieses Dekrets und seiner Folgeerscheinungen voll bewußt zu werden, sollte man sich kurz die Stimmung der Medien im Herbst 1991 ins Gedächtnis rufen. Zu diesem Zeitpunkt war offensichtlich geworden, daß der Start der nunmehr lebensnotwendigen Reformen in einen wirtschaftlich und sozial gesehen besonders harten Winter fallen und daß die Regierung Jelzins mit der allerschmerzlichsten Maßnahme, der Freigabe der Preise, beginnen werde. Daher mangelte es nicht an unheilverkündenden Prophezeiungen. Von Hungersnot war die Rede, von Massenstreiks, von wütenden und plündernden Menschenmengen, von Militärputsch und Diktatur. Hier eine Kostprobe aus meiner eigenen Zeitung, der *Moskau News*: »... Rußland wird sich der Tradition der Hungeraufstände erinnern... Es ist durchaus wahrscheinlich, daß Demonstrationen mit der Losung ›Gebt uns Brot!‹ schnell, wenn nicht sogar blitzartig, in Pogrome gegen Einrichtungen von Kooperativen und in Besetzungen von Warenlagern des staatlichen Handels umschlagen... Im Lande wird ein Bürgerkrieg ausbrechen«. Der Tenor der westlichen Berichterstattung war entsprechend.

Selbst in den optimistischsten Prognosen figurierte unentwegt die Formel: »Die Menschen werden auf die Straße gehen«. Hätte damals jemand für möglich gehalten, daß die Menschen zwar tatsächlich »auf die Straße gehen«, aber mit einem ganz anderen Ziel? Daß nämlich die Großstädte Rußlands, vor allem Moskau, von Straßenhändlern regelrecht überflutet würden? Sie waren jene verwegene Vorhut der Marktwirtschaft, die signalisierte: In den Lebensgewohnheiten der Rußländer vollzieht sich ein wahrhaft historischer Wandel.

In den letzten Jahren der Perestroika wurde viel darüber spekuliert, ob die Sowjetbürger für Marktbeziehungen reif genug seien oder nicht, schließlich hätten sie sieben Jahrzehnte nichts anderes als eine totalitäre Planwirtschaft erlebt. Dabei stand allen vor Augen, mit wieviel Engagement die jüngeren Jahrgänge gleich die allerersten Schlupflöcher im System nutzten, um Kooperativen zu gründen und ihre private Initiative zu entfalten. Die Gesellschaft im ganzen war zurückhaltender, erlebte aber auch einen ziemlich schnellen Stimmungswechsel. Im Sommer 1991 konstatierten die Soziologen: Eine mentale Bereitschaft zur Marktwirtschaft hat sich bei den ausschlaggebenden Bevölkerungsgruppen mehrheitlich durchgesetzt. So ermittelte eine Meinungsumfrage des Instituts für Soziologie der Akademie der Wissenschaften der UdSSR unter den Beschäftigten von Industriebetrieben, daß lediglich 14,3 Prozent der Ansicht waren, man müsse nicht die Marktwirtschaft einführen, sondern die Zentralisierung in der Verwaltung verstärken. Daß man unter dem damals propagandistisch überstrapazierten Wort Marktwirtschaft weitestgehend das verstand, was es beinhaltet, nämlich Kapitalismus, belegten folgende Zahlen: 72,8 Prozent sprachen sich für Privateigentum an Grund und Boden aus, 72 Prozent für die Zulassung privater Kleinbetriebe, etwas weniger –

50,5 Prozent bei 29 Prozent Gegenstimmen – für die Bildung privater Großunternehmen. Mehr noch, es stellte sich heraus, daß 60,3 Prozent aller Befragten (unter den Männern waren es sogar 70 Prozent) es vorziehen würden, in einem Privatbetrieb erheblich mehr zu verdienen und dabei das Risiko einer Einkommenseinbuße oder sogar des Arbeitsplatzverlustes in Kauf zu nehmen, als an einem garantierten Arbeitsplatz einen niedrigeren Lohn zu bekommen. Entsprechend waren auch die Antworten auf die Frage: »Welche Betriebsform würden Sie bevorzugen, wenn Sie sich zu einem Arbeitsplatzwechsel entscheiden würden?« Nur 25,9 Prozent wollten in einem staatlichen Unternehmen arbeiten, die anderen würden gern in einem Pachtbetrieb (14,8 Prozent), in einer Genossenschaft (10,9 Prozent), am liebsten aber in einem Joint-venture mit ausländischen Partnern (28,7 Prozent) tätig sein. 19,7 Prozent wollten sich selbständig machen.

Die letztere Zahl ermittelte einige Monate später auch das Meinungsforschungsinstitut VCIOM, als es in 14 Städten Rußlands die Frage stellte: »Sind Sie bereit, in naher Zukunft einen Kredit aufzunehmen und eine eigene Firma zu gründen?« 20 Prozent antworteten mit »Ja«, 64 Prozent mit »Nein« und 16 Prozent konnten sich nicht entscheiden.

Ein Fünftel ist für ein Land, in dem privates Unternehmertum stets verpönt und ein halbes Jahrhundert lang verfolgt war, eine enorm große Ziffer: In entwickelten Ländern ist der Prozentsatz der Selbständigen in der Regel geringer. Wenn man bedenkt, daß Rußland 150 Millionen Bürger zählt, so kommt man schnell auf Millionen potenzieller Privatunternehmer. Mehr sind auch nicht nötig, besonders beim Start.

Allerdings ist die Absicht, selbständig zu werden, noch

nicht die geglückte Firmengründung. Obwohl die positive Einstellung zum Kapitalismus in Rußland 1991 immer mehr Verbreitung fand, die Zahl der Privatunternehmen stieg, der Abfluß der Arbeitskräfte aus dem staatlichen Sektor sich fortsetzte, befand sich die Gesellschaft als Ganzes nach wie vor in einem Schwebezustand; die Bevölkerung, reich an bösen Erfahrungen mit den ständigen Kursänderungen der Führung, wartete ab. Man wollte Klarheit darüber haben, wohin die Reise denn nun gehe. Sicherlich war auch die berühmte russische Trägheit mit im Spiel. »Solange es nicht donnert, bekreuzigt sich ein Bauer nicht«, weiß ein Sprichwort zu berichten.

Der Urknall kam am 2. Januar 1992. An diesem Tag begann in Rußland die Liberalisierung der Preise. Diese Maßnahme ist reichlich kritisiert worden. Man könne der Bevölkerung nicht die Aufhebung der fixen Preise zumuten, ohne eine Privatisierung durchgeführt, dadurch das Monopol der marktbeherrschenden staatlichen Produzenten gebrochen und gleichzeitig eine für Ordnung sorgende leistungsfähige Exekutive auf allen Ebenen aufgebaut zu haben. Worauf die Regierung und ihre Anhänger antworteten, ihre Opponenten könnten rein theoretisch sogar recht haben, aber in der gegebenen Situation sei das weitere Beibehalten der fixen Preise lebensgefährlich, denn seit Sommer 1991 gerieten sie immer mehr aus der Kontrolle, was sich demotivierend auf die staatlichen Unternehmen auswirke: Das ehemalige Verteilungssystem war zusammengebrochen, daher mußten die Betriebe immer öfter Rohstoffe an den Warenbörsen oder bei den Zulieferern zu steigenden freien Preisen erwerben, den größten Teil ihrer Erzeugnisse aber dem Staat zu niedrigen fixen Preisen abliefern, was mit einem katastrophalen Produktionsrückgang drohte;

ferner führe die parallele Existenz von fixen Preisen im staatlichen Handel und freien Preisen in privaten Geschäften und auf dem Schwarzmarkt zu einem kontinuierlichen Leerfegen der Regale, weil die Waren vorbei am Ladentisch gleich in die Grauzonen weitergeliefert würden; ohne eine Freigabe der Preise könne von einer finanziellen Stabilisierung auf makroökonomischem Niveau keine Rede sein, sei der Rückfall in primitivsten Tauschhandel unausweichlich; außerdem könne nur eine Liberalisierung die total verzerrten Preisrelationen – ein Erbe der sowjetischen Wirtschaft – zurechtrücken und somit einer vernünftigen und für den Staat auch gewinnbringenden Privatisierung den Weg ebnen. Diese Diskussion ist ein spannender Stoff für Experten und wird bestimmt noch auf Symposien und in Monographien gebührend ausgewertet werden. Tatsache ist, daß die Regierung ihr Konzept durchgesetzt und bereits in den ersten Monaten vielversprechende Zwischenergebnisse vorgelegt hat. Immerhin sahen sich die führenden Industrienationen dadurch veranlaßt, eine Hilfe von 24 Milliarden Dollar in Aussicht zu stellen, ließen der Internationale Währungsfonds ebenso wie die Weltbank ihre Pforten für Rußland – und die anderen Nachfolgestaaten der UdSSR gleich mit – öffnen.

Die Rechnung der pragmatischen und unsentimentalen Regierung war aufgegangen: Der horrible Anblick der neuen Preisschilder (am 2. Januar wurden Grundnahrungsmittel drei- bis fünfmal, Medikamente viermal so teuer wie bisher, andere Konsumgüter und Dienstleistungen kosteten nicht selten das Zehnfache und sogar mehr, wobei das erst der Anfang war) wurde zu jener Initialzündung, die den Motor der Reformen anwarf und selbst die entlegensten Landstriche aus dem planwirtschaftlichen Tiefschlaf riß. Vor allem aber wurde die Bevölkerung geradezu gezwungen, Eigeninitiative zu ergreifen. Die Mannschaft der jungen Profis um Jegor Gaidar hatte die auf einem sinkenden Schiff diskutierende, verschiedene Rettungsprojekte vergleichende und nach Hilfe von irgendwo Ausschau haltende Gesellschaft mit einem Schlag ins frostige Wasser gestoßen. Die Menschen tauchten auf, spuckten fluchend die Eisstückchen aus, bissen die Zähne zusammen – und begannen zu schwimmen. Exakt nach dem Motto »Die Rettung der Ertrinkenden ist die eigene Sache der Ertrinkenden«, das in Rußland jeder kennt. Es stammt aus dem satirischen Roman von Ilja Ilf und Jewgeni Petrow »Die zwölf Stühle«, der Ende der 20er Jahre geschrieben wurde und die Abenteuer eines sympathischen Hochstaplers in der Sowjetunion jener Zeit schildert. Noch nie war diese Maxime, mit der man gerne über verschiedene Widrigkeiten zu scherzen pflegte, so aktuell wie Anfang 1992.

Die Männer aus Gaidars Team haben ein riskantes Unterfangen gewagt – und gewonnen. Der Wutausbruch ist ausgeblieben. Mehr noch, in den ersten Januartagen war bei den Menschen sogar ein Gefühl der Erleichterung zu verzeichnen: Die zermürbende Ungewißheit war vorbei. Schon einmal, Mitte Dezember, war die Freigabe der Preise auf Drängen anderer Nachfolgestaaten der UdSSR verschobenen worden. Dann hatten im Vorfeld erneut erschreckende Prognosen, Warnungen und Kassandravisionen der Medien die Stimmung in der schlangestehenden und panikartig hamsternden Bevölkerung derartig angeheizt, daß man nun froh war, es hinter sich gebracht zu haben. Endlich herrschte Klarheit. Gorbatschows mehrjähriger Eiertanz um die Wirtschaftsreform war Geschichte, die neuen Männer hatten ihre Ziele klar abgesteckt und zeigten der Bevölkerung ohne Umschweife, was auf sie zukam. Man betrat die Geschäfte, schaute sich die Preisschilder an, zählte in der Brieftasche nach und ging zur Tagesordnung über. Auf der Tagesordnung stand: Überleben.

Nicht vom nackten, biologischen Überleben ist hier die Rede, sondern vom beharrlichen Festhalten an dem niedrigen, jedoch gewohnten, stabilen Lebensniveau. Aber auch von dem Versuch, aus dem Bannkreis der verordneten Mittelmäßigkeit endlich auszubrechen.

Anfang 1992 begann es in Rußland zu boomen. Ich möchte nicht falsch verstanden werden: Wenn ich hier mit viel Zuversicht über die Startphase der Reformen schreibe, geht es mir vor allem um ihre psychologischen, weniger um die ökonomischen Aspekte. In der Wirtschaft sieht es wirklich schlimm aus, obwohl bei der Handhabung jeglicher russischer Zahlen äußerste Vorsicht geboten ist.

Da ist beispielsweise von einem bedrohlichen Produktionsrückgang die Rede. Ohne Zweifel gibt es ihn, unter anderem bei der Förderung von Energieträgern, aber ist er wirklich so gefahrvoll, wie manche Offizielle es darstellen? Michail Gorbatschow hat seinerzeit ausgiebig die Möglichkeit wahrgenommen, politische Aufgaben mit Hilfe von Schreckensmeldungen und SOS-Signalen an das Ausland zu lösen. Da gab es immer wieder Gerüchte über Putschabsichten reformfeindlicher Kräfte – und immer wieder gab's aus dem Westen Kredite für die Perestroika; da begannen auf einmal hochgestellte sowjetische Diplomaten rein zufällig auf internationalen Foren mit großer Medienpräsenz Vermutungen darüber anzustellen, wie viele Millionen ihrer Mitbürger demnächst in den Westen flüchten werden – und schon rollte Hilfe für das morsche Regime. Ich habe das Gefühl, daß ab und zu auch die Führung Rußlands einer solchen Versuchung nicht widerstehen kann, und, ehrlich gesagt, ich bringe nicht die Kraft auf, sie dafür vehement zu verurteilen.

Ich möchte nur darauf hinweisen, daß erstens weltweit Produktionsrückgänge obligatorische Begleiterscheinungen jeglicher Stabilisierungsprogramme und Umstrukturierungen sind; daß zweitens Produktionsrückgänge in der noch von Stalin übermäßig aufgeblähten Schwerindustrie ausgesprochen wünschenswert sind, denn irgendwann muß das verschwenderische und umweltzerstörende Karussell ein Ende finden, bei dem immer mehr Kohle und Erz gefördert wurde, um immer mehr Metall zu erzeugen, daraus immer mehr Maschinen herzustellen, um noch mehr Kohle und Erz für die Herstellung weiterer Bergbau-Maschinen fördern zu können; daß drittens Produktionsrückgänge in der postsowjetischen Wirtschaft, die nach verschiedenen Schätzungen zur Hälfte oder sogar zu zwei Dritteln rüstungsorientierte Betriebe vorgefunden hat, demzufolge nur friedensfördernd sein können. Ich möchte ferner meine Verwunderung darüber äußern, daß neuerdings viele im Westen jede aus Moskau kommende Wirtschaftskennziffer für bare Münze halten, als ob nie jene Sorte sowjetischer Statistik existiert hätte, die sieben Jahrzehnte damit beschäftigt war, Zahlen zu schönen, zu verfälschen oder zu unterschlagen. Selbst wenn die in Moskau sitzenden Hauptstatistiker allesamt neuberufene, progressive und absolut ehrliche Menschen wären, was ich gern annehmen möchte, so ist das System bislang das alte geblieben und dürfte nur noch chaotischer geworden sein. Was in dieser Welt sollte die Betriebsdirektoren oder Kolchosvorsitzenden, die ihr Leben lang gewohnt waren, mit Zahlen – zur Freude der Obrigkeit oder aus bitterer Notwendigkeit – zu manipulieren, dazu bewogen haben, sich über Nacht zu ändern und nur noch exakte Bilanzen zu liefern? Zumal in solch undurchsichtiger Zeit, wo Angaben über den Zustand der Wirtschaft zu einem mächtigen politischen Druckmittel werden können. Es ist beispielsweise durchaus vorstellbar, daß mehrere Unternehmen oder ganze Branchen regelmäßig Hiobsbotschaften nach Moskau schicken, um damit Steuererleichterungen bzw. Subventionen zu erzwingen, oder um die Reformen zu sabotieren und die alten Pfründe zu erhalten, oder um ihre Lobbyisten in die Staatsführung zu hieven (was Anfang Sommer 1992 auch passiert ist). Ich kann auch nicht ausschließen, daß der statistische Produktionsrückgang bei diesem oder jenem Betrieb sich bei näherem Hinschauen mit dem Verkauf der Erzeugnisse hinter dem Rücken des Eigentümers Staat erklärt. Doch für das nähere Hinschauen fehlen momentan die Kapazitäten: Wenn die Behörden sich beklagen, daß selbst in der Hauptstadt etwa 50 Prozent der Steuern unterschlagen werden, dann kann man sich ausmalen, was im weiten Land vor sich geht. Es empfiehlt sich also prinzipiell eine skeptische und nüchterne Bewertung von russischen Zahlen. Doch das nur am Rande. Denn wie ich schon sagte: Im Mittelpunkt meines Interesses stehen die psychologischen Erfolge der Reform. Zu allererst muß sich in den Köpfen der Menschen etwas ändern. Was ich in dieser Hinsicht beobachte, gibt mir Grund zur Behauptung: Rußland erlebt einen Boom.

Und zwar überall, auch auf dem Land. Die Wandlungen vollziehen sich dort natürlich langsamer und vor allem weniger spektakulär, aber auch sie sind für Sensationen gut, besonders wenn es um die Entfaltung der Eigeninitiative geht. Im Januar 1990 wurden die ersten paar Hundert russischen privaten Landwirte gezählt – man nennt sie hierzulande ganz amerikanisch Farmer. Im Januar 1991 wußte die Statistik von genau 4405 tollkühnen Männern zu berichten, die – trotz der tief im Bewußtsein des Volkes verankerten Erinnerung an die Ausrottung der selbständigen Bauern in den 30er Jahren unter Stalin und der Schikanen gegen jeden Besitzer auch nur einer einzigen Kuh in den 60er Jahren unter Chruschtschow – den Mut gehabt hatten, sich für privates Wirtschaften zu entscheiden, und die genügend Durchsetzungskraft aufzubringen vermochten, um alle bürokratischen Sperrvorrichtungen aus dem Weg zu räumen. Im Laufe des Jahres 1991 hatte sich die Zahl der Farmer schon mehr als verzehnfacht und erreichte Ende Dezember 49 000. Dann kam am 2. Januar 1992 der Donner, nach dem sich der Bauer bekreuzigt.

Die Freigabe der Preise stellte die generell schlechter verdienende ländliche Bevölkerung, die sich bereits daran gewöhnt hatte, Lebensmittel in der Stadt einzukaufen, vor die existentielle Frage: Womit soll man das bezahlen? Gleichzeitig sah sie, wie ertragreich landwirtschaftliche Erzeugnisse sein können und was alles seit kurzem für das Erwirtschaftete frei erworben werden konnte. Dies sah auch jener Teil der Stadtbevölkerung, der einen Hang zum Dorfleben verspürte und über einen Neuanfang nachdachte. Die Folgen waren explosionsartig: Gleich in den ersten vier Monaten des Jahres 1992 stieg die Zahl der privaten Landwirte in Rußland von 49 000 auf 100 000; im Durchschnitt konnte jeder von ihnen 41 Hektar Land sein eigen nennen. Das reicht sicher noch nicht, um ganz Rußland zu ernähren, und man wird noch längere Zeit bei den Lebensmitteln, besonders beim Getreide, auf die weniger effizienten Kolchosen und Sowchosen und auf andere Farmer, nämlich die amerikanischen und kanadischen, angewiesen sein. Dennoch rollte damit eine Woge politisch, sozial und auch wirtschaftlich äußerst wichtiger Existenzgründungen.

In den Großstädten war der Boom der Eigeninitiative noch offensichtlicher. Vor allem stach die Unzahl der Straßenhändler ins Auge. Womit wir wieder bei jener verwegenen Vorhut der Marktwirtschaft sind, die im Frühjahr 1992 Moskau okkupierte und mitten im Stadtkern ihr buntes Lager aufschlug.

Zum ersten Mal sah ich die neuen Straßenhändler eines kalten Februarabends in der Twerskaja gegenüber dem »Inturist«-Hotel, wenige hundert Meter vom Kreml und dem Roten Platz entfernt. Mit einer Moskauer PR-Expertin und einem deutschen Journalisten kehrte ich von einer Gala-Veranstaltung für russische Geschäftsleute zurück. Noch die Abendtoiletten der Geladenen, die Kunstversteigerung und das Büfett vor Augen, gerieten wir plötzlich in eine Gruppe von etwa zwanzig Frauen. Wir sahen wohl recht kauflustig aus, denn sie umringten uns und hielten uns ihre Waren vor: Sekt, Wodka, Parfüm, Rasierwasser, eine Stange Salami, eine Packung Kaffee, Plätzchen. Die Frauen versuchten, uns zum Kauf zu bewegen, taten es aber unaufdringlich, fast dezent – anders als die frechen und vulgären Händler auf den Märkten oder die arroganten Berufsschieber. Sie waren ja auch keine Profis, das sah man auf den ersten Blick. Da standen ordentliche, zum Teil gutgekleidete Moskauerinnen vor uns, mehrheitlich um die 50 und älter – Sekretärinnen, Hausfrauen oder Rentnerinnen. Das Ganze war wie ein Spuk: die mitternächtliche Atmosphäre der verschneiten Stadt, dies seltsame Häuflein, in dem man sich gegenseitig Mut zu machen schien, die sonderbar zusammengestellten Waren und diese abwartenden und hoffnungsvollen Augen.

Rußlands Frauen haben bei Gott Besseres verdient, als nachts in der Kälte zu stehen und mit Hausvorräten zu handeln. Aber auch die Reformer drüben im Kreml oder gleich um die Ecke, im Wirtschaftsministerium, haben Besseres verdient, als in einem ruinierten Land harte Maßnahmen zur Rettung aller durchsetzen und dabei die Schicksale der einzelnen vernachlässigen zu müssen. Die Regierung konnte der Bevölkerung wirklich nicht viel geben, aber das, was sie auf jeden Fall zu tun hatte, tat sie: Sie nahm den vom sinkenden Schiff ins Wasser Springenden rechtzeitig die planwirtschaftlichen Fesseln ab. Jelzins Ukas über die Freiheit des Handels war jene vielbeschworene Hilfe zur Selbsthilfe, die Rußlands Bürger in jenem Moment am nötigsten hatten. Und daß sich sogleich Menschen fanden, die den Willen und die Kraft aufbrachten, mit den ihnen zur Verfügung stehenden Mitteln gegen das drohende Ertrinken im Elend anzukämpfen, war das eigentlich Tröstliche an diesem traurigen Schauspiel.

Nicht zufällig waren es hauptsächlich Frauen. Was würde Rußland ohne seine Frauen machen! Ohne die feinen Damen aus dem Adelsstand, die nach 1825, als ihre Gatten, die Dekabristen, allesamt Fürsten und Grafen, sich mit der Waffe in der Hand und mit der Forderung nach demokratischen Reformen gegen den Zaren auflehnten, aus ihren Palästen freiwillig den Ehemännern in die sibirische Verbannung folgten und seither in Rußland ein Beispiel für Edelmut und Treue sind; ohne die furchtlosen Frauen, die in dem schrecklichen Terrorjahr 1937 sich weigerten, ihre Männer, Söhne, Mütter, Schwestern als »Volksfeinde« zu akzeptieren und tagelang vor den Augen des Geheimdienstes an den Gefängnistoren ausharrten in der Hoffnung, mit einem kleinen Päckchen warmer Wäsche und etwas Zwieback ihren Familienmitgliedern Mut machen zu können, ohne dabei zu wissen, ob sie überhaupt noch am Leben waren; ohne die Arbeiterinnen und Bäuerinnen, die während des

Krieges das Land am Leben hielten, während die Männer an der Front kämpften.

Auch bei diesem neuen Schicksalsschlag machten die Frauen wieder mobil. Sie schluckten ihren Stolz hinunter, holten das, was sie einmal im staatlichen Handel relativ billig für sich oder auch vorsorglich für den, wie man in Rußland sagt, »Schwarzen Tag« erworben hatten, und stellten sich auf die Straße, um – zu spekulieren. Man muß schon in der Sowjetunion gelebt haben, um zu wissen, wie ausgesprochen negativ dieses Wort behaftet war. »Spekulant« war ein Schimpfwort, mit dem jener »Abschaum der Gesellschaft« bezeichnet wurde, der nicht »ordentlich arbeiten« wolle, sondern sich an den »zeitweiligen Schwierigkeiten« der Gesellschaft, wie die Partei es definierte, »schamlos bereichere«. Die Verachtung gegenüber den meist jungen Spekulanten war besonders ausgeprägt bei den älteren, in kommunistischen Traditionen erzogenen Generationen, sowie bei der Intelligenzija, die zwar ab und zu ihre Dienste in Anspruch nahm, aber deshalb noch lange nicht aufhörte, mißbilligend auf sie herabzublicken – kurzum, ausgerechnet bei den Gruppen, die nun selber zu Spekulanten werden mußten. Ich habe in jenen Wochen oft die Gesichter der Straßenverkäufer, ihre Art, sich zu kleiden und mit den Kunden zu sprechen, beobachtet und kann, auch ohne ein geprüfter Physiognomiker zu sein, behaupten: Sie hätten unter ihnen mit Sicherheit eine Bibliothekarin und einen Beamten aus dem nun arbeitslosen Fußvolk der vielen aufgelösten sowjetischen Ministerien, eine Lektorin aus einem der pleite gehenden Verlage und einen Lehrer, der bislang das jetzt unbrauchbare Fach »Geschichte der KPdSU« unterrichtete, eine Krankenschwester und bestimmt auch einen Arzt antreffen können. Ich versuchte mir auszumalen, welche Überwindungskraft sie das allererste Mal gekostet haben muß, und hatte – ich sage es ehrlich – Hemmungen, sie darüber auch noch auszufragen. Ein Kollege von mir war da konsequenter und vielleicht auch professioneller; eine Interviewpartnerin von ihm, die ihren Namen natürlich nicht nennen wollte, war eine 44jährige Kunstwissenschaftlerin, die in einem Moskauer Museum arbeitete und als alleinerziehende Mutter drei Kinder zu versorgen hatte.

Mit den ersten Sonnenstrahlen des Frühlings begann die Zahl der Straßenverkäufer lawinenartig zu wachsen: Es war wärmer geworden, die Erfolge der anderen inspirierten die neu Hinzukommenden, und auch die Einstellung der Umwelt taute auf, was das Ganze weniger demütigend machte. Zu den Anfängern gesellten sich immer mehr hauptamtliche Händler, darunter auch Zugereiste aus den südlichen Regionen des ehemaligen Imperiums, und jede Menge Schlitzohren. Im Handumdrehen verwandelte sich das Zentrum Moskaus in einen nicht enden wollenden Basar. Die Verkäufer standen in Hunderte von Meter langen Reihen in der einst als Prachtstraße konzipierten Twerskaja, belagerten praktisch jede Metrostation, umschwärmten wie Bienen das riesige Kaufhaus *Detskij Mir* (Kinderwelt) am Lubjanka-Platz, wo der Stumpf des gestürzten Dserschinski-Denkmals steht (die von ihm 1917 gegründete Geheimpolizei Tscheka hatte seinerzeit große Verdienste bei der Bekämpfung der Spekulanten vorzuweisen), und praktizierten entlang des ganzen ehemaligen Karl-Marx-Prospekts das, was der Gelehrte aus Trier in seinem Hauptwerk so ausführlich analysiert hatte: Sie schafften sich Kapital an und mehrten es.

Es war ein fürchterlicher und herrlicher Anblick! In den Straßen und zu den U-Bahn-Stationen mußte man sich durchzwängen; überall auf dem Boden, vermischt mit Schlamm, lagen Papierfetzen, Verpackungen, Essensreste, Zigarettenstummel, und da die Stadt nicht die Mittel hatte, um das alles wegzuräumen, wurden die Abfälle nachts einfach in große Haufen zusammengefegt und verbrannt – vor den Augen der sicherlich etwas verwunderten Ausländer in den Nobelhotels *Savoy* und *Metropol*; nicht gerade ästhetisch wirkte auch die Präsentation der Waren auf dreckigen Kisten oder ausgebreiteten Zeitungen – genau wie das Äußere mancher Händler, die sich umbedingt den Luxus hätten leisten sollen, von den rundherum angebotenen Waschmitteln auch mal selber Gebrauch zu machen. Doch gleichzeitig war es hinreißend, mitanzusehen, wie sich die Menschen, aufgerüttelt durch die Reformen, auf unbändige russische Art Hals über Kopf in das Abenteuer Marktwirtschaft stürzten. Die Aufgewecktesten, die Forschesten, die Cleversten hatten die Lektion des 2. Januar richtig verstanden: Im Frühjahr 1992 gab es in den Straßen russischer Großstädte mehr Händler als Demonstranten oder Bettler (laut einer Umfrage hatten sich bis zum Mai in der Hauptstadt 13 Prozent der Einwohner als Verkäufer versucht; das sind rund 1,3 Millionen Moskauer). Andrej Tscherkisow, der Chefkommentator des Rundfunksenders »Echo von Moskau«, sagte in jenen Tagen: »Ich liebe diese Menschen! Sie sind es, die Rußland in Ordnung bringen werden.« Er hat recht.

Der Flächenbrand des Straßenhandels hatte neben seiner psychologischen natürlich auch eine rein praktische Bedeutung. Einen Verkäufer gibt es dort, wo es einen Käufer gibt, und wenn die Straßen von Händlern überquellen, dann doch nur, weil sie Absatz für ihre Waren finden. Es war ja kein Flohmarkt mit lauter Plunder, der sich da etablierte, sondern eine alternative Form zum staatlichen und dem geregelten privaten Handel. Der chronisch warenhungrige russische Verbraucher fand hier fast alles, was sein Herz begehrte: verschiedenste alkoholische Getränke und Kosmetikartikel, Zigaretten, Kleidung, Haushaltsgeräte, Geschirr; das neue Hemd konnte sogleich mit einem Bügeleisen ergänzt werden, die italienischen Schuhe mit einer ägyptischen Creme. Ich habe mir dort beispielsweise Batterien für mein Radio gekauft, die ich sonst aus dem Westen mitbringen mußte. Da aber die Straßenhändler weder Steuern noch Pacht, noch – in der Mehrheit zumindest – Schutzgelder zu zahlen hatten (dieser Markt war zu chaotisch und unkontrollierbar, selbst für die Mafia), konnten sie unter dem Preis der Geschäfte und Kioske verkaufen und somit nebenbei der galoppierenden Inflation einen Dämpfer aufsetzen.

Man konnte sich eigentlich nur wundern, woher die Leute all diese Waren hatten. Die Hausvorräte, selbst die umfangreichsten, durften ja mittlerweile aufgebraucht gewesen sein. Also waren es entweder ständig neue Anbieter, oder aber die alten begannen ihr kleines Geschäft auszubauen, indem sie die Vorratsschränke der Bekannten und Nachbarn anzapften (gehamstert hatte fast jede Familie, auch meine) und sich Zulieferer suchten, die aus dem Ausland, aus anderen Städten oder vielleicht auch aus dem Hintereingang des Betriebes nebenan Nachschub besorgten. So oder so, wir kommen auf das gleiche hinaus: Immer mehr Menschen wurden in den Bann der Marktbeziehungen gezogen und absolvierten nicht die vornehmste, aber immerhin eine Grundschule des Kapitalismus. Um mit vertrauten kommunistischen Begriffen zu sprechen: Dies war eine Kaderschmiede für künftige Kleinunternehmer. Hier haben sie erstmals Blut geleckt, hier vollzog sich auch die ursprüngliche Akkumulation auf niedrigstem, allgemein zugänglichem Niveau. In einigen Wochen, in einigen Monaten, in ein bis zwei Jahren werden wir viele dieser Straßenverkäufer als Besitzer der noch zu privatisierenden Geschäfte oder Tante-Emma-Läden wiederfinden, und jene nette, intelligent aussehende Mittvierzigerin, die auf die Idee kam, die Händler und Passanten mit hausgemachten belegten Broten zu bedienen, vielleicht als Pächterin einer noch aufzustellenden Imbißbude.

Sicher ging da vieles nicht mit rechten Dingen zu. Diebesgut wurde hier verscheuert, die Chefs staatlicher Einrichtungen ließen auf der Straße zweifelsohne lukrative steuerfreie Geschäfte abwickeln, massenweise tauchten Waren auf, deren Preise im staatlichen Handel zu niedrig angesetzt wurden und die deshalb schnell vom Ladentisch weg waren. Hier und da sah man junge Männer, die Karton- oder Pappstücke mit der lakonischen und durchaus verständlichen handgemalten Aufschrift hielten: »Kaufe $, DM«. Aber bitte fragen Sie mich nicht, ob das legal war, ob private Inserate gleichen Inhalts mit Angabe von Telefonnummern, die man in Anzeigenblättern und sogar in der vornehmen *Iswestija* finden konnte, nicht ein Verstoß gegen die Devisenbestimmungen waren! Fragen Sie mich nicht, warum ausländische Spraydosen mit Reizgas, die sich viele zur Selbstverteidigung anschafften, an den Grenzen vom Zoll rigoros beschlagnahmt wurden, während sie in offiziell zugelassenen Kiosken frei zu kaufen waren und in Schaufenstern die Blicke der Polizisten erfreuen konnten. Ich glaube, weder die Rechtsschützer noch die Gesetzgeber wußten zu dieser Zeit so richtig, was erlaubt war und was nicht. Doch war es nicht die vorrangige Aufgabe der Reformer gewesen, Hermes, dem Gott der Händler und Diebe, erst einmal die Zwangsjacke abzunehmen? Alexander

Ostrowski, der große russische Dramatiker des 19. Jahrhunderts, dessen Denkmal den Eingang zum Kleinen (»Maly«) Theater mitten im Stadtkern schmückt, schien angesichts des geschäftigen Treibens zu seinen Füßen noch finsterer dreinzublicken als sonst. Er hat in seinen Komödien die russische Kaufmannsschicht immer kritisch dargestellt und ihre Unsitten aufs Korn genommen. Nun müßte er sein Lebenswerk glatt von vorne beginnen!

Irgendwo hörte der Spaß natürlich auf. Zum Beispiel bei den Lebensmitteln. Manche Frauen wickelten folgendes Geschäft ab: Da es immer wieder Engpässe bei der Milchversorgung gab, deckten sie sich frühmorgens in den staatlichen Läden ein und verkauften dann die Waren an jene, die zu spät kamen oder nicht Schlange stehen wollten. Im frostigen Februar konnte das noch gutgehen, aber schon damals begannen die Sanitärexperten Alarm zu schlagen. Sie sahen die Gefahr nahen, daß in den warmen Jahreszeiten der Straßenverkauf kurzlebiger Nahrungsmittel – sowohl der Waren aus den Geschäften als auch der Milch, des Quarks, des Fleisches und Geflügels der Vorortbauern – unvorhersehbare Folgen für die Gesundheit der Käufer haben könnte. Bald rückte ein noch ernsteres Problem in den Vordergrund: die unklare Herkuft der meisten Lebensmittel. Auf den Kolchosmärkten gibt es ein zwar lückenhaftes, aber dennoch funktionierendes System der Kontrolle, was jedoch unmöglich auf die Straßenbasare übertragen werden konnte. Nikolai Schestopalow, Chef der Moskauer Behörde, die für den sanitären Zustand der Stadt und die Vorbeugung von Epidemien verantwortlich ist, erklärte gegenüber der *Iswestija*, beim Straßenhandel mit Fleisch wäre in 99 von 100 Fällen dessen Provenienz unklar. Was da auf den Motorhauben der privaten Wagen ausgebreitet liege oder in Plastikbeuteln unter die Leute gebracht werde, könne sowohl von einem geschlachteten als auch von einem verendeten Tier stammen, zudem müsse man sich noch fragen, was für ein Tier es überhaupt gewesen sei. Schestopalow erklärte definitiv: Auch mit Hunde- und Katzenfleisch werde gehandelt, dafür gebe es genügend Beweise. Die *Iswestija* empfahl allen, die auf der Straße mal ein Häppchen essen wollten, sich, ohne die Phantasie zu schonen, auszumalen, was da als Füllung der traditionellen russischen Piroggen oder als Bestandteil des kaukasischen Schaschlik-Fleischspießes angeboten werden könnte. Auch das Eingemachte nach Hausfrauenart dürfe durch sein leckeres Aussehen niemanden verführen; marinierte Pilze, so berichtete die Zeitung, hätten bereits in den ersten drei Monaten 48 Menschen mit der Gesundheit und drei mit dem Leben bezahlt (im ganzen vorangegangenen Jahr habe es 75 Krankheits- und sieben Todesfälle gegeben). Opfer hatte auch die Stadt Engels an der Wolga zu beklagen: Dort wurde in Flaschen mit Etiketten bekannter armenischer Kognaksorten eine schwarzgebrannte und, wie sich herausstellte, hochgiftige Flüssigkeit verkauft.

So etwas hat es in Rußland auch vor der Reform gegeben, nur nicht in solchem Umfang. Als die Krankenhäuser und Notärzte die Warnungen ihrer Kollegen von der Hygieneaufsicht mit konkreten Statistiken zu belegen begannen, mußten die Lokalbehörden handeln. Doch das einzige, was sie real tun konnten, war, den allgemeinen Basar wenigstens einigermaßen zu lokalisieren, um an den entsprechenden Punkten dann zumindest eine Grundform der Kontrolle einzubürgern. Ende April beschloß die Moskauer Stadtregierung, die wichtigsten Straßen im Zentrum für die fliegenden Händler zu sperren. Dafür wurden ihnen aber mehr als 80 Stellen zugewiesen, wo sie ungestört ihrer Beschäftigung nachgehen können, und dazu noch drei große Trödelmärkte eröffnet. Erstmals war auch von einer Abgabe die Rede, aus der unter anderem die Müllbeseitigung finanziert werden sollte.

Nach drei Monaten wilder Marktwirtschaft war das der erste Versuch, sie in halbwegs geregelte Bahnen zu lenken, ein winziger Schritt in die zivilisiertere Zukuft. Die Händler reagierten verständnisvoll und verließen diszipliniert die eingesessenen Orte, obwohl man schon am selben Abend die ersten Kundschafter wieder in den alten Jagdgründen bemerken konnte. Dieses Katz-und-Maus-Spiel wird noch lange dauern – so lange es das Phänomen des Straßenhandels gibt. Sein Auf und Ab wird die Regierung Rußlands tagtäglich aufmerksam verfolgen können, denn einer der neu zugewiesenen Verkaufspunkte liegt genau vor ihren Fenstern an der Metrostation *Kitai-Gorod*. Vielleicht wird der Blick nach draußen für das Kabinett nicht weniger wichtig als der aktuelle Konjunkturbericht werden, denn für ein Schrumpfen des Straßenhandels wird es nur zwei mögliche Ursachen geben: Entweder können sich die Käufer nichts mehr leisten – dann wird das Barometer auf Sturm zeigen, oder aber die Händler sind dorthin umgezogen, wo sie eigentlich auch sein sollten, in die Geschäfte. Dann gibt's Sonnenschein.

Wissen Sie, was Ausländern, die früher in die Sowjetunion kamen, gleich auffiel? Daß es viel zuwenig Geschäfte gibt. Die waren auch gar nicht so nötig; womit hätte man sie füllen sollen? Andererseits war der Überfluß stets verheißen worden! Da aber rundherum alles dem Staat gehörte, kam es dessen treuen Dienern nicht in den Sinn, beim Städtebau darauf zu achten, daß im Erdgeschoß eines Hauses in entsprechender Lage sich praktischerweise Räumlichkeiten befinden sollten, die man gewinnbringend verpachten kann. Es gab Normen, auf parteirussisch *Normative*, die vorschrieben, wie viele Einwohner ein Geschäft im Durchschnitt zu versorgen habe. So baute man, besonders in den neuen Städten, unbeirrt ein Reihenhaus nach dem anderen und pflanzte irgendwo dazwischen ein großes Geschäft hin. Wie die Saat, so die Ernte: heute ist die Suche nach Verkaufsflächen ein Alptraum für jede neugegründete Handelsfirma. Zu warten, bis die Privatisierung in Gang kommt, hat keinen Sinn, zumal es gar nicht so viel zu privatisieren gibt und der Staat die großen Kaufhäuser und Lebensmittelgeschäfte mit Monopolstellung nicht so schnell aus seinen Händen geben wird. Was bleibt, ist das Mieten von Verkaufsständen in den staatlichen Läden und das Aufstellen von Buden und Kiosken. Was auch allerorts geschieht.

Schon 1990 praktizierten die staatlichen Geschäfte das Verpachten von Abteilungen an Handelskooperativen. Das erinnerte an Ausschlag auf gesunder Haut (so sahen es wohl die Altkommunisten) oder an Rosinen im ausgetrockneten Kuchen (das war der Blickwinkel der Feinschmecker). Diese Oasen des Überflusses nannte man »Kommerzielle Abteilungen«, was die Absurdität der herrschenden Zustände noch mehr hervorhob: Das eigentliche Geschäft konnte also nicht als kommerziell (Duden: a/ den Handel betreffend, geschäftlich; b/ Geschäftsinteressen wahrnehmend, auf Gewinn bedacht) bezeichnet werden. Der welthistorische Wettstreit zwischen Sozialismus und Kapitalismus verlagerte sich somit an die Basis, konnte täglich vom Normalverbraucher mitverfolgt werden. Es war wie im geteilten Berlin: hier war es öde, halbleer und billig – drüben grell, rammelvoll und teuer. Aber: man konnte ständig hüben und drüben vergleichen. Was passierte, als die Berliner hinüber und herüber gehen durften, ist bekannt. In Rußland dauerte das direkte Kräftemessen zwischen dem kommerziellen und dem nichtkommerziellen System ebenfalls nicht lange und hatte Ende 1991 traurige Folgen für einen der beiden Konkurrenten.

Im Winter 1991/92 begann die Zahl der »Kommerziellen Abteilungen« rapide zu wachsen. In dem Brotladen bei mir nebenan nisteten sich beispielsweise gleich zwei Private ein: ein Verkaufsstand mit Sportschuhen, Shampoo, Kondomen und sonstigem Allerlei sowie ein Verleih von Videofilmen. Auch die Zahl der »Kommerziellen Geschäfte« (warum haben sie nur diese schwachsinnige Bezeichnung beibehalten?!) nahm lawinenartig zu. Man brauchte lediglich ein paar Wochen in einer Straße nicht gewesen zu sein, und schon sah man verblüfft über einem ehemals staatlichen Geschäft oder auch einem lange ungenutzt gebliebenen Kellerraum ein einladendes Aushängeschild. Doch die angestauten Potenzen der neuen Handelsfirmen waren derartig groß, daß sie auch noch zu einer Eruption von Kiosken und Buden überall in den Städten führten: entlang der Straßen, an den Bahnhöfen und Metrostationen, in Parks und einfach dort, wo gerade Platz war. Das Kalkül der profitgierigen jungen Händler lag auf der Hand: Ein Kiosk kostet nicht viel, ist, im Unterschied zu einem unrenovierten Geschäft, schnell hergerichtet bzw. aufgestellt, und er ist zu allem noch mobil und kann dem Kunden buchstäblich hinterherlaufen. Für die Weitsichtigeren, die die einmalige historische Chance des Gründerzeit-Einstiegs nutzen und hoch hinaus wollten, die also selbst die bescheidenen Gewinne sofort wieder mit dem Ziel anlegten, möglichst schnell und risikolos neue Mittel zu erwirtschaften, stellten die Kioske eine nahezu ideale Möglichkeit dar.

Der architektonische Wert dieser Buden sei dahingestellt, aber ohne sie und die Straßenhändler hätte im Frühjahr 1992 niemals das erzielt werden können, was im Herbst 1991 ein ferner Traum zu sein schien: die erste Sättigung des Verbrauchermarktes, das erstmalige Ausgleichen von Angebot und Nachfrage, sei es auch auf einem schmerzlich hohen Preisniveau. Nachdem die Marktwirtschaft in Rußland endgültig gesiegt haben wird, sollte man sich ein Beispiel an der Roten Armee nehmen, die Denkmäler in Form von T-34-Panzern errichten ließ, und unbedingt einen Kiosk aufs Postament heben.

Als ich damals meinen Freunden in Deutschland darüber erzählte, daß es in Moskau von nun an alles zu kaufen gebe, klang das angesichts der langjährigen Reportagen über die leeren Regale absolut unglaubwürdig und fast schon verdächtig. Aber ich hatte den Winter psychisch wirklich gut überstanden und sprach die volle Wahrheit: Es gab alles, und zwar nicht nur für Devisen, sondern auch für Rubel, mit denen man bei Banken auch Devisen kaufen konnte. (Das Wort »alles« in bezug auf Moskau ist natürlich relativ und beinhaltet nicht die Quantität und Qualität eines »alles«, wenn man von der Düsseldorfer Königsallee oder meiner geliebten Kölner Schildergasse spricht.)

Für ein paar Rubel, einst der durchschnittliche Tageslohn, konnte man fast nichts mehr kaufen, dafür gab es aber für ein paar Dutzend Rubel Zigaretten und Schokoriegel, für ein paar Hundert – Alkohol und Unterwäsche, für ein paar Tausend – Jeans und Pullover, für ein paar Zehntausend – Fernsehgeräte und Videorekorder, für ein paar Hunderttausend – einen Lada, für einige Millionen – einen Volvo, für einige Hundert Millionen – ein Einfamilienhaus in Kalifornien. Die erste Versteigerung von Immobilien in den USA und Spanien für Rubel war der Knüller der Saison gewesen, obwohl der freie Verkauf von neuen westlichen Limousinen sich als Novum auch sehen lassen konnte.

Der Überfluß an Waren bei den Privaten war bereits seit 1990 nichts Ungewöhnliches mehr: Das faszinierend Neue war jetzt der Überfluß dieser Privaten selbst. Früher mußte man extra irgendwohin fahren, um eine »Kommerzielle Abteilung« aufzuspüren, jetzt begegnete man solchen Geschäften und Kiosken auf Schritt und Tritt. Das war angenehm, obwohl einige geübte Schlangesteher es als lästig empfanden. Da ich generell gern zu Fuß gehe, ist es für mich ein doppeltes Vergnügen, durch das Moskau der Umbruchzeit zu laufen. Dabei schaue ich mir natürlich aufmerksam die Verkaufsstellen an – als Konsument und als Chronist. Für mich war es offensichtlich, daß das Angebot von Monat zu Monat reichhaltiger, vielfältiger und auch in der Qualität langsam besser wurde. Nun muß man aber wissen, daß die Privaten fast ausschließlich mit westlichen und fernöstlichen Erzeugnissen handeln. Begonnen hatten sie damit, daß sie entweder bei den aus dem Ausland zurückkehrenden Geschäftsreisenden, Touristen, Seeleuten, Armeeangehörigen und bei Studenten aus anderen Staaten eigens für den Weiterverkauf mitgebrachte Waren erwarben oder im staatlichen Handel an den Schlangen vorbei zu fixen Preisen einkauften (gewußt, wie!) und dadurch eine Gewinnspanne von manchmal mehreren hundert Prozent erzielten. Aus der ersten Quelle hätten sie sich heute, selbst wenn ganz Moskau inklusive der Vororte auf Reisen ginge, nicht mehr ausreichend eindecken können. Die zweite ist ebenfalls nahezu ausgetrocknet. Wenn der Privathandel mit importierten Waren trotzdem floriert und expandiert, dann doch nur, weil es ihm inzwischen gelungen ist, stabile Versorgungskanäle zu legen. Die größeren Firmen haben bereits Partner im Ausland gefunden und organisieren mit ihnen Tauschgeschäfte oder kaufen bei ihnen für harte Währung ein, die sie in Moskau bei offiziellen Devisenversteigerungen erwerben oder in privaten Banken konvertieren. Aus ihren Importen werden dann die rubelzahlenden kleineren und ganz kleinen Unternehmer beliefert, die außerdem die Möglichkeit haben, in der Bank oder bei Schiebern bescheidenere Summen umzutauschen. Damit können sie in Moskauer Devisengeschäften Zigaretten, Alkohol, Bananen oder sonst etwas einkaufen und es später zum entsprechenden Rubelpreis anbieten. Die »Kommerziellen Geschäfte«, die vor wenigen Jahren als ein zwielichtiges Abenteuer begannen, vermochten also binnen kürzester Zeit etwas auf die Beine zu stellen, was die Konturen eines zivilisierten internationalen Großhandels anzunehmen verspricht – für mich durchaus ein Grund für Optimismus.

Zu den Nutznießern dieser erfreulichen Wandlungen gehörten allerdings bei weitem nicht alle Rußländer. Laut einer Umfrage vom Dezember 1991 hatten in neun Republiken der Noch-UdSSR 59,8 Prozent der Bürger nie etwas in privaten Geschäften gekauft. Diese Zahl dürfte sich in Rußland, besonders in den Großstädten, derweilen erheblich verringert haben: Damals gab es beim Staat noch fixe Preise, die bedeutend unter denen der Privaten lagen – heute haben sie sich weitestgehend ausgeglichen, außerdem erklärte sich der Nichtbesuch der »Kommerziellen Geschäfte« teilweise auch mit ihrer damals noch mangelnden Verbreitung in der Provinz. Trotzdem darf man sich nicht darüber hinwegtäuschen, daß es eine beachtliche Schicht gibt, die ausschließlich in den staatlichen (oder bislang staatlichen) Geschäften einkauft, die wiederum mit den traditionellen Produzenten verbunden sind. Dort bekommt man nach wie vor sein täglich Brot.

Können Sie sich ein völlig leeres Lebensmittelgeschäft vorstellen? Ein Geschäft, in dem es nichts, gar nichts, keine einzige Ware gibt? In Deutschland werden sich ein derartiges Bild wohl nur jene ausmalen können, die das Jahr 1945 miterleben mußten. In der ruhmreichen Sowjetunion war das ein ständig wiederkehrender Anblick.

Ich habe ein solches Geschäft in einer Reportage im Herbst 1990 beschrieben. Auf seinen etwa 40 Quadratmetern gab es nichts außer zwei blitzblank geputzten Kühlvitrinen, einer Kasse mit vor sich hin dösender Kassiererin und zwei gelangweilten Verkäuferinnen, die einander nichts mehr zu erzählen hatten. Es war früher Nachmittag. Vorhin habe es Milch und Butter gegeben, aber die waren schnell vergriffen, sagten die Damen. Bis zum Ladenschluß blieben noch einige Stunden. Das war die Ausgangssituation.

Seit den Nachkriegsjahren habe es so lange Schlangen nicht mehr gegeben, erzählten 1991 die älteren Mitbürger. Seit den Nachkriegsjahren habe es so viele Bezugsscheine nicht mehr gegeben, meldeten die Statistiker. In Moskau wurden Bezugsscheine für Zucker, Wodka, Zigaretten (alles harte Währung in der Sowjetunion) ausgehändigt, anderenorts auch für Fleisch, Wurst, Pflanzenöl, sogar Brot. Aber der einst funktionstüchtige totalitäre Verteilungsmechanismus war gänzlich verfault und konnte nichts mehr gewährleisten. Die Menschen bekamen zwar Bezugsscheine, konnten sie jedoch monatelang nicht einlösen. Man machte ihnen mit diesen Papierschnipseln nur falsche Hoffnungen. Um ihren Mitbürgern irgendwie zu helfen, ordneten lokale Behörden die Geschäfte an, nur die Einheimischen zu bedienen, und verteilten unter ihnen entsprechende Ausweise mit Paßfoto und Stempel. Dies hatte zur Folge, daß Millionen Moskauer und Leningrader, die in ihre Wochenendhäuser fuhren, in den Dorfläden nicht einmal Brot kaufen durften und alles mitschleppen mußten; daß ein Geschäftsreisender in einer fremden Stadt Gefahr lief, hungrig ins Bett zu gehen, denn die wenigen Restaurants waren meistens zu teuer und zu voll, während der Einkauf in den Geschäften ihm einfach verwehrt blieb; daß eine Familie nicht auf Urlaubsreise ging, weil sie befürchten mußte, sich unterwegs nicht versorgen zu können. Das war die Lage 1991.

Über den 2. Januar 1992 schrieb ich eine Reportage für eine deutsche Zeitung und schaute mir an diesem Tag die Geschäfte in meiner Umgebung an. Sie waren leer. In einem gab es auf etwa 100 Quadratmetern Verkaufsfläche nur ungenießbar aussehenden Fisch und ein Gewürz, in einem anderen, etwa doppelt so großen, nur finnische Salami für 180 Rubel (wie zum Spott hing an der Eingangstür ein Zettel mit der Mitteilung, dieses Geschäft suche einen Mitarbeiter, Monatslohn: 400 Rubel). Die erschreckende Leere der Regale erklärten die Verkäuferinnen damit, daß die Lieferanten, die die neuen Preise festlegen sollen (dem Handel war ein Aufschlag von höchstens 25 Prozent erlaubt worden), am Vortag Silvester gefeiert hätten und daher mit der Preisfestlegung nicht vorangekommen seien. Deshalb habe es auch bislang keine Warenlieferungen gegeben. Auf Lager hätten die Geschäfte nichts. Das waren die Gegebenheiten am Start.

Das herrschende Leitmotiv in den in- und ausländischen Medien war: Die Preisfreigabe sei nur eine administrative Preiserhöhung, mit Reformen habe sie nichts gemein, die Regale seien nach wie vor leer, der versprochene Überfluß sei ausgeblieben, Resignation breite sich aus. Die Argumente seitens der Regierung, man müsse einige Wochen abwarten, bis sich die Produzenten den neuen Zuständen angepaßt hätten, in Polen sei es schließlich ganz ähnlich gelaufen (der polnische Weg hat für die russischen Reformer Modell gestanden), gingen in Buhrufen der Medien unter. Die Schlagzeilen fielen allesamt negativ aus.

Daß sich im Februar oder spätestens März die Situation eindeutig geändert hatte, kam nicht mehr in die Schlagzeilen. Es ist ja mittlerweile normal, daß es in den Geschäften etwas gibt. Im Vergleich zu 1991 ist dieses »etwas« fast schon Überfluß.

Ich habe im April, drei Monate nach Beginn der Reform, nochmal jenes Geschäft aufgesucht, das mich im Herbst 1990 durch seine absolute Leere schockiert hatte. Es war, wie banal dieser Ausdruck auch klingen mag, nicht wiederzuerkennen. Die Verkäuferinnen, wenn es noch dieselben waren, hatten diesmal alle Hände voll zu tun, die vielen Kunden zu bedienen (Schlangen wird es in Rußland noch so lange geben, bis genügend Geschäfte eingerichtet worden sind und der idiotische Hindernislauf abgeschafft ist: sich bei einer Verkäuferin anstellen, die Ware gewogen und den Preis genannt bekommen, dann zur Kasse rennen, anstellen, bezahlen, und dann sich mit dem Bon bei der Verkäuferin wieder anstellen, um die Ware endlich zu bekommen). In den ehemals blitzeblanken Kühlvitrinen zählte ich zwei Sorten Kochwurst, drei Sorten geräucherter Wurst, zwei Sorten Hartkäse, eine Sorte Schmelzkäse, eine Quarkspeise und eine Sorte Fleisch (Milch war nicht im Angebot). Sicherlich, bis zur Üppigkeit eines gewöhnlichen deutschen Ladens muß man noch ein Stück laufen, und auch über die Qualität der Waren läßt sich streiten, aber was soll man denn nach drei Monaten als Vergleichsmaßstab nehmen: das Endziel oder die Ausgangssituation?

Die ungewohnte Vielfalt wurde natürlich von ungewohnten Preisen begleitet. Aus Nowosibirsk wurde damals gemeldet, innerhalb von fünf Monaten – vom November 1991 bis März 1992 – sei in den örtlichen staatlichen Geschäften die Wurst 25 mal so teuer wie zuvor geworden, Fisch 21 mal, Butter 49 mal, Milch 16 mal, Käse 32 mal, Eier 14 mal. Im Durchschnitt seien die Einzelhandelspreise für Industriewaren um 940 Prozent, für Lebensmittel um 1218 Prozent gestiegen. Da ich verstehe, wie unglaubwürdig diese Zahlen für einen westlichen Leser aussehen müssen, füge ich zwei Beispiele aus eigenem Erleben bei. Beim Aufmachen einer Packung Quark im Familienkreis bemerkten wir, daß auf dem Papier noch der alte Preis vom Vorjahr aufgedruckt war: 22 Kopeken. Wir hatten soeben 13 Rubel 90 Kopeken bezahlt. Als in unserem Lebensmittelgeschäft der Preis von einem Kilo Würfelzucker von 94 auf 87 Rubel gesenkt wurde, haben wir, damit die Freude in Grenzen bleibt, uns im Vorratsschrank eine Packung von 1991 angeschaut: Der Preis betrug damals 94 Kopeken. (Das beeindruckendste Erlebnis hatte ich allerdings doch bei einem Privaten: Gerade in jenen Tagen, als der gesetzliche monatliche Mindestlohn in Rußland auf 900 Rubel und die Mindestrente auf 800 Rubel angehoben wurden, sah ich in einem »Kommerziellen Geschäft« eine Dose mit vier Tennisbällen einer bekannten westlichen Firma – für sage und schreibe 1100 Rubel).

Ich weiß nicht, wie die Menschen mit dieser Lawine fertig wurden: Die Löhne und Gehälter stiegen zwar auch, aber nicht in solchen Größenordnungen! Trotzdem herrschte in den Läden geschäftiges Treiben, die Kassen klingelten pausenlos. Ein Grund dafür war, daß die Menschen sich in der Ernährung nach Möglichkeit nicht einschränken wollten und daher einen immer größer werdenden Teil ihrer Einkommen für Lebensmittel ausgaben, während der Erwerb von Konsumgütern und Dienstleistungen weitestgehend zurückgestellt wurde. Ein anderer Grund lag im Bestreben, das gesparte oder soeben erhaltene Geld schnell genug auszugeben, bevor es von der Inflation aufgefressen würde. Oft mag auch der natürliche menschliche Wunsch im Spiel gewesen sein, an der neuen Vielfalt, sei sie noch so teuer, teilzuhaben, den Kindern oder sich selbst etwas zu gönnen, was einem in der Mangelwirtschaft so lange verwehrt geblieben war.

Eines Tages beobachtete ich in einem Geschäft ein altes Mütterchen. Sie war klein und gekrümmt, hatte ein simples weißes Kopftuch, wie sie die Beterinnen in den orthodoxen Kirchen tragen, und tiefe Falten im Gesicht. Sie erkundigte sich mit leiser Stimme bei der Verkäuferin, wieviel denn ein halbes Kilo dieser Pralinen koste (es waren die billigsten im Angebot), holte aus einem Beutel, der nach einer gebrauchten Milchtüte aussah, ihr Geld, suchte sich die größeren Banknoten aus und bezahlte an der Kasse. Noch das Wechselgeld in der Hand, eilte sie zum Verkaufsstand (ein typisch sowjetischer Reflex: Die Ware könnte in der Zwischenzeit alle geworden sein), bekam ihre Anschaffung und faltete erst danach sorgfältig die zurückerhaltenen kleinen Scheine zusammen, um sie wegzustecken. Dann blieb sie mitten im Geschäft stehen, holte sich aus der Tasche eine Praline, wickelte sie aus und legte sie in den zahnlosen Mund. Gleich danach aß sie noch eine. Dann nahm sie sich die dritte, hielt für einen Augenblick inne, brach sie in zwei Hälften und packte die eine wieder in das Papier. Ich stand da, beobachtete sie und was so alles in mir vorging...

Eine andere Episode. In meiner Kindheit mochte ich ganz besonders ein Rosinengebäck mit dem für einen kleinen Jungen romantisch klingenden Namen »Türkische Brötchen«. Eigentlich nichts Besonderes, aber diese Kekse gab es immer bei der Oma, die ich gern besuchte, und sie waren eben ein Teil der angenehmen Kindheitserlebnisse. Irgendwann wurden die »Türkischen Brötchen« in »Moskauer Brötchen« umbenannt, was sicherlich einen tiefen politischen Hintergrund hatte, und mit der Zeit verschwanden sie aus den Geschäften. Daß ihre Produktion jedoch nicht eingestellt wurde, davon konnte ich mich ab und zu in Arbeitszimmern von Funktionären, die mit den »Moskauer Brötchen« ihre Besucher bewirteten, oder beim Teetrinken in Nomenklatura-Familien überzeugen. Das Gebäck meiner Kindheit verwandelte sich in einen Luxusartikel und sogar in ein Statussymbol. An einem sonnigen Apriltag des Jahres 1992 wurde meinem langwierigen Zwangsverzicht ein Ende gesetzt: In einer gewöhnlichen Konditorei sah ich auf einmal die Kekse meiner Kindheit wieder. Der Preis war enorm, die Qualität nicht mehr so wie früher, aber psychologisch war es für mich als Konsumenten äußerst wichtig (die Leser in den neuen Bundesländern werden mir sicherlich beipflichten), daß ich endlich das erwerben konnte, was ich wollte. Die erniedrigende Notwendigkeit, sich mit dem zu begnügen, was gerade mal geboten wird, war vorbei. Seither kaufe ich mir diese Kekse. Nicht immer, aber immer öfter.

Das waren so die kleinen Freuden der großen Reform. Natürlich meckerten alle. Die Menschen sind immer und überall unzufrieden mit dem, was sie haben. Ich kann mich davon regelmäßig in Deutschland überzeugen, wenn meine Gesprächspartner in einem dicken Auto auf der gepflegten Autobahn oder in einem Gourmet-Restaurant oder in ihrem gemütlichen Eigenheim mir zu berichten beginnen, in welch enormen Schwierigkeiten die Bundesrepublik derzeit stecke. Ich möchte diese Probleme – um Gottes willen! – nicht verharmlosen, erbitte mir jedoch als Russe das Recht auf eine gewisse Distanz. Unzufriedenheit ist eigentlich eine wunderbare Eigenschaft, denn ohne sie würde die Entwicklung der Menschheit stehenbleiben, doch man sollte nichts übertreiben und immer einen Vergleichsmaßstab bereithalten, um die eigene Lage realistischer zu bewerten. Als die Bürger in den neuen Bundesländern, die praktisch mit einem Schlag die D-Mark, den Reisepaß, die vollen Geschäfte und die klare Perspektive bekommen haben, bereits wenige Monate nach der Wiedervereinigung begannen, sich über ihr Leben zu beklagen, auf Protestdemonstrationen zu laufen und Politiker mit Eiern zu bewerfen, haben sie meines Erachtens den Vergleichsmaßstab allzu schnell aus den Augen verloren. Ich habe 1991 die Ereignisse in der Ex-DDR mit einer gewissen Besorgnis beobachtet: Wenn es dem Sozialismus nach nur vier Jahrzehnten gelungen war, bei den traditionell arbeitsamen Deutschen eindeutig parasitäre Neigungen zu entwickeln, was sollte man dann von den Russen mit ihrer nicht gerade idealen Arbeitsmoral nach sieben Jahrzehnten Kommunismus erwarten?

Es war nicht verwunderlich, daß die Menschen in Rußland meckerten: Wer wird schon bei 1000prozentigem Preisauftrieb in Freude ausbrechen? Das Überraschende, das nahezu Unfaßbare bestand im Frühjahr 1992 darin, daß die Unzufriedenheit kaum über die alltägliche Nörgelei hinausging. Ich hatte bereits gesagt: Der Wutausbruch war ausgeblieben. Ausgeblieben waren aber auch große Streikwellen oder Protestaktionen. Lokale Arbeitsniederlegungen fanden ständig statt (selbst die Polarforscher in der Antarktis streikten einige Wochen), was in solch einer Situation nur natürlich war, doch: Sie hatten praktisch nirgends politischen Hintergrund, die Streikenden beschränkten sich auf Forderungen, wie sie Arbeitnehmer überall in der Welt den Arbeitgebern stellen – Lohnerhöhungen und Verbesserung der Arbeitsbedingungen. Die Einführung des neuen gesellschaftlichen Systems, die für die normalen Bürger eigentlich sehr schmerzhaft verlief, stieß bei der Bevölkerung nirgendwo auf offenen Widerstand – lautstarke Kundgebungen kleiner kommunistischer Gruppen ausgenommen. Sie schienen die einzigen zu sein, die zu den alten wirtschaftlichen Zuständen zurück wollten.

Ich kann mir dieses Phänomen nur so erklären: Die Menschen hatten, vielleicht sogar nur unbewußt, eingesehen, daß es nicht anders geht, wußten die erlangte Freiheit zu schätzen und honorierten mit ihrer Geduld die endlich vollen Regale.

Von älteren Leuten in der Bundesrepublik habe ich immer wieder gehört, daß im Nachkriegsdeutschland sich die Wirtschaftslage nach der Währungsreform 1948 schlagartig änderte. Die Schaufenster, so erinnert man sich, füllten sich über Nacht, es habe »wieder alles gegeben«. Ich will mal annehmen, daß dieses »alles« nicht den heutigen Vorstellungen von Warenvielfalt entspricht (da wären wir wieder bei der Relativität dieses Wortes). Es ist also eher ein psychologisches »alles«: Mitten im Elend der Trümmerlandschaft stellte sich auf einmal wieder das Gefühl ein, man kann sich für sein Geld etwas aussuchen und frei kaufen. Und als nächstes galt es natürlich, dieses Geld zu verdienen. Wieviel die Deutschen noch haben arbeiten müssen, um den heutigen Wohlstand zu erreichen, weiß keiner besser als sie selbst. Als den Ausgangspunkt ihres Wirtschaftswunders betrachten sie aber jenes »alles« aus dem Sommer 1948. Ich glaube, das Frühjahr 1992 wird für die Rußländer, die ja auch auf den Trümmern einer Ideologie und eines Reiches stehen, eine ähnliche Bedeutung erlangen.

Nach dem August-Putsch glich Rußlands Wirtschaft einem Menschen, der von einem brennenden Hochhaus herunterfällt und dessen einzige Hoffnung sein kann, daß es die Feuerwehrleute unten rechtzeitig schaffen, das rettende Sprungtuch aufzurollen. Ich würde den Moment des Aufpralls mit dem April 1992 datieren. Jelzins Löschtrupp gelang es, schnell genug zu handeln und den Stürzenden gerade noch abzufangen. Der Gerettete holte sich mehrere Knochenbrüche und zahllose blaue Flecken, mußte sofort auf die Intensivstation und wird noch lange in Behandlung sein, aber das Entscheidende ist: Er hat überlebt. Alles, was danach kommt, fällt unter den Begriff Besserung.

Ich möchte nochmals all die Umstände aufzählen, die mich behaupten lassen: im April 1992 wurde offensichtlich, daß der Einstieg in die Reform geglückt ist. Der wichtigste politische Faktor war der Sieg des Präsidenten und seiner Mannschaft über den Kongreß der Volksdeputierten, der die Regierung stürzen wollte. Die Niederlage, die die kommunistischen Kräfte sowohl im Sitzungssaal als auch in der öffentlichen Meinung einstecken mußten, zeigte nur zu deutlich, daß die Verfechter des real (nicht mehr) existierenden Sozialismus den Übergang zum Kapitalismus zwar immer noch stören, aber nicht mehr aufhalten können.

Auf dem Gebiet der Wirtschaft bestand der Erfolg hauptsächlich im sichtbaren Anwachsen des Warenangebots und im Ausbleiben der für den Winter erwarteten totalen Katastrophe: Im April waren die kalten Monate endlich vorbei, und es hatte weder eine Hungersnot noch einen Kollaps bei der Energieversorgung, noch einen Zusammenbruch der Produktion gegeben – zum Stillstand kamen zwar einzelne Unternehmen, aber nicht ganze Branchen, geschweige denn die gesamte Industrie. Der Rubel stabilisierte sich in dem Sinne, daß er aus fast nutzlosem Tapetenpapier wieder zu einem recht gefragten Zahlungsmittel wurde; gerade im April begann ein mehrwöchiger Kursanstieg gegenüber dem Dollar (dem leider ein Kurssturz im Herbst folgte).

Dies alles führte Ende April zum größten außenpolitischen Erfolg der ersten Reformmonate: der Zusicherung der 24-Milliarden-Hilfe und der Aufnahme in den Internationalen Währungsfonds. Die G-7-Staaten gaben deutlich zu verstehen, daß sie die in Rußland begonnenen Reformen ernst nehmen und für unterstützungswürdig halten, was sich ermutigend auch auf private Investoren auswirkte. Dies war ein sehr wichtiger Rückhalt.

In der dritten Aprildekade nahm in einem Erholungsheim des Ministerrates bei Moskau eine Expertengruppe der Regierung die Arbeit am Konzept der Weiterentwicklung und der Vertiefung der Reform in den kommenden zwei bis drei Jahren auf (es wurde dann Ende Juni vorgelegt und verabschiedet). Offiziell fielen die Worte »zweite Etappe« und »Konvertierbarkeit des Rubels«. Gleichzeitig entschloß sich die Regierung endlich, die Preise für Energieträger drastisch anzuheben, was einen Schritt zu ihrer völligen Freigabe bedeutet. Sie liberalisierte außerdem die Herstellung und den Vertrieb von alkoholischen Getränken, was eine Absage an ein jahrhundertealtes Monopol des russischen Staates bedeutete. Dies waren schwerwiegende Entscheidungen, die auch zahlreiche negative Folgen nach sich ziehen (zuallererst eine neue Preiswelle), die aber gleichzeitig die Wahrscheinlichkeit eines Zurückdrehens der Reformen immer geringer machen.

Auch das psychologische Klima in der Gesellschaft stabilisierte sich im April. Das Aufblühen des Straßenhandels und des Gründertums in Stadt und Land zeugte von einer beachtlichen Aktivierung der Eigeninitiative, der wichtigsten Voraussetzung für die Reform. Die Streiks flauten ab, und überall war eine allmähliche Anpassung an die neuen Verhältnisse zu spüren. »Das Volk hat die Erwartungen der Regierung bestätigt und uns nicht im Stich gelassen«, sagte in jenen Tagen ein Vertreter der Gaidar-Mannschaft. Auch wenn bei zahlreichen Umfragen von einem guten Drittel der Angesprochenen immer wieder zu hören war, sie würden die Preisfreigabe nicht verkraften, konnte die erste große Hürde im allgemeinen dennoch als überwunden gelten. Die Regierung gewann etwas Zeit, um sich auf die zweite, wichtigste Hürde, den Beginn der Massenarbeitslosigkeit, vorzubereiten.

Der Rückgang der Streiks und verschiedener politischer Aktivitäten mag sich übrigens nicht zuletzt damit erklären, daß im April die Datschen-Saison eröffnet wurde. Das russische Wort Datsche kann verschieden übersetzt werden: Das, was die Nomanklatura als Datschen bezeichnete, waren nicht selten Villen oder sogar Paläste; unter gewöhnlichen Menschen nennt man so die Wochenend- oder Landhäuser mit kleinen Grundstücken und auch die Laubenkolonien. Millionen Familien in Rußland besitzen eine Datsche, und deren Zahl ist in den letzten Jahren merklich gewachsen. Das ist unter anderem auf eine entsprechende Politik aus der Gorbatschow-Zeit zurückzuführen: Die Werktätigen bekamen ein Plätzchen im Grünen zugeteilt, damit sie sich auch aus dem eigenen Garten verpflegen konnten und somit dem Staat beim Ernähren der Bevölkerung halfen. Doch noch nie war die Bedeutung der lebensmittelspendenden Datschen für das Land so groß gewesen wie im

Jahr des Umbruchs 1992. Gleich an den ersten warmen Wochenenden des Aprils eilten Millionen Rußländer, mit den Preisschildern vor Augen und den Gedanken an den nächsten Winter im Kopf, in Vorortbahnen und Autos zu ihren Datschen, die nicht selten 50 oder 100 oder sogar mehr Kilometer außerhalb der Großstädte liegen. Überall wurden die Gärten bestellt, und überall wurde gesägt, gehämmert, gemauert. Die alten und die neuen Datschensiedlungen und Laubenkolonien erlebten einen Bauboom wie schon lange nicht mehr – ein sicheres Zeichen dafür, daß es der Gesellschaft eigentlich gar nicht so schlecht geht, daß die Menschen zuversichtlich sind und sich auf ihrem Fleckchen Erde ordentlich einrichten möchten.

Selbst dem alltäglichen Sprachgebrauch konnte man in diesem Frühjahr entnehmen, daß der Einstieg in die Reform geglückt war. Die meisten schienen es gar nicht bemerkt zu haben, aber ein Wort, das die Menschen bislang auf Schritt und Tritt verfolgt hatte, verschwand plötzlich aus ihrem Leben. Es war das Wort »Defizit«, die universelle sowjetische Bezeichnung für Mangelware jeglicher Art. »Nebenan gibt's Defizit!« erklang es jahrzehntelang hin und wieder in sowjetischen Büroräumen und Betrieben, und die Chefs mußten tatenlos zusehen, wie ihre Mitarbeiterinnen und Mitarbeiter alles beiseite legten und in das benachbarte Geschäft stürmten, um sich nach russischer Wurst, polnischen Jeans oder indischer Zahnpasta anzustellen. »Ich habe Defizit besorgt!« meldeten die Frauen freudig ihren Familienmitgliedern, wenn sie spätabends mit vollbeladenen Taschen nach Hause kamen. »Wir werden dem Defizit ein Ende setzen!« versprachen die Parteiführer bei ihren Treffen mit dem Volk. Es war das Kennwort des Systems.

Im Frühjahr 1992 verließ es auf leisen Sohlen die russische Ungangssprache. Seinen Platz nahm kurzerhand ein anderes, ein uraltes Wort ein: Geld.

In Rußland begann eine neue Zeitrechnung.

Eigentlich sah das kommunistische Dogma als eines der Endziele der revolutionären Umgestaltung des Lebens die völlige Abschaffung des Geldes vor. Auf diese Aufgabenstellung berief sich ein Witz aus der Breschnew-Zeit, die von ihm selber bekanntlich in das Stadium des »Entwickelten Sozialismus« eingestuft wurde. »Wodurch unterscheiden sich Kommunismus und Entwickelter Sozialismus?« – »Dadurch, daß das Geld zwar noch nicht abgeschafft ist, aber man damit bereits fast nichts mehr kaufen kann.« Das mit dem »fast nichts« war sicherlich eine Übertreibung und Vorwegnahme der Endphase der Perestroika, aber ansonsten wurde der bescheidene Stellenwert des Geldes in der sowjetischen Gesellschaft ziemlich genau getroffen. Davon mußte sich schon der sympathische Hochstapler Ostap Bender, der Held des hier bereits erwähnten Romans *Die zwölf Stühle*, überzeugen: Als er im darauffolgenden Werk der Schriftsteller Ilf und Petrow, *Das goldene Kalb*, doch noch zu seiner heißbegehrten Million kommt, stellt er mit Entsetzen fest, daß er in der Sowjetunion Ende der 20er Jahre mit dem vielen Geld eigentlich nichts anfangen kann. In den korrupten 70er und 80er Jahren war es nicht mehr ganz so extrem, aber nach wie vor spielte Geld eine untergeordnete Rolle. Ich will Ihnen das an einigen Beispielen erläutern.

Nach Abschluß der Fakultät für Journalistik der Moskauer Lomonossow-Universität kam ich 1981 als Volontär in die Zeitung *Sowjetskaja Kultura*. Ich bekam damals im Monat 150 Rubel, mein Chefredakteur 500 Rubel. Ich weiß das deshalb so genau, weil ich, wie Millionen meiner Mitbürger, jede zweite Woche an folgendem Ritual teilnahm: Ich stellte mich in eine Schlange vor der Buchhaltung, suchte dann, nachdem ich dran war, meinen Namen in der alphabetisch geordneten Gehaltsliste, unterschrieb und bekam einige Scheine in die Hand gedrückt. Man brauchte sich also nicht einmal die Augen zu verrenken, um dem Verzeichnis zu entnehmen, wieviel denn die Kollegen und Vorgesetzten verdienten, was eigentlich gar nicht so spannend war, denn die Differenzen waren meistens minimal. Rein arithmetisch gesehen war also der Unterschied zwischen meinem Einkommen und dem meines Chefredakteurs nicht besonders groß; in Wirklichkeit lagen zwischen uns Welten.

Da die *Sowjetskaja Kultura*, wie mehrere andere Zeitungen auch, vom Zentralkomitee der KPdSU verlegt wurde, gehörte ihr Chefredakteur zu den hochgestellten Nomenklatura-Funktionären. Diese Schicht bekam von der Partei bzw. vom Staat komfortable Wohnungen und Datschen zugeteilt, wurde medizinisch in besten Krankenhäusern betreut und mit hochwertigen Lebensmitteln zu niedrigen Preisen versorgt, konnte in noblen Sanatorien oder Erholungsheimen billig Urlaub machen, durfte immer wieder ins Ausland fahren, hatte selbstverständlich eigene Chauffeure und so manche andere Privilegien. Zu ihnen gehörte beispielsweise auch das Recht, Bücher, eine ausgesprochene Mangelware in jener Zeit, problemlos zu kaufen. Jeden Monat bekam der Chefredakteur eine Liste mit allen Neuerscheinungen zugeschickt, in der er eine bestimmte Anzahl von Titeln ankreuzen und innerhalb einiger Wochen abholen lassen durfte. In Moskau gab es ein extra eingerichtetes Versandbüro, das sich ausschließlich damit beschäftigte, die Nomenklatura mit Büchern zu beliefern. Ich bin dort oft genug gewesen, denn als junger vertrauenswürdiger Volontär wurde ich immer wieder abkommandiert, die Pakete für die ganze Redaktion in Empfang zu nehmen.

Das Privileg, Bücher zu bestellen, hatten nämlich auch die Ressortleiter der Zeitung. Es war teuflisch-genial ausgeklügelt im Nomenklatura-System: Jede Stufe auf der Leiter nach oben barg gewisse Vorteile, die sich nicht so sehr in mehr Geld als in neuen Dienstleistungen und Konsummöglichkeiten ausdrückten. An manche war es außerordentlich schwer oder sogar unmöglich, anders heranzukommen. Wollte man derlei kleine Freuden nicht missen, so mußte man dem System treu dienen. Das Recht gar, in einem der Elite-Krankenhäuser behandelt zu werden, war mit Geld überhaupt nicht zu bezahlen – nur mit Taten zu Ehren des sozialistischen Vaterlandes. In meiner damaligen Zeitung mußte man es wenigstens bis zum stellvertretenden Ressortleiter gebracht haben, um die Betreuung der auserwählten Ärzte zu erlangen. Allerdings waren die Krankenhäuser und Polikliniken, in denen die Stellvertreter versorgt wurden, mit modernsten westlichen Geräten und ausländischen Arzneien nicht ganz so gut ausgestattet wie jene, in denen die Ressortchefs verkehrten, denen wiederum bestimmte Leistungen vorenthalten blieben, die nur der Chefredakteur genießen konnte. Selbstverständlich war die medizinische Versorgung für alle kostenlos. Auch für den gewöhnlichen Redakteur, der jedoch auf die allgemein zugänglichen medizinischen Einrichtungen angewiesen blieb; dort arbeiteten zwar nicht selten gute und gewissenhafte Ärzte, aber meistens waren sie miserabel ausgerüstet. Wenn sich der gewöhnliche Redakteur von einer Kapazität beraten lassen wollte oder zum Beispiel auf eine gute Behandlung seiner Zähne Wert legte, mußte er entweder in eine der gebührenpflichtigen Polikliniken gehen, die es damals schon gab (hier konnten die Professoren sich etwas dazuverdienen), oder aber sich den Weg zu den besseren Ärzten mit Hilfe von Beziehungen und teuren Geschenken bahnen. Der Normalbürger mußte also – im Unterschied zur Nomenklatura – für Qualität zuzahlen. Doch selbst wenn er bereit war, alles Geld, das er auftreiben konnte, auszugeben, um sein Kind im wirklich besten Krankenhaus der Stadt behandeln oder gar operieren zu lassen, hatte er keine Chancen. In den wirklich besten zählte nicht das Portemonnaie, sondern der Dienstausweis.

Je höher man aufstieg, desto größer wurde die Kaufkraft des Geldes. Ich weiß nicht, was alles an Lebensmitteln der Chefredakteur zugeteilt bekam, aber die Pakete, die die Ressortleiter und manchmal auch ihre Stellvertreter etwas verschämt an uns vorbei in ihre Dienstzimmer trugen, enthielten nach meine Beobachtungen Waren, die man sonst nur nach langem Schlangestehen oder, wie etwa Obst und Gemüse, auf dem Markt zu einem Vielfachen des staatlichen Preises erwerben konnte. Genauso war das mit den Büchern, die ich regelmäßig in die Chefetage hochschleppen durfte: Jeder dieser Bände hätte mich beim Schwarzhändler einen erklecklichen Teil meiner 150 Rubel gekostet. Die Behauptung der Parteifunktionäre während der Perestroika, sie hätten gar keine Privilegien, weil sie doch genausoviel wie die Durchschnittsbürger verdienten, war also nichts anderes als schamlose Heuchelei.

Nun will ich nicht verhehlen, daß auch ich, selbst als Volontär, zu den Privilegierten gehörte, denn ich arbeitete in einer Zeitung des mächtigen parteieigenen *Prawda*-Konzerns. Ihm gehörte zum Beispiel ein sehr gutes Erholungsheim am Schwarzen Meer, in dem ich mehrere Jahre recht preiswert meinen Urlaub verbrachte. Es gab auch andere große Unternehmen, die für ihre Belegschaften an den Küsten bauten. Wer aber nicht in diesen Betrieben arbeitete und trotzdem baden wollte, mußte sich in der Regel private Fremdenzimmer suchen und das Doppelte oder Dreifache für seine Ferien aufbringen. Etwas ähnliches passierte auch mit den Wohnungen: Die reichen Branchen verfügten über eigene Baukapazitäten und konnten selbst einem unqualifizierten Fließbandarbeiter nach wenigen Dienstjahren unentgeltlich die neuen Hausschlüssel überreichen, während etwa ein hochqualifizierter Arzt in einer Gemeinschaftswohnung alt werden konnte. Oder aber er sparte sich Geld zusammen und suchte eifrig (und nicht selten vergeblich) nach der Möglichkeit, einer Wohnungsbaugenossenschaft beizutreten. Auch vor dem Autokauf war nicht nur an das Sparen zu denken: Zuerst einmal mußte man überhaupt auf die Warteliste kommen.

Die ganze Gesellschaft war von einem in alle Richtungen sprießenden System der Privilegien durchdrungen, nahezu jeder – der Chefredakteur, der Schlosser im Rüstungsbetrieb, die Reinemachefrau im Parteikomitee – bekam seinen Teil der Vergünstigungen. Dieser Krake raubte dem Geld viele seiner Eigenschaften; in Lenins Reich waren die Scheine mit seinem Bildnis eine zusätzliche, aber keinesfalls die ausschlaggebende Bedingung für den Wohlstand. Ich trauere diesen Zeiten kein bißchen nach.

Was jetzt kommt, wird gewiß kein Zuckerlecken werden. Die 90er werden in Rußland ein gieriges Jahrzehnt sein. Geld, besonders wenn ganz plötzlich zuviel oder zuwenig davon da ist, weckt in den Menschen nicht die besten Instinkte – das hat edle Moralisten in allen Epochen und Ländern verzweifeln lassen. Die Allmacht des Geldes ist sicherlich nicht die beste Grundlage für das menschliche Zusammenleben. Aber seine Ohnmacht –

das zeigt die Geschichte der Sowjetunion – ist vom Ideal noch viel weiter entfernt. Dort, wo Geld und freier Markt regieren, geht es letztendlich demokratischer und gerechter zu als in jedem denkbaren Güterverteilungs-System. Diese beruhen im Grunde alle auf Willkür und/oder Gleichmacherei, während das freie Spiel der Marktkräfte dem einzelnen Individuum viel mehr Chancen zur eigenen Entfaltung und Selbstverwirklichung gibt. Um es auf eine vereinfachte Formel zu bringen: wenn Geld zum Maßstab aller Dinge wird, ist der Mensch nur dem ökonomischen Zwang ausgesetzt; wenn seine Existenzgrundlage hingegen noch von der Treue zu einer Partei, einer Ideologie, einem Dogma abhängig gemacht wird, gerät er zusätzlich unter politischen, sozialen, religiösen (oder atheistischen) Druck. Was ist humaner? Ich möchte hier nicht einer Anbetung des Geldes das Wort reden, aber wenn man lange genug in unserer sowjetischen Haut gesteckt hat, kann man die romantisch-sozialistischen Egalitätsillusionen jener nicht mehr ernst nehmen, die Marx und Lenin in gemütlichen westeuropäischen Universitätsstädten gelesen haben und über die Schandmale des Kapitalismus in eleganten Kaffeehäusern und modischen Szenekneipen diskutieren. Im heutigen frühkapitalistischen Rußland haben die Menschen eindeutig mehr Chancengleichheit als in der spätsozialistischen UdSSR.

Lange Jahre spotteten sowjetische Auslandsberichterstatter über die einfallslosen Westler, bei denen sich jedes Gespräch nur um Geld drehe, und hoben dagegen die geistige und moralische Überlegenheit der Sowjetbürger hervor. Die interessierten sich selbstverständlich für anspruchsvollere Themen: für den bevorstehenden Parteitag der KPdSU, für die Aussichten der Vergrößerung des Viehbestandes in den Kolchosen, für die Reaktion der progressiven Menschheit auf den neuen bemannten Raumflug. Wenn neuerdings ganz Rußland über Geld und nicht darüber spricht, wo man was ohne Schlangestehen besorgen kann, so zeugt das von einer Normalisierung des Lebens und einer Angleichung an internationale Standards: Geld ist nun mal weltweit Gesprächsstoff Nr.1. Auch in Deutschland. Ob das gut oder schlecht ist, darüber läßt sich vortrefflich philosophieren. Was mich persönlich betrifft, so kann ich Konversationen darüber, was wieviel kostet, nur in begrenzten Mengen genießen; irgendwann beginne ich zu gähnen. Aber ich möchte meinen Geschmack niemandem aufzwingen.

Das neue Thema begann in Rußland schon im Herbst 1991 in den Vordergrund zu rücken. Eine Journalistin beklagte sich damals bei mir über ihre Kollegen: »Hör mal, die sprechen alle nur noch über Geld!« Doch schon einige Monate später war bei ihr dieses Befremden und diese Ratlosigkeit einer Intellektuellen vorbei: Sie erzählte mir über einen Buchvertrag, den sie mit einem westlichen Verlag geschlossen hatte, und teilte mir nicht ohne Stolz mit, wieviel ihr das bringen würde. Sie nannte eine konkrete Summe, was nicht nur ein Zeichen des Vertrauens mir gegenüber, sondern auch ein nettes Rudiment früherer Mentalität war. In der Sowjetunion hat man sich nämlich stets ganz freimütig darüber unterhalten, wer welchen Lohn oder welches Gehalt bekommt. Die Unterschiede waren es nicht wert, verheimlicht zu werden. Im Westen dagegen fiel mir immer wieder auf, daß dort zwei Gesprächsthemen sorgfältig tabuisiert werden: wieviel man verdient und für welche Partei man stimmt. Man verschweigt das nahezu instinktiv, um nicht unnötige zwischenmenschliche Spannungen entstehen zu lassen. Angesichts der schnellen sozialen (und der etwas weniger schnellen politischen) Differenzierung setzt sich diese Verhaltensweise auch in Rußland durch, obwohl ziemlich viele unter den Neureichen es sich nicht nehmen lassen wollen, ihre Geldbündel den Mitbürgern unter die Nase zu halten.

Der Anblick gebündelter Banknoten in einer mir sehr vertrauten Fernsehsendung war es übrigens, der mich endgültig von der Inthronisierung des Geldes überzeugte. Ich spreche von einem Quiz mit dem Titel »Was? Wo? Wann?«, in dem ich während meiner Studentenzeit Ende der 70er eifrig mitgespielt habe. Es gab damals nur wenige Unterhaltungssendungen, und schon deshalb war dieses Quiz sehr beliebt. Ihr Autor und Regisseur, Wladimir Woroschilow, hatte aus jungen Leuten, hauptsächlich Studenten, mehrere Mannschaften zu je sechs Personen gebildet und ließ eine von ihnen jeden Monat an einem runden Tisch gegen die »Mannschaft« der Fernsehzuschauer antreten, die ihre Fragen mit der Post einsendeten. Die Spieler im Studio hatten eine Minute Zeit für die Lösung, und das eigentlich Spannende an dem Quiz war, daß sie die Antwort in gemeinsamer Diskussion suchten. So konnte man am Bildschirm miterleben, wie immer neue Ideen und Vorschläge eingebracht und dann wieder verworfen wurden, bis man sich in letzter Sekunde auf etwas einigte. Die Sendung, die damals noch in den Kinderschuhen steckte, war sehr bescheiden und simpel, nahezu häuslich ausgestattet – aber vielleicht machte gerade das ihre besondere Ausstrahlung aus. Vor dem Hintergrund der verlogenen allabendlichen Nachrichtensendungen mit ihren gestelzten Erfolgsmeldungen und der pompösen Hosianna-Veranstaltungen zu Ehren des altersschwachen Breschnew bekam man wenigstens einmal im Monat die Möglichkeit, auf dem Bildschirm normale, intelligente junge Menschen zu beobachten, die mit einem völlig aufrichtigen und uneigennützigen Elan darüber rätselten, was ein Satz in Puschkins Gedicht bedeuten könnte, worauf ein Sprichwort zurückzuführen sei oder wie sich ein Naturphänomen erklären läßt. Sowohl die Fernsehzuschauer als auch wir spielten damals mehr aus Spaß als der Preise wegen mit, denn zu gewinnen gab es lediglich Bücher: Bei richtiger Antwort bekam eines die Mannschaft im Studio, bei falscher wurde gleich vor der Kamera eine Postsendung an den Fragesteller verpackt. Sicherlich, diese Bücher waren auch Mangelware, aber selbst bei großem Glück konnte ein jeder von uns kaum mehr als zwei Bände in der Saison gewinnen. So hielt uns nicht das merkantile Interesse mehrere Jahre bei der Stange, sondern natürlich der Fernsehruhm; fast noch mehr aber genossen wir die wunderbare Atmosphäre in unserem Club, in dem man unter Gleichgesinnten war, in dem Wissen, Schlagfertigkeit, Witz zählten und Politik draußen bleiben mußte. Wir waren jung, naiv und selbstlos. Diese Zeit beim Quiz gehört zu meinen angenehmsten Jugenderlebnissen. Als ich begann, für das Fernsehen als Autor zu arbeiten, habe ich die Sendung verlassen, aber als nostalgischer Veteran immer im Auge behalten.

Ende der 80er Jahre wurde das Quiz schlagartig kommerzialisiert. Das Studio wurde größer, die Aufmachung aufwendiger, die Preise unvergleichbar teurer: Sie wurden jetzt von in- und ausländischen Kosmetik-, Heimelektronik-, Porzellan- und Konfektionsfirmen beigesteuert, die damit für ihre Produkte warben. Der häusliche Charakter eines Intellektuellen-Clubs war weg, dafür konnte der Vollblutregisseur Woroschilow eine Show von westlichem Niveau machen. Doch der Höhepunkt dieser Evolution sollte noch kommen. Als ich an einem Dezemberabend des Jahres 1991 den Fernseher anschaltete, mußte ich verblüfft feststellen, daß die netten jungen Leute nunmehr um Geld spielten. Auf dem Tisch, wo früher ein kleiner Stapel Gedichtbände oder Kunstalben auf die Sieger wartete, lagen jetzt einfach Geldbündel. Einige enthielten Tausend Rubel, andere 5, 10 und sogar 20 Tausend. Da der Durchschnittslohn damals zwischen 300 und 500 Rubeln lag, waren dies alles andere als Trostpreise. Es war wohl mein durch Jugenderinnerungen verklärter Blick, der mir das Ganze als ausgesprochen geschmacklos und vulgär erscheinen ließ. Die gestapelten Banknoten, die Worte »Herr Croupier!«, mit denen man den Spielleiter anredete, die Sektkorken, die nach dem Sieg durch das Studio flogen – ich empfand das wie die Tische der Wechsler im Tempel. Ich kann Wladimir Woroschilow, der ein knallharter Profi ist und stets einen guten Riecher für die Erwartungen seines Publikums hatte, durchaus verstehen und bewundere ihn sogar: Er hat als einer der ersten den neuen Zeitgeist gespürt und seine Erkenntnis sofort umzusetzen gewußt. Doch für mich persönlich bedeutete jener Fernsehabend im Dezember 1991 gleichsam einen Schlußstrich unter eine ganze Epoche. Noch bildhafter hätte man mir den Einbruch der »Modernen Zeiten« nicht dokumentieren können.

Auf den neuen Stellenwert des Geldes war das Land natürlich nicht vorbereitet. Weder auf makroökonomischem Niveau noch auf der Alltagsebene.

Das Geldwesen war der Preislawine nicht gewachsen. Bis 1991 waren die 100-Rubel-Scheine die Banknoten mit dem höchsten Nennwert. Doch wenn 1991 der sowjetischen Regierung der Überfluß an Geld, der die Regale leerfegte, Sorgen machte, so wurden die russischen Reformer und mit ihnen die ganze defizitgewohnte Bevölkerung 1992 mit einer gänzlich neuen Mangelware konfrontiert: Plötzlich wurde Bargeld knapp. Das Gaidar-Team, daß sich anfangs insgeheim darüber zu freuen schien, ein Mittel zur künstlichen Dämpfung des Preisauftriebs bekommen zu haben, verlor irgendwann im Frühjahr die Kontrolle über die Situation: Der Fehlbetrag erreichte Milliarden Rubel, so daß Betriebe mit Tausenden Beschäftigten und sogar ganze Gebiete wochen- und mancherorts auch monatelang keine Löhne und Gehälter auszahlen konnten (was verständlicherweise zu Streiks führte). Die schon seit Jahren äußerst fleißige Notenpresse kam einfach nicht mehr mit, unter anderem weil sie zu spät auf Geldscheine mit hohen Nominalwerten umgestellt wurde. Das Bankwesen war ebenfalls total überfordert, obwohl von einem »-wesen« eigentlich keine Rede sein konnte. Auf einer Konferenz rußländischer Banker wurden folgende Zahlen angeführt: In den USA kommt ein Geldinstitut auf 1500 Einwohner, in Rußland auf 40–50 000; während westliche Banken ihren Kunden bis zu 250 Arten von Dienstleistungen anbieten, meistern die russischen gerade mal drei. Über ihre technische Ausrüstung braucht man erst gar nicht zu reden. Verstopfungen im Geldverkehr waren somit vorprogrammiert. Experten werden einmal beurteilen können, ob und inwieweit die Gaidar-Regierung, die die finanzielle Stabilisierung in den Mittelpunkt ihres Reformkonzeptes gestellt hatte, die Schwächen des Bankwesens (gekoppelt mit dem Sabotagewillen der alten Verwaltungskader) unterschätzt hat. Aber der Bargeldmangel, der mit einer erschreckenden landesweiten Zahlungskrise einherging, bei der die gegenseitigen Schulden der Betriebe Hunderte Millionen und Milliarden Rubel erreichten, verwandelte sich in die Achillesferse der Reform und hat ihren Urhebern mehrere Zugeständnisse an die Opponenten abverlangt. Defizit, welcher Art auch immer, ist eben Rußlands Verdammnis!

Unser Geldwesen wird noch so manche Reform benötigen, um den modernen Anforderungen der Marktwirtschaft entsprechen zu können. Schon ein oberflächlicher Vergleich zwischen dem deutschen und dem russischen Alltag zeigt, was an Veränderungen und Neuerungen ins Haus steht. In Rußland gibt es (noch) keine Kreditkarten – man kennt diese Wunderdinger nur aus Westfilmen; Scheckbücher soll es zwar geben, aber ich habe noch keinen Käufer, der einen Scheck ausstellte, und noch kein Geschäft, geschweige denn ein Restaurant gesehen, das einen Scheck akzeptiert hätte (mit Ausnahme von Auto- und Juwelierläden); Berichte über Geldautomaten werden als Science-fiction-Storys verstanden; die absolute Mehrheit der Lohnempfänger bekommt ihr Geld so ausgezahlt, wie ich es bereits geschildert habe: in bar am Kassenfenster der Buchhaltungstheke; Überweisungen aufs Konto sind eine Seltenheit. Kontoauszug, Überziehung, Bausparen, Wertpapierdepot – all das und noch vieles mehr sind für Rußland nach wie vor Fremdwörter.

Es werden aber nicht nur technische und organisatorische, sondern auch psychologische Umstellungen nötig sein. Ein älterer Journalistenkollege aus einer russischen Provinzstadt an der Ostsee erzählte mir einmal, wie er einen schwedischen Freund unwissentlich zutiefst gekränkt hat. Nachdem die beiden eines Abends so manches Glas miteinander getrunken hatten, war eine Atmosphäre des vollen Vertrauens entstanden, und der Schwede fragte plötzlich den Russen: »Sag mir ehrlich, wieviel hast du auf deinem Konto?« Worauf er die Antwort bekam: »Ich habe gar kein Konto.« Der Skandinavier fühlte sich in seinen edelsten Gefühlen betrogen, denn eine so unglaubwürdige Antwort kam einer groben Abweisung gleich. Dabei war sein russischer Freund völlig aufrichtig und nicht einmal untypisch: Im Herbst 1991 hatten einer Umfrage zufolge 27 Prozent der Befragten überhaupt keine Ersparnisse und entsprechend auch kein Sparkonto – laut einer anderen Erhebung aus der gleichen Zeit waren es sogar 34,2 Prozent.

Mein Bekannter brauchte kein Konto, weil es ihm gutging. Er hatte einen recht hohen Posten in der örtlichen Parteizeitung, war sich seiner Zukunft sicher, griff in seinen Konsumerwartungen nicht nach den Sternen (wollte beispielsweise kein Auto) und konnte es sich daher leisten, sein Einkommen und das seiner Frau für persönlichen Komfort und für die Unterstützung der Tochter auszugeben. Es gab auch solche, die zwar etwas auf die hohe Kante legten, es aber lieber im Strumpf als in der Sparkasse aufbewahrten.

Andere hatten kein Konto, weil sie darauf nichts hätten einzahlen können: Menschen, die mit ihrem Geld nur zwei Wochen – von einem Lohntag zum anderen – auskamen, waren in Rußland eine Massenerscheinung. Unter ihnen waren nicht wenige, die einen beachtlichen Teil ihres Geldes vertranken. Frauen, die am Lohntag vor den Fabriktoren auf ihre Ehemänner warteten, um ihnen das soeben ausgezahlte Geld abzuknöpfen, bevor es im Spirituosengeschäft über den Ladentisch wanderte, waren ein typisches Bild der Breschnew-Zeit.

Diese Menschen haben es unter den neuen Bedingungen besonders schwer, ihre Geldangelegenheiten in den Griff zu bekommen. Aber auch die anderen, die mit ihrem Einkommen überlegt umzugehen wußten, erleben eine ziemlich schmerzliche psychologische Umstellung. Sie ist in erster Linie mit der Inflation verbunden.

Im Frühjahr 1991 lagen in der UdSSR auf Privatkonten 361 Milliarden Rubel. Diese Wahnsinnssumme erklärte sich nicht mit einer überdimensionalen Sparfreudigkeit der Sowjetbürger, sondern in erster Linie mit dem chronischen Warenmangel: Viele hätten liebend gern ihr Geld für dringend nötige Konsumgüter ausgegeben, waren aber gezwungen, es einfach anzuhäufen. Es gab auch zielbewußte Sparer, die auf Möbel oder auf ein Auto warteten, es gab Rentner, die etwas für den Lebensabend und die Beerdigung zur Seite legten, es gab Gutverdiener, die ihren Kindern oder Enkeln eine handfeste Erbschaft sichern wollten. Dieser Milliardenberg wurde jahrzehntelang von Menschen zusammengetragen, die in ihrem Leben auf vieles verzichtet haben oder verzichten mußten in der Hoffnung, daß sich ihre Arbeit – die im Gesamtergebnis nicht besonders produktiv war, aber einzelne Personen viel Kraft und Gesundheit gekostet hat – irgendwann einmal für sie oder wenigstens ihre Nachkommen bezahlt machen würde. Daher die panische Angst der Russen vor einer Währungsreform.

Es gab eine unter Stalin und eine unter Chruschtschow; beide Male hatte sie das Ziel, das mit sozialistischer Großzügigkeit in die Wirtschaft hineingepumpte Geld auf Kosten der heißgeliebten Werktätigen wieder abzuschöpfen. 1947 hat mein Urgroßvater Iwan Matwejewitsch alles verloren, was er sich als Buchhalter zusammengespart hatte. Seine Tochter, meine Großmutter, hat diesen Schock nie überwinden können.

Daher die Woge des Hasses, die Gorbatschows neuem Ministerpräsidenten Valentin Pawlow im Januar 1991 entgegenschlug, als er über Nacht die 100- und 50-Rubel-Scheine aus dem Verkehr zog: Diese Maßnahme wurde als Beginn einer Währungsreform aufgefaßt. Daher auch das Fehlen einer deklarierten Währungsreform in Jelzins bzw. Gaidars marktwirtschaftlichem Einstiegsprogramm.

Durchaus möglich, daß eine solche Maßnahme vom rein ökonomischen Standpunkt damals angebracht gewesen wäre. Aber sie hätte eine unvorhersehbare Reaktion in der Bevölkerung ausgelöst und wäre gleichzeitig der Todesstoß – mit ebenfalls unkalkulierbaren Folgen – für die soeben entstandene Gemeinschaft Unabhängiger Staaten gewesen, denn eine Reform des Rubels hätte nur dann Sinn gehabt, wenn sie sich auf Rußland beschränkt hätte; in diesem Falle jedoch stünden am anderen Morgen alle anderen Nachfolgestaaten der UdSSR ohne eine eigene Währung da.

Aber der Milliardenberg der Sparbeträge mußte irgendwie abgebaut werden, denn er erzeugte einen enormen Druck auf den Verbrauchermarkt und drohte jegliche Maßnahmen zum Auffüllen der Regale zunichte zu machen. Das Ziel einer »konfiszierenden Währungsreform«, wie sich unsere Experten ausdrücken, wurde durch die Freigabe der Preise erreicht. Das wird der Gaidar-Mannschaft von einigen ihrer Kritiker vehement vorgeworfen. Sie meinen, man hätte die Ersparnisse retten können, wenn man die Privatisierung von Kleinbetrieben, von Grund und Boden sowie die Umwandlung von Großunternehmen in Aktiengesellschaften schnell und konsequent in Angriff genommen hätte. Leider handelt es sich hier um Wunschdenken: Schon die ersten Erfahrungen zeigen, daß die Privatisierung ein langwieriger Prozeß sein wird, der viele organisatorische Probleme wird überwinden müssen. Die Gaidar-Mannschaft aber konnte angesichts der sich zuspitzenden Krise nicht warten, und ein Bruder aus dem Westen, der alle sozialistischen Zwangsersparnisse zu einem Vorzugskurs in D-Mark umgetauscht hätte, war auch nicht in Sicht.

Es ist eine Illusion, daß sich eine marode kommunistische Volkswirtschaft ohne einen Einbruch im Lebensstandard sanieren läßt – dies war selbst in Ostdeutschland nicht möglich, obwohl dort die denkbar besten Voraussetzungen vorhanden waren. Um so weniger ist es in Rußland möglich. Der Überhang an Geld bei der Bevölkerung – an unverdientem Geld, wenn man nicht die subjektiven Kraftanstrengungen, sondern das objektive Niveau moderner Produktivität als Maßstab nimmt – war ein Hindernis für die Reformen und die Eingliederung in die Weltwirtschaft. Die unsentimentale Gaidar-Mannschaft mußte es aus dem Weg räumen. Hätte sie es mit einem Schlag (in Form einer Währungsreform) gemacht, hätten die Menschen sicherlich rebelliert. So aber schmolzen im Frühjahr 1992 unsere Sparguthaben mit dem Schnee dahin.

Ein pensionierter Journalist, der viele Jahre erfolgreich im Ausland gearbeitet hatte, sagte mir damals: »Wir haben uns bisher für eine wohlhabende Familie gehalten.« Er sagte das mit Bitterkeit, aber ohne Wut. Wut hatte seine Frau.

Ich weiß nicht, wie die meisten Menschen mit diesem Verlust fertig geworden sind. Es ist für mich ein weiteres Rätsel der generell rätselhaften russischen Seele. Vielleicht fanden sie sich mit der Entwertung ihrer Ersparnisse ab, weil sie nicht in Form eines eindeutigen Raubzuges der Regierung, sondern eher wie ein Erdbeben, eine Überschwemmung, eben wie ein Naturereignis hereingebrochen war, dem man nur mit der fatalistisch geprägten russischen Sisyphus-Mentalität begegnen konnte – mit jener von mir bereits beschriebenen Fähigkeit, niemals zu verzagen und nach jedem neuen Schicksalsschlag Mut und Kraft zu finden, um den hinabgerollten Felsblock wieder hinaufzuwälzen.

Vielleicht lag die Erklärung auch einfach darin, daß Millionen meiner Mitbürger, besonders aus den älteren

Generationen, irritiert durch ihre neuen vierstelligen Löhne, Gehälter oder Renten, das Phänomen der Inflation nur annähernd begriffen haben. Wir Russen werden noch vieles, was Geld angeht, lernen müssen.

Wie hätte es auch anders sein können in einem Land, in dem sieben Jahrzehnte Kapital nur als Buchtitel akzeptabel war; in dem es lediglich ein Geldinstitut für private Kunden gab, nämlich die Sparkasse, mit ein für allemal festgelegtem Zinssatz; in dem das Wort Kredit ausschließlich in Zusammenhang mit den internationalen Aktivitäten der Regierung verwendet wurde, während die normalen Sterblichen einfach Geld bei Freunden pumpten oder äußerstenfalls ein zinsloses Darlehen in ihrem Betrieb bekamen; in dem die einzige – und natürlich staatliche – Versicherungsgesellschaft ein kümmerliches Dasein führte, weil sie ihren Kunden wenig zu bieten hatte und die Bürger ihrerseits wenig von ihr haben wollten, denn viele empfanden Versicherungen als reine Spielerei oder pure Geldverschwendung; in dem die Einkommenssteuer, die automatisch von Lohn oder Gehalt abgezogen wurde, nahezu die einzige Form der Besteuerung war und man sich am Fernseher über die seltsamen Ausländer nur wundern konnte, die sich dieses Thema so zu Herzen nehmen, daß sie es in den Mittelpunkt von Wahlkämpfen stellen und als hinreichenden Grund für Protestdemonstrationen betrachten.

Doch plötzlich gibt es in Rußland über 1500 Banken, etwa 400 Versicherungen, immer neue Gesellschaften legen ihre Aktien zur Zeichnung vor, jemand nimmt schon das Wort Hypothek in den Mund, und selbst die Finanzämter werden aktiv, so daß beispielsweise ich mit 33 Jahren erstmals im Leben geladen wurde, eine Steuererklärung abzugeben. Und dies alles bricht wie ein Wirbelsturm über die unerfahrenen Zöglinge des Arbeiter-

und-Bauern-Staates herein, die jetzt im Schnellkurs die kapitalistischen Finessen vermittelt bekommen. Es ist abzusehen, daß ein beachtlicher Teil der Bevölkerung den neuen Herausforderungen nicht gewachsen sein wird und deshalb von den sich eröffnenden Möglichkeiten auch keinen Gebrauch wird machen können. Es ist offensichtlich, daß vor allem die älteren und die weniger gebildeten Schichten den Anschluß verlieren werden. Aber wenn ich sehe, wie meine Mitbürger sich aus dem Stegreif den ungewohnten Bedingungen anpassen, werde ich erneut in meiner Überzeugung gestärkt, daß wir ein recht lernfähiges Volk sind. Sicherlich wird so manch einer bei der Lösung des Rätsels, ob er sich für die hohen Zinsen der einen oder die Solidität der anderen Bank entscheiden soll, auf die Nase fallen, zweifellos werden viele beim Aktienkauf nicht das große Los, sondern nur Nieten ziehen, doch auch das gehört zum Lernprozeß und soll in anderen Ländern ebenfalls vorkommen – und zwar nicht nur zu Gründerzeiten.

Gänzlich ahnungslos sind die Leute, besonders die Großstädter, ja auch nicht. Wissen Sie, welche Geschäfte in den letzten Jahren der Perestroika besonders hartnäckig leergekauft wurden? Die Juwelierläden! Ende 1991 antworteten immerhin 13,5 Prozent bei einer Befragung in der Noch-UdSSR, sie würden ihre Ersparnisse am liebsten in Gegenständen aus Edelmetallen anlegen. Weitere 10,1 Prozent bevorzugten ausländische Währungen. Somit hatte bereits fast jeder vierte Sinn für effizientes Absichern seiner Guthaben. Solch vorsorgliche Maßnahmen sind auch eine Erklärung für das Ausbleiben von Wutausbrüchen während der Entwertung der Ersparnisse.

Daß Geld, besonders in Inflationszeiten, zu schade dafür ist, einfach in der staatlichen Sparkasse zu vergammeln, daß es sich vermehren muß und man es deshalb gewinnbringend anlegen sollte – diese für einen Westler recht simple Erkenntnis ergreift heute immer mehr die Massen in Rußland, wie die Leninisten sagen würden. Doch um das Geld arbeiten zu lassen, muß man es erst einmal haben.

Die große Frage lautet nun: Wie macht man Geld? Dieser Gedanke beherrscht heute die endlosen eurasischen Weiten. Rußland erlebt eine neue ursprüngliche Akkumulation. Den kürzesten Weg zum Reichtum legt ein erfolgreicher Unternehmer oder ein gerissener Verbrecher zurück. Beide Varianten haben es meinen Mitbürgern sichtlich angetan. Das sind die Pole: Dazwischen liegt ein breites Feld der Zwischentöne. Jemand bestellt es lieber näher zum einen Ende hin, den anderen reizt mehr das gegenüberliegende, aber überall ist irgendwer am Werk, auf dem ganzen Terrain herrscht großer Andrang und Hochbetrieb.

Auf die neue Unternehmerklasse und ihre Success-Storys werde ich im nächsten Kapitel zu sprechen kommen. Dort werde ich auch auf das Mafia-Problem eingehen. Vorerst aber interessieren mich die zahlreichen Glückssucher zwischen den beiden Polen, denn ihre Ansichten und Stimmungen sind ausschlaggebend für den neuen Zeitgeist in Rußland.

Ostap Bender, der Russen liebster Hochstapler, behauptete von sich im *Goldenen Kalb*, er kenne vierhundert relativ ehrliche Methoden, reich zu werden. Da aber das Leben seither vielfältiger geworden ist, bieten sich den Nachkommen des Großen Kombinators, wie Bender sich vorzustellen pflegte, ungleich mehr Entfaltungsmöglichkeiten. Und sie werden wahrgenommen.

Ende 1991 ermittelte eine Umfrage, daß 27 Prozent der Moskauer einer Nebenbeschäftigung nachgehen. Im

Frühjahr 1992 antworteten auf die Frage: »Wie gedenken Sie, mit der Preissteigerung fertig zu werden?« bei verschiedenen Erhebungen in unterschiedlichen Landesteilen zwischen 25 und 48 Prozent der Befragten, sie würden sich eine zusätzliche Erwerbsquelle suchen. Für die anderen kam dann das Engerschnallen des Gürtels, das Streiken und – für rund fünf Prozent – das Kurzundkleinschlagen der privaten Geschäfte in Frage. Somit waren durchschnittlich zwischen einem Viertel und einem Drittel der Rußländer bereit, mehr zu arbeiten und mehr zu unternehmen, um mehr zu verdienen. Für ein Land, in dem das System den Werktätigen beharrlich das Arbeiten abgewöhnte und den sozialen Parasitismus regelrecht kultivierte, eine beachtliche Leistung.

Ich habe hier bereits ausführlich den Straßenhandel beschrieben und kurz die Nebenerwerbslandwirtschaft erwähnt, der im Sommer 1992 so viele Menschen wie noch nie seit Kriegsende nachgingen. Dies sind für mich die Musterbeispiele der Eigeninitiative. Doch deren Erscheinungsformen sind damit bei weitem nicht erschöpft.

Ich kenne einen Geschichtsstudenten, der in Moskau günstig ein paar Kisten Kaffee erworben hat und sie seinen Verwandten in Rostow am Don zum Weiterverkauf geschickt hat, was ihm eine Summe eingebracht hat, die etwa 25mal größer als ein monatliches Universitätsstipendium ist. Ich bin mit einem Zeitungslayouter bekannt, der österreichische Lebensmittelhersteller mit Moskauer Großhändlern zusammenzubringen versuchte. Ich weiß von einem Postbeamten, der australischen Geschäftsreisenden seine Wohnung vermietete und ihnen Fahrerdienste erwies. Ich habe von einem Mitarbeiter des Außenministeriums gehört, der internationale Tourneen russischer Jazzbands organisiert.

Mich persönlich will ich bei dieser Aufzählung keineswegs ausklammern. Auch ich ging eines Tages dazu über, meine journalistische Tätigkeit mit Anzeigenakquisition und dem Vertrieb von Pressefotos zu verbinden. Schließlich war Geschäftigkeit auf einmal überall gefragt: Als sich infolge des Preisauftriebs die wirtschaftliche Lage unserer Zeitung zu verschlechtern begann, wurden auf einer Redaktionssitzung alle Mitarbeiter von *Moskau News* aufgefordert, gegen Provision der Anzeigenabteilung neue Werbekunden zu beschaffen. Sicherlich läuft solch eine Maßnahme den Prinzipien moderner Arbeitsteilung zuwider, aber den Beruf eines Anzeigenberaters gab es in Rußland bisher nicht, man konnte sich also keine Profis holen und war auf alle angewiesen, die Lust und gewisse Fähigkeiten hatten.

Manchmal überkommt einen das Gefühl, man brauche sich nur zu bücken, um das auf der Straße liegende Geld aufzuheben. Von Freunden und Bekannten hört man immer wieder, wie einfalls- und erfolgreich sie selber oder ihre Freunde und Bekannten neuerdings Geschäfte machen, und das Beispiel der Mitmenschen, die doch eigentlich nicht viel klüger als man selbst sind, steckt an und gibt Mut, es auch einmal zu versuchen. Geld stellt hierfür zweifellos den wichtigsten Beweggrund dar, aber viele verspüren auch noch den Wunsch, etwas ganz Neues, nie Dagewesenes auszuprobieren, wobei sich im Hinterkopf der Gedanke verbirgt: Vielleicht tut sich einem so die wahre Berufung auf. Und natürlich lockt die Faszination des Glücksspiels, denn Geschäft, zumindest heute in Rußland, ist eine Wette, die man mit den äußeren Umständen eingeht.

Doch nur wenige riskieren den sofortigen Übergang in die Selbständigkeit. Die meisten ziehen es vor, zumindest eine Zeitlang Haupt- und Nebenberuf zu vereinen, was sich entweder auf die Qualität ihrer Arbeit negativ auswirkt oder auf Kosten der Feierabende, Wochenenden und Urlaubstage geht.

Da die Vermittlertätigkeit die geringsten Investitionen und Fachkenntnisse erfordert, aber sich angesichts des allgemeinen Mangels an Informations- und Kommunikationsmöglichkeiten enormer Nachfrage erfreut, wurde gerade sie für viele zur Bewährungsprobe in Sachen Marktwirtschaft. So haben zahlreiche Journalistenkollegen von mir für einheimische und auch für ausländische Geschäftsleute Kontakte hergestellt, wobei beispielsweise Sportreporter so manche Vermittlung von Eishockey- und Fußballspielern verbuchen konnten. Sehr gefragt waren Wohnungsmakler; eine alte Bekannte meiner Mutter, eine Architektin, spezialisierte sich zum Beispiel auf den Verkauf von Wohnungen ausreisender jüdischer Familien gegen Devisen.

Auch der Basarhandel und die Schieberei erfordern wenig Investitionen und noch bescheidenere Fähigkeiten als das Geschäft der Amateurmakler. Daher zogen sie erst einmal die meisten Neulinge an.

Der Versuchung, etwas Ausländisches weiterzuverkaufen, konnten die Sowjetbürger schon unter Chruschtschow nicht widerstehen, als das Reisen ins Ausland möglich wurde. Damals schon begann die Handelsflotte, ihrem Namen in vollem Maße Rechnung zu tragen: Während in den Laderäumen der Schiffe irgend etwas für die Schwerindustrie und die Landwirtschaft über die Weltmeere transportiert wurde, beförderte das private Gepäck der braven Matrosen Erzeugnisse der Leichtindustrie, sprich: Kleidung, Schuhe, Heimelektronik – alles, was in heimatlichen Häfen gerade begehrt war. Weniger Glück hatten die ins befreundete Ausland abkommandierten Offiziersfamilien, denn zum Warschauer

Pakt gehörten durchweg Länder mit vernachlässigter Konsumgüterproduktion, doch auch da ließ sich absetzbare Ware finden. Für Touristen waren die während einer Stadtbesichtigung getätigten Anschaffungen oft die sicherste Möglichkeit, daheim die enormen Kosten eines solchen Urlaubes abzudecken, für Geschäftsreisende konnte ein elektronisches oder textiles Mitbringsel eine Vervielfachung ihres Monatsgehalts bedeuten. Selbst Diplomatenfrauen ließen es sich nicht nehmen, irgend etwas ihren Bekannten oder den Second-hand-Läden anzubieten. Das Weiterverkaufen (oder Verschieben) von selbständig importierter Ware war somit in verschiedenen Bevölkerungsgruppen schon lange vor der Perestroika gang und gäbe, trug aber für die meisten episodischen Charakter. Es war wie mit dem Straßenhandel, den es in sowjetischen Groß- und Hafenstädten in latenter Form jahrzehntelang gab (eine Insider-Adresse in Moskau war zum Beispiel die öffentliche Toilette in der Stoleschnikow-Gasse), der sich aber erst 1992 in ein gesellschaftliches und wirtschaftliches Phänomen verwandelte. Der Shopping-Tourismus entwickelte sich zu einem ernstzunehmenden Phänomen sogar etwas früher, Ende der 80er Jahre, als die Reisebestimmungen liberalisiert wurden und sich mit den ersten »Kommerziellen Geschäften« ein aufnahmefähiger Absatzmarkt zu etablieren begann.

In Warschau, Berlin, Prag, Budapest, Istanbul, in den Grenzstädten Chinas, in den Häfen Japans und Südostasiens hat man diese Veränderungen sogleich zu spüren bekommen. Anfang 1992 überzeugten sich zwei *Moskau News*-Reporter auf dem Basar der türkischen Handelsmetropole, daß Personen mit slawischem Aussehen dort in der Regel mit »Kollegen« angesprochen werden. Die Istanbuler Kaufleute sehen in »den Russen« ihresgleichen, mit denen man die Waren hauptsächlich tauscht, obwohl in letzter Zeit die Zahl derer zunimmt, die gleich mit Dollars kommen. Auf dem Hinflug lernten die Journalisten die Krankenschwester Natascha aus Moskau und ihre vier Begleiter kennen, von denen jeder irgendwo offiziell arbeitet (in einem Joint-venture, in einer Genossenschaft, in einem Schwitzbad), die aber alle bereits mehrmals nach Polen, Deutschland, in die Türkei und nach China zum Shopping gefahren sind und als Profis gelten können. Über die aktuelle Konjunktur am Bosporus ließen sich meine Kollegen vor Ort von Andrej und Vitali, zwei jungen Bauarbeitern aus Perm, aufklären. Diese waren mit dem Dampfschiff gekommen und hatten ihrem Istanbuler Partner Zigaretten, Schlosserwerkzeug, Wodka und Spielzeugpanzer mitgebracht. Im Gegenzug erhielten sie Herrenpullover, Damenkostüme und einen Ledermantel. Anfänger wie die Familie Iwaschko (er ist Ingenieur, sie Beamtin) aus der ukrainischen Stadt Cherson ziehen es vor, auf dem Landweg über Georgien einzureisen und in den allerbilligsten Schuppen für zwei Dollar zu übernachten.

Insgesamt kommen nach Istanbul, so schätzten meine Kollegen, täglich über zehntausend Bürger aus den Nachfolgestaaten der UdSSR, und die absolute Mehrheit von ihnen will Handel treiben. Paß und Visum sind kein Problem mehr – man bestellt sie über ein Reisebüro oder legt eine entsprechende Einladung vor, die man in Rußland, in der Ukraine oder in Georgien auf der Straße problemlos kaufen kann. Sprachbarrieren entstehen auch nicht, denn den Istanbuler Marktschreiern ist der Übergang vom Polnischen zum Russischen nicht allzu schwer gefallen.

Vor einigen Jahren noch waren es hauptsächlich Polen, die – oft genug zum Ärgernis der Einheimischen – in allen mittel- und osteuropäischen Ländern Geschäfte machten. Heute haben sie den Staffelstab an ehemalige Sowjetbürger (und an die Vietnamesen) weitergegeben, und die traditionellen »Polenmärkte« verwandeln sich zusehends in »Russenmärkte«. Es muß wohl eine Gesetzmäßigkeit des Übergangs vom Sozialismus zum Kapitalismus sein, daß die Kombination aus neuen Freiheiten, sinkendem Lebensniveau und enormem Konsumhunger anfangs eine hastige und nicht selten lästige Massengeschäftigkeit hervorruft. In Polen scheint man dieses Stadium allmählich zu überwinden: Die erfolgreichsten unter den pendelnden Kaufleuten sind zu Großhändlern aufgestiegen, andere bauen sich mit dem so zusammengewirtschaftetem Startkapital eine neue Existenz auf, jemand hört auf, weil er sich nur über die allerschwerste Zeit hinwegretten wollte, jemand gibt auf, weil ein sich normalisierender Markt viele Handelsoperationen sinnlos macht. Der angestaute Nachholbedarf im riesigen Rußland wird noch einige Zeit dem individuellen Handel seiner Bürger stabile Gewinne sichern, wobei in dessen Reichweite auch andere Teile Asiens gelangen könnten. Die recht chaotischen Zustände und die regionalen Preisschwankungen auf dem Territorium des ehemaligen Imperiums werden noch so manchem einen schnellen Rubel bringen: Der Profit des Geschichtsstudenten aus seiner Kaffeelieferung an den Don ist ein lächerliches Taschengeld im Vergleich zu dem gewesen, was in den ersten Monaten des Jahres 1992 an den 700 Kilometern Grenze zum Baltikum verdient wurde, als in Rußland die Benzinpreise noch niedrig blieben, während man jenseits der kaum kontrollierten Linie von Energiekrise sprach. Schon das Rüberbringen eines Kanisters machte bei einer Gewinnspanne von mehreren hundert Prozent die Brieftasche spürbar dicker, während das

Durchschleusen von Tankwagen über holprige Landstraßen oder sumpfige Felder, vorbei an den wenigen Zollstellen, die Schmuggler über Nacht zu Millionären werden ließ. Bei Pskow und Nowgorod sollen Dutzende bescheidener Kolchostraktoristen zu einem Vermögen gekommen sein, indem sie mit ihren eisernen Hengsten Kesselwagen durch die Landschaft bugsierten.

Doch das anfängliche Absahnen beim Handel wird in Rußland von Monat zu Monat schwieriger: Zum Leidwesen der debütierenden Kaufleute ist Konkurrenz auch ein Begriff aus der Marktwirtschaft.

Wer nichts zu vermitteln oder zu verkaufen hat, aber im Staatsdienst ist und, vom neuen Zeitgeist inspiriert, um jeden Preis an der allgemeinen Bereicherung teilhaben will, sucht seine dienstlichen Vorrechte gewinnbringend auszunutzen. Die Zahl derer, die an dieser Beschäftigung Gefallen finden, ist selbst für unser Land erstaunlich hoch. Die vorherrschende Meinung lautet, der Reformbeginn stelle einen historischen Höhepunkt in der tausendjährigen russischen Korruptionsgeschichte dar. Angefangen bei irgendeiner Stadtbezirksbehörde, in der ein kleines Licht der gesetzlich verordneten Privatisierung nur gegen Entgelt förderlich sein will, bis hin zu Dienstzimmern hoher Repräsentanten des Staates und der Regierung, die, zum Beispiel, von westlichen Journalisten derart hartnäckig Devisen für offizielle Informationen oder Interviews verlangen, daß diese sich letztendlich gezwungen sahen, eine ganze Liste solcher Fälle zu veröffentlichen – überall finden sich Angler, die im trüben Wasser der Übergangszeit ihren Rubel-, Dollar- oder Goldfisch fangen wollen. Dabei gehören die Honorarwünsche der Staatsdiener zu den harmlosesten Vergehen. Es ist anzunehmen, daß, sagen wir, bei der Vergabe von Ausfuhrgenehmigungen, Krediten und sonstigen Begünstigungen für die Industrie Beamte verschiedener Ebenen nicht nur die Interessen des Staates im Auge haben. Man kann lediglich Vermutungen darüber anstellen, in welchen Ländern auf wessen Konten wieviel eingezahlt wird, wenn in Moskau wieder einmal ausländischen Konzernen Immobilien zur Verfügung gestellt werden. Der Oberbürgermeister der Hauptstadt Gawriil Popow sorgte für entsetzte Reaktionen in der Öffenlichkeit, als er in einem Interview, angesprochen auf das Korruptionsproblem in seinem Amt, erklärte, daß Provision für die Vermittlung eines Geschäftsabschlusses überall im Ausland üblich sei. Als er einige Wochen später von seinem Posten zurücktrat, argwöhnten viele, daß er seine Provisionen bereits in die Scheuer eingefahren habe.

Auch die Chefetagen der Staatsbetriebe bleiben nicht teilnahmslos. Das einfachste Kunststück ist die Verpachtung von volkseigenen Werkhallen mit moderner Ausrüstung an private Firmen, in denen der Genosse Direktor und seine engsten Mitarbeiter zufälligerweise Gesellschafter oder Vorstandsmitglieder sind.

Eine andere Möglichkeit für die staatlichen Monopolisten besteht darin, private Kunden nur gegen Extraaufschlag in bar zu bedienen: So hat man mir von dem Chef einer nicht ausgelasteten Großdruckerei erzählt, der sich stur weigerte, einen dringenden Auftrag entgegenzunehmen, und dem Besteller statt dessen erzählte, daß er in den Ferien mit der Familie ins Ausland fahre und welche Unkosten das verursache.

Selbst die Armee, das Schutzschild des Sozialismus, hat sich recht schnell mit dem Gesellschaftssystem des langjährigen potentiellen Gegners angefreundet. Eines Tages erfuhr die Presse, daß der Befehlshaber der Baltischen Flotte Admiral Jegorow sowie ein General im Stab der Kriegsmarine gleichzeitig noch Vize-Präsidenten der Aktiengesellschaft *RussoBaltWest* sind. Diese beschäftigt sich mit der kommerziellen Nutzung und der Privatisierung des Eigentums der Streitkräfte, dessen Wert allein im Baltikum rund 100 Milliarden Dollar betragen soll. Bald stellte sich heraus, daß dies kein Einzelfall ist: Der stellvertretende Befehlshaber der Kriegsmarine Machonin entpuppte sich als Präsident einer Aktiengesellschaft, der Chef der Militärärzteakademie Jakowlew erwies sich als Vorstandsmitglied einer Bank, dem man die Gebäude der Lehreinrichtung als seinen Beitrag zum Stammkapital berechnet hatte. Auch die Truppen in Ostdeutschland dürften den hochgestellten Beschützern der Heimat einiges abwerfen.

Dies alles wäre lächerlich, wenn es nicht so traurig wäre, pflegen die Russen in solchen Fällen zu sagen. Die kommenden Jahre werden uns garantiert weitere spektakuläre Enthüllungen und hoffentlich auch Gerichtsprozesse bringen. Wir werden bestimmt aus dem Staunen darüber nicht herauskommen, was man sich beim Ausverkaufen und Ausnehmen von Staatseigentum nicht alles einfallen lassen kann. Doch sich darüber groß aufzuregen, ist wenig produktiv. Es ist wie eine Epidemie, die man nicht aufhalten, sondern nur eindämmen kann in der Hoffnung, daß im Laufe der Krankheit die Gesellschaft immer mehr Abwehrkräfte sammeln wird. Letztendlich läßt sich in dem Ganzen auch eine positive Seite finden: Die Nomenklatura bekennt sich nicht einmal mehr verbal zum Sozialismus, sondern privatisiert, was das Zeug hält, steuert somit also in die erforderliche Richtung, tut es aber nur zum eigenen Nutzen, zynisch, skrupellos, himmelschreiend ungerecht. Aber kann es einen gerechten Übergang zum Kapitalismus überhaupt geben?

Ein deutscher Unternehmer, dem ich einiges über die

Sitten im Staatsapparat Rußlands erzählte, sagte mir völlig gelassen: »Korruption ist das Vorspiel zur Marktwirtschaft.« Vielleicht hat er recht, und das Schwanengekreisch der »sozialistischen Eigentumsform«, bei der den Werktätigen angeblich alles und niemandem etwas konkret gehört, konnte nur so und nicht anders klingen. Zur Abschreckung aller künftigen Träumer und Idealisten.

In der Armee herrscht der kommerzielle Geist natürlich nicht nur auf der Kommandoebene. Daß das ganze ehemalige Imperium mit Waffen und Kriegsgerät regelrecht überflutet ist und die Krisen- und Kriegsgebiete keine Nachschubprobleme zu kennen scheinen, ist zweifellos auch auf die kaufmännischen Aktivitäten der Truppe zurückzuführen. Doch die Militärs verschleudern nicht nur ihre Ausrüstung, sondern vermarkten auch ihre Fähigkeiten. Zum Beispiel in Aserbaidschan. »Am schlimmsten sind die Wochenenden, wenn russische Offiziere aus Gjandscha anreisen, um sich etwas dazuzuverdienen. Dann kommen Panzer und Hubschrauber, auch die Artillerie schießt genauer«, hat einmal meinem *Moskau News*- Kollegen Michail Scheweljow in Berg-Karabach ein armenischer Kommandeur gesagt. Mich hat es nicht überrascht. Es war abzusehen, daß in der militarisierten Sowjetunion, besonders nach Afghanistan, wo in den Uniformierten die Kriegslust erst richtig geweckt wurde, sich eine Söldnermentalität breitmachen würde. Der von bewaffneten Konflikten und Kriegen begleitete Zerfall des Imperiums kam für diesen Menschenschlag genau recht. Angefangen hatte alles mit militärischen Gelegenheitsdiensten, die von Offizieren sowohl den Aserbaidschanern als auch den Armeniern, wo man eben gerade stationiert war, gegen gute Entlohnung erwiesen wurden. Als sich dann 1992 die Sowjetarmee aufzulösen begann, haben sich Hunderte russische Offiziere beispielsweise für den Dienst in den entstehenden aserbaidschanischen Streitkräften gemeldet – nicht aus irgendwelchen (schwer nachvollziehbaren) patriotischen Überlegungen, sondern einzig und allein wegen der versprochenen Besoldung. Andere ließen sich einfach von Freischärlern anheuern. Söldner waren oder sind immer noch in Aserbaidschan, Armenien, Süd-Ossetien, Transnistrien und Abchasien im Einsatz. Der Westen hat sich seinerzeit von der rein hypothetischen Gefahr einer Ausreise der Atomwaffenexperten in Drittländer sehr beeindrucken lassen. Ich glaube, daß viel eher die russischen »Soldiers of fortune« zu einem Exportartikel werden, besonders im Zuge der Reduzierung der Streitkräfte. Nachfrage existiert ja nicht nur in den ehemaligen Sowjetrepubliken: In Kroatien haben bereits Söldner aus Rußland gekämpft, in der französischen Fremdenlegion soll es auch schon Bewerbungen gegeben haben.

Söldner sind natürlich ein Extrem: Es gibt eine friedlichere und weniger gefährliche Möglichkeit für junge Männer mit starken Fäusten und trainierter Treffsicherheit, gutes Geld zu machen. Die Zahl der Privatdetekteien und Objektschutzgesellschaften wächst in Rußland genausoschnell wie die Kriminalität, weiß die *Iswestija* zu berichten. Fast alle privaten Firmen, manchmal sogar kleinere Geschäfte, haben heute Wachmänner, Bodyguard ist ein neuer Traumberuf, denn die wirklich Reichen lassen sich ihre Sicherheit in dieser undurchsichtigen Zeit etwas kosten.

Hier sei mir eine Abschweifung erlaubt.

Einer meiner engsten Freunde noch aus der Universitätszeit hat einen eigenartigen Schulkameraden. Er heißt wie ich Andrej, trägt einen Schnurrbart wie ein russischer Grenadier im Feldzug gegen Napoleon und ist ein Muskelprotz. Mein Freund und dieser Andrej waren in der Schulzeit die besten Kumpane, trieben zusammen Bodybuilding, schwärmten für fernöstliche Karatefilme und begeisterten sich für Waffen und Kriegsgerät, was in der damaligen Sowjetunion, die ihre Siege und ihre Streitkräfte ständig feiern ließ, nicht verwunderlich war. Nach der Schule trennten sich ihre Wege: Andrej ging zur Armee und kam, wie es auch sein Traum war, zu den Eliteeinheiten, den Luftlandetruppen; mein Freund studierte währenddessen Journalistik. Heute arbeitet er in leitender Funktion bei einer Zeitschrift, schwärmt neuerdings für Pasolini und ist eher auf dem Sofa mit einem Buch als im Fitneßraum anzutreffen. Für Andrej wurde die Armeezeit zum allertollsten Erlebnis, von dem er noch heute erzählt, und die Beschäftigung mit Kampfsportarten zum Hauptinhalt seines Lebens. Er trainiert unentwegt seine Muskeln, hegt und pflegt sie.

Trotz dieser Unterschiede haben die beiden bis heute eine rührende Treue zueinander erhalten können, und so sehe ich Andrej immer wieder bei den Geburtstagsfeten unseres gemeinsamen Jugendgefährten. Andrej ist stets gut gelaunt, hat ein sympathisches Lächeln und einen kräftigen Händedruck. Die Gespräche mit ihm kreisen immer um die gleichen Themen, und nach einer bestimmten Anzahl von Wodkas wird die Musik auf laut gestellt und es beginnt ein sich jahraus, jahrein wiederholendes Ritual: Andrej zieht sein Hemd aus und präsentiert den entzückten Anwesenden eine Bodybuilding-Show, bei der man seine Muskeln auch mal anfassen darf. Sie sind eben sein bestes Stück.

Hätte es zu seiner Jugendzeit in der Sowjetunion eine Berufsarmee gegeben, hätte Andrej sich zweifellos dort gemeldet und wäre sicherlich ein glücklicher Mann geworden. So aber kam er vom Wehrdienst zurück, versuchte irgendwas zu studieren, arbeitete irgendwo, aber das war alles nicht so das richtige, und eines Tages kam, was anscheinend kommen mußte: In betrunkenem Zustand legte er sich mit einem Polizisten an, brach ihm mit gezieltem Schlag einige Rippen und landete für mehrere Jahre hinter Stacheldraht. Aus dem Lager kam er, wie es schien, weder verbittert noch erbost zurück: Es war der alte gutmütige Andrej, der diesmal für Arnold Schwarzenegger und Chuck Norris schwärmte und bei Feten nach wie vor die obligatorische Oben-ohne-Show absolvierte. Die Haftzeit erwähnte er mit keinem Wort. Dafür erzählte er viel über seine Verbannung: Laut Gesetz durfte er nicht gleich nach Moskau ziehen, obwohl hier seine Familie lebte, sondern mußte einige Zeit beim Bau in irgendeinem Kaff hundert Kilometer vor der Hauptstadt verbringen, in die er dann ab und zu einen Abstecher aus gegebenem Anlaß machte, wie etwa zum Geburtstag unseres gemeinsamen Freundes.

Es war bereits die Perestroika-Ära, die Gespräche am Tisch waren politisierter und pluralistischer, doch was dieser Andrej zu erzählen hatte, war für unseren Kreis gänzlich neu: Er sprach von dem Frust der Jungs in dieser Provinzstadt, von den Typen aus dem Kaukasus, die im Ort Handel treiben und die Mädchen wegschnappen, von den Mescheten, die neuerdings aus Mittelasien flüchten und hier gleich Häuser und Grundstücke zugeteilt bekommen, von angeblich immer frecher werdenden Zigeunern; aber auch davon, daß die ehemaligen Afghanistankämpfer, denen er sich zwar nicht zurechnen dürfe, die aber ihrerseits seine Zeit bei den Luftlandetruppen anerkennen würden, – daß also diese Afghanistankämpfer sich jetzt zusammenfänden, einen Trupp aufstellen wollten und demnächst selbst für Ordnung sorgen würden. Neulich seien sie in Reih und Glied mit Kampfliedern durch die Stadt marschiert, da hätten wir die erschrockenen Gesichter der Kaukasier sehen sollen!

Ich erinnere mich noch an das ungute Gefühl nach diesem Gespräch und daß mir selbst die anschließende Muskelschau keinen Spaß mehr machte: So unmittelbar hatte ich aufkeimende Pogromstimmungen noch nicht erlebt.

Für eine Zeitlang verloren wir uns aus den Augen, aber neulich traf ich ihn wieder. In unserer Redaktion! Er arbeitet jetzt in der Wachgesellschaft, die unser Gebäude sichert. Andrej sagte, er sei wohlauf, ließ mich an seinem eisernen Bizeps fühlen und meinte, wir sollten doch mal nach der Arbeit ein Fläschchen kaufen und zu unserem gemeinsamen Freund fahren. Er machte einen zufriedenen, nahezu glücklichen Eindruck; er schien sich endlich gefunden und verwirklicht zu haben.

Ich glaube, die Kommerzialisierung der Muskelmänner hat ihre massenhafte Politisierung vereitelt und wenigstens einen Teil des Gewaltpotentials in der Gesellschaft zügeln können.

So viel zum Traumberuf Bodyguard.

Natürlich gibt es auch Damen, die ihre physischen Eigenschaften zu vermarkten wissen. Das Thema Prostitution war eines der ersten Tabus, das von der Glasnost gebrochen wurde, und ist deshalb in den Medien so ausführlich ausgeschlachtet worden, daß ich dem eigentlich nichts Neues hinzuzufügen weiß. Gesagt sei nur, daß der ganze Rummel um dieses einst exotische Thema (»Käufliche Liebe unter dem Roten Stern«) eine verzerrte Vorstellung von dem Ausmaß der Erscheinung entstehen ließ: Die Zahl der gewerbetreibenden Verführerinnen in Moskau ist um einige Größenordnungen niedriger als in Bangkok, Rio oder Hamburg, was allerdings nicht heißen soll, daß für die Zukunft keine Wachstumschancen bestünden. Da die jungen Damen ebenfalls ein russischer Exportartikel sind, darf man annehmen, daß sie außer den einheimischen auch noch die Märkte im Westen und Süden energisch erschließen werden.

Eine absolute Neuheit dagegen sind die Striptease-Vorstellungen, die man jetzt in einigen Restaurants zu sehen bekommt. Früher blieb so etwas nur jenen vorbehalten, die ins Ausland fahren durften und dort zudem noch über genügend Geld verfügten; nun können die Besserverdienenden Entkleidungsshows auf heimatlichem Boden genießen. Die Nachfrage ist riesig, und so bleibt auch das Angebot nicht aus. Es gibt bereits Striptease-Schulen und Striptease-Wettbewerbe, und wenn man sieht, wie viele Mädchen sich zu der Wahl der Miss Busen und der Miss Beine beim Pressefest der Jugendzeitung *Moskowski Komsomolez* melden, so kann man dem Sexgeschäft in Rußland eine große Zukunft ohne Nachwuchsprobleme prophezeien. Alle jungen Stripperinnen träumen von einem Engagement im Ausland, und das sind bei weitem keine leeren Hoffnungen, denn ihre Manager haben bereits gute Kontakte zu Westeuropa und zum Orient. Das große Geld werden natürlich andere kassieren, aber selbst das, was für die Mädchen übrig bleibt, wird ein Vermögen sein im Vergleich zu dem, was sie in ihren Arbeitersiedlungen oder Großstadtvororten in Mittelrußland und Sibirien hätten verdienen können.

Der Duft der großen weiten Welt inspiriert auch die Teilnehmerinnen der etwas vornehmeren Miss-Wahlen, die sich in Rußland in einen Massensport verwandeln könnten. In den meisten Staaten Westeuropas sind solche Veranstaltungen, nicht zuletzt wegen der Kritik aus der Frauenbewegung, aus der Mode gekommen, in den Entwicklungsländern dagegen bieten sie vielen Aschenbrödeln die vielleicht einzige Chance, dem armseligen Alltag zu entkommen. Das glanzerfüllte Endziel heißt dann Model. Die astronomischen Gagen der Mannequins sind für Mädchen überall in der Welt verlockend, nur waren den Russinnen früher derartige Karrieren gänzlich verbaut. Heutzutage liest man in der Zeitung, daß, sagen wir, die 16jährige Oksana aus der Stadt Tambow, die man auf der Landkarte noch suchen muß, den Wettbewerb der Moskauer Agentur »Red Stars« gewonnen und sofort einen Vertrag über 250 000 Rubel bekommen hat.

Den Sprung in den Wohlstand schaffen auch die Familien, in denen die Tochter einen ausländischen Mann findet. Das Geschäft mit der grenzüberschreitenden Heiratsvermittlung boomt gegenwärtig wie kaum ein anderes. Es ist nicht auszuschließen, daß die Amerikaner, Deutschen, Franzosen, Schweizer, Italiener, die in russischen Zeitungen inserieren oder entsprechende Firmen mit der Partnersuche beauftragen, in meiner Heimat eine liebende Frau mit ausgeprägtem Familiensinn finden werden (ich will mal davon ausgehen, daß sie gerade das suchen). Aber meine persönlichen Beobachtungen sagen mir, daß für die meisten Russinnen bei der Liierung mit einem Ausländer das materielle Motiv (zumindest am Anfang) alle anderen haushoch überwiegt. Eine Fernsehreporterin hat einmal in Moskau den Menschen auf der Straße die Frage gestellt: »Wie kann man reich werden in unserem Land?« »Indem man einen Millionär heiratet«, antwortete ihr ein Mädchen. »Nach Möglichkeit einen alten, damit man ihn dann gegen einen jungen austauschen kann«, fügte ihre nette Freundin hinzu. Geht man vom Wechselkurs des Rubels aus, ist fast jeder arbeitende Ausländer ein Millionär.

Eine freie Gesellschaft bietet ihren Mitgliedern die verschiedenartigsten Entfaltungsmöglichkeiten. Jeder wählt in der Regel die Beschäftigung aus, die seinen Interessen, Fähigkeiten, moralischen Vorstellungen am ehesten entspricht. Man kann zu Geld auf redliche, unredliche und verbrecherische Art kommen; es hört niemals auf, Geld zu sein. Der hohe Lebensstandard eines Landes setzt sich aus der Wohlhabenheit seiner einzelnen Bürger zusammen. Ich hoffe sehr, daß keiner meiner Leser der Illusion verfallen ist, daß etwa der Wohlstand Deutschlands ausschließlich auf gutbürgerlichen Einkommen beruht. In Rußland wird es nicht anders sein. Es ist heute ein freies Land und entdeckt für sich die Licht- und die Schattenseiten dieses Zustandes.

Ich habe hier kurz zu skizzieren versucht, welch verschiedene Wege aus der gesicherten sozialistischen Ärmlichkeit den Bürgern Rußlands offenstehen, und zwar allen, außer den Millionen, denen die Natur, das Schicksal, das Alter die Gesundheit vorenthalten oder genommen haben. Ihnen muß geholfen werden. Alle anderen sollten sich selber zu helfen wissen.

Viele, bedrückend viele wollen es nicht einmal versuchen. Sie werden nach dem Beginn der Massenarbeitslosigkeit im ehemaligen Paradies der Vollbeschäftigung für lange Zeit ein sehr ernstes soziales und politisches Problem darstellen.

Keine Frage, die neue Geschäftigkeit derer, die in unverhofft großer Anzahl den Kaltstart in die neue Zukunft gewagt haben, erinnert eher an einen orientalischen Basar als an die abendländische Marktwirtschaft. Oft genug artet sie in Kuriositäten aus, wenn etwa alte Mütterchen leere Coca-Cola-Dosen oder McDonalds-Verpackungen feilbieten oder, was mir passiert ist, in der Wechselstelle einer privaten Bank der dort angestellte Wachmann wenige Schritte vor dem Kassenfenster mit dem Vorschlag an die Kunden herantritt, man möge doch die Devisen lieber bei ihm tauschen. Zweifellos treibt der Dilettantismus der zahllosen Möchtegern-Unternehmer einheimische und besonders die ausländischen Partner immer wieder auf die Palme. Aber hat vielleicht jemand erwartet, daß alles gleich wie nach Noten gehen wird?

Die Unternehmungslust wird sich recht schnell in Unternehmergeist verwandeln. Die Wegbereiter, die Ende der 80er Jahre die ersten nicht ernst genommenen Genossenschaften gründeten, haben diese Evolution bereits hinter sich. Wer hätte damals gedacht, daß sie in nur wenigen Jahren prosperierende Firmen, Agenturen, Banken auf die Beine stellen werden? Dank der millionenstarken Neuzugänge aus dem Straßenhandel und der noch schüchternen Privatisierung verwandelte sich diese Spitzengruppe 1992 in eine neue Klasse, die aktiv und attraktiv ist, weil sie sich selber Reichtum, den anderen Wohlstand und Arbeitsplätze verschafft. Gestützt auf den arbeitswilligen Teil der Bevölkerung, auf die kreativen Köpfe und Fachkräfte, die durch die Üppigkeit in den Geschäften und die nicht mehr sozialistische Entlohnung motiviert werden, wird diese Klasse den Durchbruch in die Zukunft verwirklichen.

Bisnessmeny heißen diese Menschen auf Neurussisch. Sie sind die kommenden Herren.

Hermes wird zum Zeus.

2. Die neuen Herren

Die Millionäre der ersten Stunde

Unternehmer sind wie Filmstars: Die Menschen sehen nur die Glitzerseiten ihres Lebens. So ist es zumindest im heutigen Rußland.

Die Nation hat einen neuen Traumberuf, die Jugend ein neues Idol: der Geschäftsmann.

In den 20er Jahren waren es die Kommissare, in den 30er die Flieger, in den 40er die Offiziere der siegreichen Roten Armee; die Tauwetter-Zeit war von der berühmten Gegenüberstellung der Physiker und der Lyriker gekennzeichnet, und die Gesellschaft war geteilter Meinung darüber, wem man die Präferenz geben sollte: den Bezwingern der Kernkraft, die dem Land die äußere Sicherheit und der Wissenschaft neue Dimensionen gegeben hatten, oder den Dichtern, die die Romantik des Lebens nach Stalin besangen. Danach waren die Kosmonauten an der Reihe. In der frustrierenden und merkantilen Breschnew-Ära waren alle Tätigkeiten in Mode, die mit einem möglichst längeren Aufenthalt im Ausland verbunden waren, und so träumten viele von einer Diplomatenkarriere oder dem Dienst in Außenhandelsministerium. Mit der turbulenten Perestroika-Zeit begann auch ein ständiger Wechsel in der Spitzengruppe: Zuerst waren die Journalisten die großen Helden, denn sie sprachen endlich die Wahrheit über die gegenwärtigen

Zustände aus; dann richtete sich das Augenmerk auf die Historiker, von denen man die Antwort auf die Frage erwartete, was mit dem Land passiert ist; schließlich verlagerte sich das allgemeine Interesse auf die Wirtschaftswissenschaftler, da nur sie einen Ausweg zeigen konnten. Anfang der 90er wurden die Theoretiker von den Praktikern verdrängt: Die Männer des Jahres 1991 hießen Broker. Damals schossen überall Warenbörsen aus dem Boden, die das zerfallende staatliche Verteilungssystem zu ersetzen suchten, und energische junge Vermittler konnten dort binnen einiger Wochen oder manchmal sogar Tage ein Vermögen machen. 1992 hatte sich der Börsenboom gelegt, und die Vorliebe der Gesellschaft gilt nun nicht mehr dem Makler, sondern generell dem Geschäftsmann. Den *Bisnessmeny*.

Im Sommer 1992 erlebten landesweit den größten Andrang der Abiturienten die Wirtschafts- und Managementhochschulen. Selbst vor den Film- und den Theaterhochschulen, die zu allen Zeiten und bei allen Traumberufen stabil die längsten Schlangen der Bewerber und besonders der Bewerberinnen aufwiesen, war es ungewohnt ruhig. Der Publizist und Bürgerrechtler Lew Timofejew erzählt, daß vor einigen Jahren, als er verhaftet wurde, seine jüngste Tochter Katja und der Nachbarssohn jeden Tag »Gefängnis« spielten. Sie errichteten aus Möbelstücken eine Höhle, krochen mit ihren Teddybären hinein und verbrachten so, genau wie Katjas Vater, ihre Zeit im Zuchthaus. Das Leben hat sich gewandelt, die Kinder sind herangewachsen, und heute begeistert sie ein anderes Spiel: »Manager«. Nach der Schule werden in Timofejews Wohnung Fabriken gekauft, Devisen getauscht, Aktien feilgeboten.

Die Nation der Revolutionäre und Poeten wird zu einem Volk der Händler und Unternehmer. Dieser historische Mentalitätswandel wird der ausschlaggebende Trend des nächsten Jahrzehntes sein.

»Es wird bei uns so oft geklagt, daß wir keine praktischen Leute hätten; Staatsmänner zum Beispiel gäbe es unzählige, Generäle nicht minder; Beamte und alle möglichen Räte könne man sogleich in beliebiger Anzahl zur Stelle schaffen – aber praktische Leute gäbe es bei uns trotzdem nicht. Wenigstens klagen alle, daß es sie nicht gäbe«, schrieb vor mehr als 120 Jahren Fjodor Dostojewski in dem Roman *Der Idiot*. Natürlich hatte es immer geschäftstüchtige Russen gegeben, aber in einem Land, in dem erst 1861 die Leibeigenschaft aufgehoben wurde, hatten sie die denkbar schlechtesten Entfaltungsmöglichkeiten. Ein Durchbruch begann sich um die Jahrhundertwende abzuzeichnen, aber die vielverheißende stürmische Entwicklung des russischen Kapitalismus wurde von der Oktoberrevolution jäh unterbrochen.

Auch die Sowjetunion verfügte über »praktische Leute« – sonst wäre sie keine Atom- und Weltraummacht geworden. Der Staat behütete zwar die Direktoren seiner Betriebe vor zahlreichen Problemen, mit denen die Unternehmer in einer Marktwirtschaft tagtäglich zu kämpfen haben, aber dafür wurden sie von ihrer eigentlichen Arbeit ständig durch Schwierigkeiten und Unzulänglichkeiten abgelenkt, die einem westlichen Manager nie auf den Tisch kommen. »Hätte man einen Geschäftsführer, der sein ganzes Leben unter den Bedingungen der Marktwirtschaft gearbeitet hat, in einem sowjetischen Betrieb eingesetzt, hätte er am nächsten Tag Harakiri gemacht«, scherzt der 51jährige Wladimir Kadannikow, seit 1988 der von der Belegschaft gewählte Generaldirektor der Produktionsvereinigung *AwtoWAS* (Lada-Werke) in der Wolgastadt Togliatti.

Es gehört bereits zum Allgemeinplatz der innenpolitischen Diskussion in Rußland, die sogenannten »Roten Direktoren« zu verfluchen und als das größte Hindernis für die Reformen darzustellen. Natürlich gibt es unter ihnen eine starke Schicht Ewiggestriger, die sich wieder nach der Kommandowirtschaft sehnen, aber es gibt ebenso erfahrene, lern- und leistungsfähige Manager, die die Vorzüge der Marktwirtschaft erkannt haben, und zwar auch für sich persönlich. Der Parteistaat hat ja nicht nur seine Arbeiter, sondern auch seine Direktoren unterbezahlt (selbst wenn man alle ihre Privilegien zusammenaddiert). Kadannikow erhielt noch 1992 lediglich das Sechsfache des Durchschnittslohnes in seinem Konzern, was für den Chef eines der wichtigsten Unternehmen des Landes ein himmelschreiender Nonsens ist. Die Umwandlung der staatlichen Großbetriebe in Aktiengesellschaften eröffnet vor dieser Kaste ungeahnte materielle Möglichkeiten, sie können nun, bildlich gesprochen, aus einem Wolga in einen Volvo umsteigen, und so nimmt es nicht wunder, daß beispielsweise Nikolai Bek und Jewgeni Brakow, die Generaldirektoren der Lastwagenkonzerne *KAMAZ* und *SIL*, zu den Pionieren auf diesem Gebiet gehörten.

Der Sowjetstaat hat seine »praktischen Leute« aber nicht nur unterbezahlt, sondern auch kriminalisiert. Anfang der 90er Jahre saßen in den Lagern noch schätzungsweise 126 000 Personen, die wegen sogenannter Wirtschaftsverbrechen zu oft langjährigen Freiheitsstrafen verurteilt worden waren. Ein Großteil dieser Menschen hatte etwas getan, was in einer normalen Gesellschaft als große Tugend angesehen wird: Sie waren kaufmännisch erfolgreich, sie haben mit Gewinn gewirtschaftet. Da es aber in der UdSSR kein Privat-, sondern nur Staatseigentum gab, waren sie gezwungen, sich bei der Realisierung ihrer Ideen und Projekte an ihm zu vergehen. Jeder sowjetische Direktor oder Manager hat, nur um die staatlichen Planauflagen bewältigen zu können, gegen die absurden Gesetze des planwirtschaftlichen Staates verstoßen müssen. Diese Menschen waren aus Eigeninteresse einen oder mehrere Schritte zu weit gegangen.

Die jahrzehntelange Unterdrückung der Geschäftigkeit, die permanente Kriminalisierung und strafrechtliche Verfolgung der unternehmerischen Initiative gehören zu den schwersten Verbrechen des kommunistischen Regimes. Diese sowjetischen Praktiken werden noch lange auf die russische Marktwirtschaft abfärben. Das wird sich nicht nur darin ausdrücken, daß so mancher prosperierende Unternehmer mit einer Vorstrafe wird leben müssen. Die neue Geschäftswelt wird im starken Maße von einer Mackie-Messer-Mentalität durchdrungen sein.

Das Wort Mafia ist heute in aller Munde. Es ist in Rußland zum Modeausdruck geworden und daher mit Vorsicht zu genießen. Die Sänger und Tänzer des Bolschoi-Theaters sollen eine Mafia sein – weil sie keinen Nachwuchs an die Bühne heranlassen, die Stomatologen und Frauenärzte seien eine Mafia, die Sportfunktionäre, die Taxifahrer sowieso. Dieses Wort fungiert ständig als Synonym für den Ausdruck Klüngel.

Auch jedes Verbrechen wird gleich der Mafia zugeschrieben. Ein Beispiel. In der Stadt Meschduretschinsk im berühmten sibirischen Kusbass-Kohlerevier, das durch seine Massenstreiks von 1989 und 1991 berühmt geworden ist, kaufte sich der Bergarbeiter Suslikow in seinem Betrieb mit großem Rabatt ein japanisches Auto. Dies ist in der Region keine Seltenheit mehr, seit den Unternehmen erlaubt wurde, sich selbständig außenwirtschaftlich zu betätigen und Tauschhandel zu betreiben. Die regelmäßige Einfuhr langlebiger ausländischer Konsumgüter für die Kumpel lockte in das Gebiet zahlreiche Aufkäufer, Schieber, Schutzgelderpresser. Eines Tages meldeten sich also bei Herrn Suslikow einige Männer und wollten ihn zwingen, das neue japanische Auto zu verkaufen. Er erteilte ihnen eine entschiedene Absage. Bald darauf ging die Wohnung des Bergarbeiters in Flammen auf. Seine kleine Tochter konnte er noch hinaustragen, aber beim Versuch, den Sohn zu retten, ist er mit ihm zusammen verbrannt.

Ob die Erpresser nun zur Mafia, also zu einer großen Verbrecherorganisation, gehörten, wie das die *Iswestija* behauptet, oder nur eine kleine selbständige Bande waren, spielt für das Opfer und die Hinterbliebenen keine Rolle. Doch bei der Bevölkerung, die ohnehin für Verschwörungstheorien sehr empfänglich ist, lösen solche Berichte nicht selten traumatische Reaktionen aus: Viele haben das Gefühl, die Mafia sei eine allmächtige und allgegenwärtige einheitliche Struktur, die alle Fäden fest in der Hand habe und in geschlossener Front in die Offensive gehe. Dies ist ein Ausdruck der fehlenden Erfahrung beim Umgang mit dem Thema Kriminalität: Bis vor einigen Jahren noch wurde es in den sowjetischen Medien streng tabuisiert, heute wird darüber ständig und ausführlich berichtet, was zu der Angstvorstellung führt, es sei fünf vor zwölf. Dabei liegt Rußland noch relativ weit zurück hinter den meisten großen Ländern des Westens – wenngleich sich die Zahl der registrierten Verbrechen Anfang der 90er in nur drei Jahren verdoppelt hat und die Experten mit 20 Prozent Zuwachs jährlich rechnen.

Die Kriminalität wird wohl neben der Umweltverschmutzung zur schlimmsten Plage Rußlands werden, doch beides sind ungelöste Probleme auch aller anderen Industrienationen am Ende des 20. Jahrhunderts. Die

Beilegung der Ost-West-Konfrontation schafft gute Voraussetzungen für einen zwischenstaatlichen Schulterschluß auf diesem Gebiet, denn nicht nur in Fragen der Ökologie sitzen wir alle in einem Boot: Von den rund 2600 kriminellen Organisationen, die auf dem Territorium Rußlands vermutet werden, soll bereits jede fünfte überregionale und übernationale Verbindungen haben.

Es wäre naiv zu glauben, dies alles sei erst in den letzten Jahren entstanden: Die russische Mafia ist kein Produkt des entstehenden Kapitalismus, obwohl er ihr starken Aufwind gegeben hat, sondern des entwickelten Sozialismus, ihr Taufpate heißt nicht Jelzin, sondern Breschnew. Die Etablierung der organisierten Kriminalität und ihre Verfilzung mit dem Staatsapparat, was das Wesen einer Mafia ausmacht, fallen nach nahezu einhelliger Meinung der Experten in seine 18jährige Amtszeit.

Die Mafia in der Sowjetunion ist aus der Schattenwirtschaft entstanden, und die wiederum war das Ergebnis der Absurdität der Planwirtschaft, die die unternehmerische Initiative privater Personen von vornherein in illegale Bahnen lenkte. Wer im heutigen Rußland etwas herstellen möchte, der kann, wie in einem normalen Staat, eine Firma gründen, Produktions- und Büroräume mieten, Maschinen kaufen (obwohl jeder dieser Schritte immer noch mit zahlreichen Komplikationen verbunden ist) – in der Sowjetunion dagegen war man bis Mitte der 80er Jahre gezwungen, gesetzwidrig Volkseigentum auszunutzen. So wurde unter dem Dach eines staatlichen Betriebes eine illegale Werkhalle eingerichtet, in der – auf staatlicher Ausrüstung, aus staatlichen Rohstoffen – etwas angefertigt wurde, was nicht der Plan, sondern der Markt, also die Menschen in den Schlangen, verlangte. Solche Untergrundunternehmer haben in der russischen Sprache gleich zwei Bezeichnungen bekommen: Zechowiki (von Zech – Werkhalle) oder Tenewiki (von Tenj – Schatten).

Es war verboten, etwas zu produzieren, was Absatz findet, aber im verordneten Fünfjahresplan nicht vorgesehen ist. Man durfte jahrelang unbestraft zusehen, wie importierte Ausrüstungen, Ersatzteile, Rohstoffe im Fabrikhof bei Schnee und Regen verrotteten – aber wenn man sie für eigene Zwecke verwendete, riskierte man Kopf und Kragen. Niemand regte sich auf, wenn leere Eisenbahnwaggons Tausende Kilometer quer durch das Land gejagt wurden, aber sollte jemand auf eigene Faust einige Tonnen Obst oder Gemüse aus dem Süden in den hohen Norden schicken, wurde er zum Freiwild für die Justiz.

Die hier genannte Zahl von 126 000 Verurteilten zeigt, daß sich immer wieder Menschen fanden, die die sozialistischen Spielregeln nicht akzeptieren wollten. Man sollte sie nicht idealisieren: Es waren knallharte Männer, wie es sich für Geschäftsleute auch gehört. Sie wollten Geld machen.

Ihr Geld lockte die eigentlichen Verbrecher an, die es in der Sowjetunion immer, auch unter Stalin, gegeben hatte: Die Tenewiki waren erpressbar. So blieb den meisten nichts anderes übrig, als sich mit den Banditen zu arrangieren oder eigene Leibwachen aufzustellen, die man ohnehin gebrauchen konnte, wenn man mit den anderen Untergrundproduzenten die Märkte aufteilte. Gleichzeitig mußten sich die Tenewiki gegen den Staat absichern, und so begannen sie sich in den Behörden bis nach ganz oben einzukaufen. Die in den ersten Glasnost-Jahren berühmt gewordene und nie ganz aufgeklärte Baumwoll-Affäre in Usbekistan hat gezeigt, wie weit die Fangarme des Kraken reichten: Vom Ersten Sekretär des Gebietsparteikomitees von Buchara über den Innenminister der Republik bis hin zum Ersten Stellvertreter des Innenministers der UdSSR und Breschnew-Schwiegersohn Juri Tschurbanow. Das Gericht befand sie alle für schuldig.

Die sowjetische Mafia hat also ihr Entstehen der illegalen Produktion und dem Absatz von Konsumgütern zu verdanken, genau wie die amerikanische Mafia ihr Aufblühen auf die Herstellung und den Schmuggel von Whisky während der Prohibition zurückführt. In beiden Fällen hat der Staat durch seine ideologisch bzw. politisch motivierte Einmischung in die Wirtschaft der organisierten Kriminalität Schützenhilfe gewährt.

Die Schattenwirtschaft war in der Sowjetunion eine ganze Branche mit Milliardenumsätzen, und man kann des öfteren die Meinung hören, daß gerade durch ihre Existenz die ständigen Versorgungsprobleme des Sozialismus wenigstens einigermaßen abgefedert wurden. Ihre Bosse waren die einzige Menschengruppe, die bei Beginn der Perestroika ihre ursprüngliche Akkumulation bereits hinter sich hatte und ernsthaft investieren konnte. So beruht ein vermutlich beachtlicher Teil des neuen, privaten Wirtschaftssektors in Rußland auf Mafiageldern. Mag sein, daß ein Teil der ehemaligen Tenewiki ihr Geschäft heute einer – wie man in der Rüstungsindustrie sagen würde – Konversion unterzogen hat und nur noch legal tätig ist. Aber es liegt die Vermutung nahe, daß die meisten aus der Schattenwirtschaft hervorgegangenen kriminellen Organisationen heute sowohl im Rahmen des Gesetzes als auch außerhalb agieren, daß sie den Rauschgift- und Waffenschmuggel ausbauen, die Prostitution und das Glücksspiel kontrollieren und gleichzeitig ihr Geld in der Industrie, im Handel oder Dienstleistungsbereich waschen bzw. anlegen.

Den zweiten Haupttyp des heutigen rußländischen

Privatunternehmers bilden nach den Tenewiki (oder Mafiabossen) die ehemaligen Funktionäre der KPdSU und des kommunistischen Jugendverbandes Komsomol. Ihr Startkapital waren oft nur gute Beziehungen. Aber sie konnten schnell in informelle Meistbegünstigungsklauseln, formelle Steuerprivilegien, Büroräume in Toplage, gute Auslandskontakte und andere Wettbewerbsvorteile umgewandelt werden. Natürlich sind in die neuen Firmen und Konzerne auch in Strömen Parteigelder abgeflossen, wobei die KPdSU im Staatssäckel immer wieder Nachschub besorgte. Ein besonders aktives Umpumpen war im Frühjahr und Sommer 1991 zu verzeichnen: Die weitsichtigeren Genossen hatten gespürt, daß es dem Ende zugeht. Nach Beobachtungen von Experten bevorzugte die Nomenklatura Maklergeschäfte, den Computerhandel und den internationalen Tourismus.

Es gibt in Rußland nicht wenige, die sich über einen solchen Sachverhalt empören und sogar auf die Straße gehen, um nach Gerechtigkeit zu rufen. Die radikalen Demokraten richten dabei ihre Wut gegen die ehemalige Nomenklatura und fordern eine polizeiliche Untersuchung aller Transaktionen der KPdSU, während die Nationalisten, denen sich heute die Kommunisten anschließen, eher zum Kampf gegen die Mafia neigen, die ja zu einem großen Teil aus Südländern besteht. Letztendlich laufen alle Forderungen auf das gleiche hinaus: Enteignen und neu aufteilen! Aber Rußland hat bereits so etwas durchmachen müssen: Damals, nach der Oktoberrevolution, lautete die Devise »Expropriiert die Expropriateure!« Was daraus geworden ist, wissen wir heute nur zu gut. Deshalb überwiegt bei der jungen Generation die pragmatische Sichtweise: Jede Investition in die Wirtschaft, egal, ob es Mafia- oder Parteigeld ist, hilft bei der Überwindung der Krise. Wenn sich die Kommunisten als tüchtige Kapitalisten erweisen, was soll man sie beim Geschäft stören? Wenn sie in ihren Firmen genauso ineffizient zu arbeiten beginnen wie in ihren Parteibüros, dann werden die anderen sie irgendwann einmal schlucken. Die »Bisnessmeny«, die ihren Erfolg nicht der Partei, sondern nur sich selbst zu verdanken haben, sehen das genauso – einer von ihnen erklärte gegenüber der *Moskau News*: »Die früheren Staats- und Parteifunktionäre hatten anfangs eindeutig den besseren Start. Doch der Markt wird alles wieder zurechtrücken. Jemanden, der sich Staatseigentum unter den Nagel reißen konnte, aber mit dem Kapital nicht zu wirtschaften versteht, werde ich früher oder später überholen.«

Somit wären wir bei dem dritten, dem interessantesten und wichtigsten Haupttyp des postkommunistischen Geschäftsmannes: dem Selfmademan der Perestroika.

Der Soziologe Igor Bunin, der das Forschungsprojekt »Der neue rußländische Unternehmer« leitet, beruft sich auf konkrete Untersuchungen, wenn er behauptet, daß die beiden ersten Gruppen durch die dritte bereits verdrängt werden. Er erklärt diesen Trend folgendermaßen: »Ein Unternehmer ist der, der eine Tradition bricht und eine neue Kombination kreiert. Menschen, die das autoritär-hierarchische System hinter sich haben – deren Spiegelbild die Schattenwirtschaft ja war –, haben es sehr schwer, sich umzustellen.« Es ist also nicht zuletzt eine Generationsfrage: Die neue Klasse im neuen Rußland kann nur jung sein. Michail Hodorkowski, der schon mit 27 Jahren eine der mächtigsten Finanzgruppen in der Sowjetunion leitete, formuliert diese postkommunistische Gesetzmäßigkeit mit schonungsloser Deutlichkeit: »Ich habe mich immer wieder davon überzeugen müssen, daß Menschen über vierzig für neue wirtschaftliche Ideen nicht mehr aufnahmefähig sind.

Sie können als Technologen gut sein, aber nicht als Manager.«

Die russischen Selfmade-Unternehmer sind unglaublich jung. Im Herbst 1991 veröffentlichte die Zeitschrift *Moscow Magazine* eine von führenden Wirtschaftswissenschaftlern und Fachjournalisten zusammengestellte Liste der 50 Spitzenreiter im (noch) sowjetischen Busineß. Die aufgeführten Top-Leute waren sowohl Privatunternehmer als auch Direktoren von Staatsbetrieben, praktisch alle waren in Rußland, vor allem in Moskau, tätig. Das Durchschnittsalter dieser Managementelite betrug 43 Jahre. Hätte man die Direktoren, die in der Regel Mittfünfziger sind, ausgeklammert, würde man feststellen, daß in Rußland in der privaten Wirtschaft ein erfolgreicher Firmenchef heute Mitte Dreißig ist.

Ich möchte diese Behauptung mit einer ganzen Reihe von Namen aus der damaligen Liste untermauern:

Juri Agapow, 33, Vorstandsvorsitzender der *Kredobank*;

Andrej Diwajew, 28, Gründer und Direktor des mittelständischen High-Tech-Unternehmens *Quant-ST*;

Michail Hodorkowski, 28, Vorsitzender des Direktoriums der Finanzgruppe *MENATEP*;

Wladimir Jakowlew, 32, Vorstandsvorsitzender des Verlagshauses *Commersant AG*;

Michail Jurjew, 32, Generaldirektor der Konzerns *Sojusinterprom*;

Alexander Ljubimow, 29, Generaldirektor der Fernsehgesellschaft *Wsgljad*;

Dmitri Ljubomudrow, 30, Finanzdirektor des Konzerns *Profiko*;

Juri Miljukow, 34, Vorstandsvorsitzender der Moskauer Warenbörse;

ANASTAS NAMIN, 39, Gründer und Direktor des *Stas Namin Centre* (SNC), das eine Schallplattenfirma und eine Rundfunkstation betreibt;

WALERI NEWEROW, 40, Präsident des Erdölkonzerns *Hermes*;

EDUARD TENJAKOW, 39, Präsident der Moskauer Zentralen Effektenbörse, der Universellen Börse in Tscheljabinsk, Vorstandsvorsitzender der *Tscheljabinsk-Bank*;

IGOR SAGIRJAN, 39, Generaldirektor der russisch-britischen Join-ventures *Link* und *Link Trade*;

GENNADI SCHIGAREW, 31, Generaldirektor des Konzerns *Profiko*;

GERMAN STERLIGOW, 25, Inhaber der Börse *Alissa*;

ANDREJ STROJEW, 33, Chef der russisch-amerikanischen Baufirma *Perestroika*;

WLADIMIR WINOGRADOW, 37, Vorstandsvorsitzender der *Inkombank*.

Anfang 1992 wurde in Moskau der Fernsehwettbewerb »Rußländischer Geschäftsmann 91« durchgeführt. Ihn hatte der 37jährige Anis Muchametschin ins Leben gerufen, der zuvor 15 Jahre als Manager mit Rockgruppen und Schlagerstars gearbeitet hat und seit 1990 der Aktiengesellschaft *Anis* vorsteht, die sich mit Holzverarbeitung, Ziegelsteinherstellung und Konfektionierung von Sportkleidung beschäftigt sowie im Handel, im Bankwesen und im Show-Geschäft tätig ist. Das Durchschnittsalter der 64 ausgewählten Teilnehmer des Wettbewerbs lag bei 39 Jahren. Mehrere von ihnen hatte schon das *Moscow Magazine* in seine Liste aufgenommen, aber es waren auch zahlreiche neue Namen hinzugekommen, besonders aus der Provinz. Auch in diesem Fall möchte ich mir eine flüchtige Aufzählung erlauben – mit besonderem Augenmerk auf die Geographie:

IRINA HAASE, 36, kaufmännische Direktorin der Brokerfirma *Hasch & Ko*, Moskau.

KONSTANTIN IWANOW, 26, Generaldirektor der Firma *PR-Consulting*, Moskau;

WJATSCHESLAW KARPENKO, 28, Generaldirektor der Firma *Public Relations Service Ltd.*, Moskau;

GENNADI KAMILATOW, 35, Generaldirektor der Aktiengesellschaft *AZ-ART*, Wologda;

BORIS KAZIBIN, 30, Generaldirektor des Joint-venture *Unikum*, St.Petersburg;

ANDREJ PANFILOW, 33, Geschäftsführer des Joint-venture *Roskor*, Samara;

WJATSCHESLAW PLJASKIN, 35, Direktor des Unternehmens *Lisna*, Angarsk;

JEWGENI POLEZKI, 34, Vorsitzender der Produktionskooperative *Mischa*, Nowosibirsk;

WLADIMIR SKOBJANIN, 33, Direktor der Firma *Prad*, Jekaterinburg;

JEWGENI SUNDUKOW, 34, Direktor der Brokerfirma *Sinjaja Ptiza*, Kasan.

Zu den Besonderheiten des neuen rußländischen Unternehmers gehört aber nicht nur sein Alter, sondern auch seine Bildung. Der Soziologe Igor Bunin spricht von einer Generation der intellektuellen Geschäftsleute – die neue Klasse rekrutiere sich heute hauptsächlich aus der sogenannten wissenschaftlich-technischen Intelligenzija: »Die ausgefüllten Fragebögen verblüffen durch die Vielzahl von promovierten Physikern und Mathematikern, die früher in verschiedenen Forschungsinstituten gearbeitet haben«.

Dazu einige Beispiele.

Dr. Lew Weinberg, der die Moskauer Luftfahrthochschule und die Mechanisch-Mathematische Fakultät der

Moskauer Lomonossow-Universität absolviert hatte, war lange in der Wissenschaft tätig, bis er 1987 zum Generaldirektor des in der Sowjetunion ersten Joint-ventures auf dem Gebiet der Rechentechnik *Interquadro* wurde. Heute ist der 48jährige ein Industriemagnat, dem mehrere von ihm gegründete Firmen unterstehen (von denen eine beispielsweise mit IBM kooperiert), und ein aktiver Interessenvertreter der Unternehmer in der Politik.

Dr. Konstantin Borowoi war Mathematik-Dozent, als er sich 1987 als Unternehmer mit einer kleinen Beratungsfirma im Bereich der Rechentechnik versuchte. Im April 1990 gründete er die Russische Waren- und Rohstoffbörse, die erste in der Sowjetunion nach 60 Jahren, die sehr schnell zu dem mit Abstand größten Umschlagplatz Rußlands wurde. Heute ist der 44jährige eine der Schlüsselfiguren in der einheimischen Geschäftswelt, besonders nachdem er eine Unternehmerpartei initiiert hat.

Dr. Waleri Newerow beschäftigte sich nach Abschluß des Studiums an der Moskauer Hochschule für Metallurgie mit Molekularphysik und unterrichtete an der Udmurtischen und dann an der Tjumener Universität, wo er seit 1986 mit Hilfe einer kleinen Kooperative seine technologischen Ideen und Einfälle realisierte und vermarktete. Hauptabnehmer war die wichtigste Branche des westsibirischen Tjumen-Gebietes, die Erdölindustrie. Im Herbst 1990 begann er selber mit Erdöl zu handeln. Heute ist der 41jährige Sibirier Chef des Erdölkonzerns *Hermes*, der seine Ware über ein eigens dazu aufgebautes landesweites System von Börsen absetzt und die Gewinne in eigenen Banken akkumuliert.

Michail Jurjew hatte zehn Jahre als Biologe in einem Forschungsinstitut der Akademie der Wissenschaften gearbeitet, bis er eine Kooperative gründete, deren Erfolge ihn drei Jahre später in den Chefsessel der Produktionsvereinigung *Sojusinterprom* hievten. Heute unterstehen dem 33jährigen Generaldirektor zehn Betriebe, deren Produktionsprogramm von Hefe über Farbstifte für Kugelschreiber bis zu Präparaten für die AIDS-Therapie reicht.

Kacha Bendukidse war Laborchef in einem Forschungsinstitut, als er mit vier Freunden seine Geschäftstätigkeit begann: Sie wollten eigene wissenschaftliche Entwicklungen finanzieren können. Zuerst konzentrierten sie sich auf den Handel. Heute ist der 36jährige Rußländer georgischer Herkunft der Vorstandsvorsitzende der *Bioprozeß AG* und beschreibt so sein Tätigkeitsfeld: »Im Gebiet Moskau produzieren wir Hautcreme, in Baschkirien und im Gebiet Nischni Nowgorod Kunststoffe, im Gebiet Samara Verpackungsteile, sieben unserer Schiffe fahren Handelsrouten auf der Wolga, in Westsibirien haben wir einen industriellen Forstbetrieb, in vielen Aktiengesellschaften arbeitet unser Kapital.«

Es gibt eine plausible Erklärung dafür, warum ausgerechnet die Hochschulen und Forschungsinstitute zu einer Brutstätte der neuen russischen Kapitalisten geworden sind. Die Wissenschaft und die Kunst waren in der Breschnew-Zeit ein Hort für begabte intelligente Menschen, die nach Selbstverwirklichung strebten, aber möglichst wenig mit der Partei zu tun haben wollten. Den Weg ins öffentliche Leben konnten sie sich somit sparen, in der Wirtschaft hatte man sich nicht zu verwirklichen, sondern die vorgeschriebenen Pläne zu erfüllen, – und so blieb einem oft nur das Institut oder das Theater. Auch hier wurde man immer wieder von der Ideologie eingeholt, aber man konnte trotzdem selbständige Ideen entwickeln. Außerdem hatte man ausreichend Freizeit: Man konnte viel lesen, oft mit Freunden zusammen sein und an langen Abenden gemeinsam von besseren Zeiten träumen.

Es war ein geistiges Überwintern. Die Fenster waren abgedichtet, die Gardinen zugezogen, die eigenen Fähigkeiten und Bedürfnisse befanden sich im Halbschlaf, und jeder wärmte sich, so gut er konnte, an seinem persönlichen Kamin: Für den einen war das die Dissertation, für den anderen die Kinder, für den dritten der Suff. Für mich war es der Videorekorder meines Nachbarn.

Er war, wie ich, Filmfan. Wir hatten uns durch seine Frau kennengelernt, die zusammen mit mir studierte. Wir warteten jeden Morgen gemeinsam auf den Bus. Juri war Mathematiker und unterrichtete an irgendeiner Hochschule, aber er schien seine Tätigkeit dort nicht besonders ernst zu nehmen. Im Mittelpunkt seiner Aufmerksamkeit stand das Kino. Er gehörte zu den ersten, die sich (anscheinend mit Hilfe der Eltern) in Moskau Anfang der 80er einen Videorekorder zugelegt hatten. Das verwandelte die kleine Zwei-Zimmer-Wohnung im Nachbarhaus in einen Club. Wir trafen uns dort fast jede Woche, manchmal sogar mehrmals – und das im Laufe von einigen Jahren. Juri lieh sich bei anderen Moskauer Cineasten immer wieder neue Kassetten aus und verwöhnte uns Abend für Abend mit den Streifen der besten Regisseure. Die internationale Filmkunst der letzten vier Jahrzehnte habe ich bei ihm kennengelernt. Juri besitzt ein phänomenales Gedächnis, und so erzählte er zu jedem Film, welche Preise er bekommen hat, wonach der Regisseur in Interviews gefragt wurde und was die *Cahiers du cinéma* dazu geschrieben haben. Unser harter Kern bestand aus fünf bis sechs Leuten, manchmal kamen auch andere Gäste hinzu. Wir trafen uns am frühen Abend, schauten uns einen Film an, tranken dann im Nebenzimmer Tee, dazu gab es eine Torte, denn die waren damals billig und auch regelmäßig erhältlich, oder Käse, wenn jemand welchen besorgt hatte. Wir diskutierten über das Gesehene, über die neuesten Oskar-Preisträger und darüber, was wohl dieses Jahr das Filmfestival in Cannes zu bieten haben wird. Dann nahmen sich alle wieder ihre Stühle, rückten im »Vorführungssaal« eng aneinander und schauten sich noch ein Video an, wonach wieder Tee getrunken und diskutiert wurde – bis tief in die Nacht. Es war eine anspruchsvolle und sehr angenehme Flucht vor der Realität.

In den ersten Perestroika-Jahren ist unser Club dann auseinandergefallen. Wir hatten plötzlich alle viel zu tun. Heute sitzt Juri Saslawski in den Chefetagen von gleich zwei Firmen, fährt einen Mercedes und ist oft in den USA, wo sich seine Computerprogramme gut verkaufen sollen. Als ich ihn neulich in unserem Hof traf, gestand er mir, daß er im letzten Jahr keinen einzigen neuen Film gesehen habe. Dafür aber produziere jetzt eine seiner Firmen welche.

Sie waren eine Zufluchtsstätte, die Hochschulen und Forschungsinstitute, das kleinere von vielen anderen Übeln, eine Höhle zum Überwintern. Aber richtig entfalten konnte man sich dort recht selten. Auch da herrschten meistens altersschwache Vorgesetzte, Dogmen und Bürokratismus. Kacha Bendukidse erinnert sich zum Beispiel, wie er für eine unterbezahlte Mitarbeiterin seines Labors eine Gehaltserhöhung durchzusetzen versuchte: »Ich habe dafür ein ganzes Jahr verwandt und trotzdem nichts erreicht!« Mit Beginn von Perestroika und Glasnost wurde die Unzulänglichkeit der scheinbaren Oasen offensichtlich.

Die 36jährige Dr. Irina Hakamada, eine enge Mitarbeiterin und Beraterin von Konstantin Borowoi, die ihm bei der Gründung der Russischen Waren- und Rohstoffbörse und der Partei der ökonomischen Freiheit zur Seite stand, erklärt so ihre Entscheidung, als Dozentin einer Technischen Hochschule aufzuhören und Geschäftsfrau zu werden: »In das Unternehmertum habe ich mich vielleicht aus Verzweiflung gestürzt. Ich hatte die Parteiversammlungen satt, in denen nichts entschieden wurde, und die Sitzungen des Lehrstuhls, bei denen man nichts lernen konnte. Ich wollte nicht mehr in der Gewerkschaft bleiben, die einem einfachen Menschen nicht helfen konnte, ich wollte mich nicht mehr als Sklavin, als absolute Null empfinden. Für Geld hatte ich nicht viel übrig. Ich wählte die Unabhängigkeit, das war der wichtigste Beweggrund.«

Mit den ersten Sonnenstrahlen verließen die aufgewecktesten Intellektuellen ihre Winterquartiere: Das Gesetz über die »individuelle Arbeitstätigkeit« (1986), das Gesetz über die Joint-ventures (1987) und ganz besonders das Gesetz über die Kooperativen (1988) hatten die Schlupflöcher aufgetaut. Die Motivation war bei vielen die gleiche wie bei Irina Hakamada. »Bei der Mehrheit unserer Befragten ist der Hauptstimulus für die unternehmerische Tätigkeit der Wunsch nach Selbstverwirklichung«, weiß Igor Bunin zu berichten. »Das erklärt auch, warum bei ihnen das Profitstreben wenig ausgeprägt ist. Für sie ist Business eher ein Spiel der Gedanken.« Auf diesen Wesenszug der neuen Unternehmer verweist selbst Alexander Wladislawlew, der politische Vertrauensmann des Cheflobbyisten der »Roten Direktoren« und des militärisch-industriellen Komplexes Arkadi Wolski: »Mir gefällt die Einstellung der jungen Unternehmergeneration: Geld sei nicht das wichtigste, es werde von selbst kommen, zuerst müsse man lernen, richtig zu arbeiten.«

Rein theoretisch wußten sie, wie man modern arbeiten

muß: Die Physiker oder Mathematiker dank ihrer hohen Allgemeinbildung und der gewohnten eisernen Logik der exakten Wissenschaften, die Wirtschaftsexperten aufgrund ihrer Fachkenntnisse. »Wir waren auf die Marktwirtschaft vorbereitet, denn wir haben uns mit ihr ständig auseinandergesetzt: während des Studiums, in den Diplom- und Doktorarbeiten. Wir hatten die ausländischen Praktiken kritisch darzustellen, aber man gab uns die Möglichkeit, sie zu erforschen, manchmal sogar durch Studienaufenthalte«, erzählt die heutige Geschäftsführerin des privaten Senders *Delowaja Wolna* (Geschäftswelle) Julia Jakowlewa, die ich als Gentleman nicht danach zu fragen wagte, wie jung sie sei.

Juri Agapow beispielsweise brauchte man nicht zu erklären, wie eine Bank funktioniert: Er hatte an der Moskauer Finanzhochschule studiert, dann seine Ausbildung in der Aspirantur fortgesetzt, mit 26 Jahren seinen Doktor gemacht. Danach ging er – natürlich! – in die Wissenschaft, denn die Praxis reizte ihn nicht: »In der Sowjetunion gab es keine Banken, die hießen nur so, ein sowjetischer Banker war kein Bankier, sondern ein Kassierer.« Doch auch im Institut fühlte er sich fehl am Platze: »In der Wissenschaft gab es keine Wissenschaft. Dabei wollte ich so gerne arbeiten. Doch kaum machte ich einen Themenvorschlag, wurde ich zurechtgewiesen: Ich sei noch zu jung und solle meinen Kopf nicht so hinausstrecken. Ich wollte ihn aber hinausstrecken!«

Das tat er dann auch, als er im März 1989 in Moskau die von ihm gegründete *Kredobank* registrierte. Damals war er 30. Er fuhr von einer gerade erst entstandenen Kooperative zur anderen und versuchte die Genossenschaftler zu überzeugen, ihr Geld bei ihm zu deponieren. Mehr als sein vertrauenerweckendes Aussehen hatte er ihnen nicht zu bieten. Zwei Jahre später operierte die

Kredobank bereits mit vier Milliarden Rubel und 100 Millionen Dollar. Damit belegte sie den 16. Platz unter den neuen Banken der damaligen UdSSR. Heute ist Agapow, den seine Mutter alleine großgezogen hatte, weil sie von seinem Vater, einem Armeeoffizier, geschieden war (»Wir haben arm gelebt«), ein Mann mit Luxuslimousine und drei Leibwächtern. Und einer der großzügigsten Mäzene, worüber im nächsten Kapitel die Rede sein wird.

Allerdings spielen im Unterschied zur *Kredobank* in vielen anderen neuen Erfolgsfirmen die Fachleute, die diplomierten Wirtschafts- oder Finanzexperten eher die zweite Geige: Im Vordergrund steht oft das dilettantische Organisationsgenie, eben der Gründertyp.

Ein solcher ist der 35jährige Andrej Tschanow, Präsident des Konzerns *Crosna*, der vor allem Satelliten-Empfangsanlagen herstellt. Der Absolvent der Juristischen Fakultät der Moskauer Universität hatte früher keine Ahnung von Hochtechnologien, aber das hatte er auch nicht nötig, denn er war Ermittlungsbeamter in der Staatsanwaltschaft eines Moskauer Stadtbezirks. Mit Business hatte er nur dann zu tun, wenn wieder einmal ein Verfahren gegen die Schattenwirtschaft lief. 1987 nahm er den Hut: »Die wollten aus mir einen hörigen Kettenhund machen.« Ein Jahr lang arbeitete er in einer Kooperative, aber das war auch nicht das richtige. So legte er sich in guter russischer Tradition auf das Sofa, umgab sich mit religiösen und philosophischen Büchern und begann zu sinnieren. Bis dann im Frühjahr 1989 ein ehemaliger Arbeitskollege ihn für die Gründung einer Genossenschaft gewinnen konnte. Sie mieteten bei einem Moskauer Elektromotorenwerk eine alte Lagerhalle und produzierten Ersatzteile für Autos. Bald kam ihnen die Wahnsinnsidee, auf High-Tech-Erzeugnisse umzusteigen, und zwar auf der Grundlage dieses Betriebes. Sie haben es fertiggebracht, gute Ingenieure anzuwerben, qualifizierte Arbeiter zu finden und die sowjetische Ausrüstung befriedigend funktionieren zu lassen. Die Erfolge der Kooperative waren so beeindruckend, daß die Belegschaft des ganzen sanierungsbedürftigen Betriebes Andrej Tschanow 1990 zum Direktor wählte. 1992 war die ehemalige Kooperative bereits ein Großunternehmen, das Hunderte Elektroniker und Tausende Arbeiter beschäftigte, das jeden Monat über 3000 Satellitenantennen produzierte und damit den Markt der GUS zu 90 Prozent abdeckte, das außerdem Haushaltsgeräte, Panzerschränke, Kaminuhren und natürlich Elektromotoren herstellte. Heute interessiert den *Crosna*-Chef Tschanow vor allem die globale Weltraumkommunikation.

Wladislaw Gerassimow hatte weder vom Handel noch von Porzellan Ahnung, als er 1991 mit 30 Jahren im damaligen Leningrad ein Kurzwarengeschäft erwarb. Der Marineoffizier hatte einen Einsatz im Persischen Golf, wo sein Schiff nach Minen suchte, hinter sich, als er zum Studium an eine Militärakademie delegiert wurde. Doch nach dem Tod seines Vaters war die Mutter allein geblieben, und so entschloß er sich, nicht wegzugehen. Gerassimow, gelernter Schiffsbauingeneur, sah eine Ankündigung über die Versteigerung von Geschäften, schlachtete sein Sparschwein, das während seines Dienstes etwas Fett angesetzt hatte, machte Schulden und kaufte sich zu einem (nach heutigen Verhältnissen) Spottpreis einen heruntergekommenen Laden. Bald darauf kam sein Porträt auf der Titelseite der russischen Ausgabe von *Moskau News*: Er war einer der ersten *Bisnessmeny*, die den Einstieg nicht über die Kooperativen, sondern über die offizielle Privatisierung versuchten. Die Newametropole war auf diesem Gebiet ein Vorreiter gewesen. Genau ein Jahr später, im Sommer 1992, hat der *Moskau News*-Reporter ihn wieder aufgesucht. Der ehemalige Dilettant, der mit dem Verkauf von Nadeln, Scheren und Kämmen begonnen hatte, aber sehr schnell auf Porzellan und Geschirr umgestiegen war, fuhr den Gast in seinem Mercedes durch die Stadt und berichtete ihm über die Erfolge der Handelsfirma *Gera*. Ihr gehörten zu diesem Zeitpunkt bereits vier Geschäfte, eine Kunstgalerie, eine Werkstatt, in der Spitzen geklöppelt werden, eine Garage mit elf Wagen, eine Wartungs- und Reparaturwerkstatt für Kraftfahrzeuge, zwei große Warenlager, ein Bürogebäude im Stadtkern und ein Restaurant. Mittlerweile ist Gerassimow auch ins Baugewerbe eingestiegen.

Doch das weit über die Grenzen Rußlands bekannteste Paradebeispiel des laienhaften Aufsteigers ist German Sterligow. Er ist gleichzeitig das Wunderkind und das *Enfant terrible* der neuen russischen Geschäftswelt. Zweimal war er bei Aufnahmeprüfungen in die Hochschule für Internationale Beziehungen durchgefallen, dann hat er es eineinhalb Jahre an der Juristischen Fakultät der Moskauer Universität ausgehalten. Damit war seine Ausbildung abgeschlossen. Die ersten Geschäftserfahrungen sammelte er 1989 als Manager von Straßenmusikanten, die er in Bahnhofshallen spielen ließ, dann machte er eine Kooperative auf, die sich mit Rechtsberatung beschäftigte. Der zunehmende Börsenboom muß ihn dann auf die entscheidende Idee gebracht haben. Im Februar 1991 gründete der 24jährige eine Börse als Familienunternehmen und taufte sie auf den Namen seines gerade zur Welt gekommenen Schäferhundes: »Alissa«. Sterligow soll Artjom Tarassow, der sich Ende der 80er Jahre als erster in der Sowjetunion öffentlich zu seinen Millionen bekannte und seit Frühjahr 1991 im Ausland flüchtig ist, von seinem Projekt überzeugt haben: Der verbürgte sich bei der *Stolitschny*-Bank für ihn, und so bekam Sterligow einen Drei-Millionen-Kredit, den er hauptsächlich in die Werbung steckte. An der Börse wurde mit allem gehandelt, was Absatz findet, vor allem aber mit Baustoffen, der vielleicht größten Mangelware jener Zeit. Erstmals in der sowjetischen Praxis wurden die Brokerplätze nicht verkauft, sondern gegen ein Pfand zur Verfügung gestellt, dessen Summe nicht unter drei Prozent der Geschäftsabschlüsse liegen durfte. Dies soll nach Meinung von Experten der springende Punkt gewesen sein: Die Pfandsummen wuchsen ständig, brauchten aber nicht versteuert zu werden, was den Brüdern German und Dmitri Sterligow erlaubte, über enorme Beträge zu verfügen und sie gewinnbringend anzulegen. In wenigen Wochen waren sie Millionäre, in einigen Monaten behauptete Sterligow, er mache jeden Tag zwei Millionen Reingewinn (der durchschnittliche Monatslohn lag damals zwischen 300 und 500 Rubel). Seine Börse hatte ein landesweites Netz von Filialen und Vertretungen aufgebaut, er kaufte Firmen, Fabriken, Immobilien.

Fast alles an German Sterligow ist provokativ: sein Alter, sein schmächtiges Äußeres, das ihn noch jünger aussehen läßt, als er ohnehin ist, sein märchenhafter Senkrechtstart, sein unseriöser Firmenname, überhaupt der ganze Schäferhund-Kult. Während der aggressiven Werbekampagne am Anfang durfte die Nation sein nicht besonders rassiges Haustier wochenlang lebendig im Fernsehen und als ziemlich geschmackloses Emblem in den Printmedien bewundern. Auch er selbst sorgt ständig für Skandale: Mal gibt er die Gründung des Clubs junger Millionäre bekannt (dieser PR-Gag ließ im April 1991 alle Welt von ihm reden), mal erklärt er in Anzeigen den Souveränitätsanspruch seiner Firma innerhalb des Staates und die Einführung eigener Gesetze sowie einer eigenen Währung, mal beschuldigt er die US-Botschaft, ihre Mitarbeiter hätten ihn als Geheimagenten anwerben wollen. Sehr viele argwöhnen, bei *Alissa* gehe es nicht mit rechten Dingen zu, da würden im großen Stil Mafia- oder (und) Parteigelder gewaschen, der Millionärsclub sei ein Fahndungstrick des KGB gewesen usw. Tatsache bleibt, daß der aus einer Ärztefamilie stammende German Sterligow schon mit 25 Jahren dem größten Privatunternehmen der Noch-Sowjetunion vorstand und riesiges Kapital geschickt arbeiten ließ.

Auch Michail Hodorkowski läßt seit seinem 27. Lebensjahr riesiges Kapital arbeiten. Er ist Vorsitzender des Direktoriums der Finanzgruppe *MENATEP*, die 25 Banken vereint. Er nennt sich selbst Bankier, ist aber von Hause aus Chemietechnologe, hat dann etwas Jura studiert und Fortbildungskurse an einer Wirtschaftshochschule besucht: also ein weiteres Naturtalent in der Riege der *Bisnessmeny*. In seinem Team gibt es übrigens nur wenige Entscheidungsträger mit Fachkenntnis: »Es sind hauptsächlich Menschen mit Spürsinn.« Hodorkowski wird ebenfalls das Anzapfen der Parteikasse nachgesagt, wobei man in seinem Fall weitaus mehr Anhaltspunkte zu haben meint als bei Sterligow: Er war Funktionär im kommunistischen Jugendverband Komsomol, allerdings ein ganz kleiner.

Nun war aber der Komsomol in der Anfangszeit der Perestroika oft das einzige Ventil für kommerzielle oder innovative Ideen junger Leute, besonders der Studenten. So wurde dem Jugendverband 1986 etwas erlaubt, was anderen noch verboten war: Freizeitclubs mit dem Status juristischer Personen zu gründen. Der Komsomolfunktionär der Moskauer Hochschule für Chemietechnologien Michail Hodorkowski machte sogleich ein Jugendcafé auf. 1987 kam eine Verordnung heraus, die den

Komsomolzen gestattete, Jugendforschungszentren auf der Grundlage der Eigenfinanzierung zu betreiben. Dies war ein Prototyp der Kooperativen, die erst im nächsten Jahr zugelassen wurden. Sofort entstanden überall Jugendforschungszentren (russische Abkürzung: Zentr NTTM), die all jene anzogen, die unternehmerische oder technische Projekte, aber kein juristisches Dach hatten. Die Einnahmen der Jungkommunisten waren faktisch steuerfrei. Zudem konnte man in solchen Einrichtungen fast problemlos Bankguthaben der Staatsbetriebe in Bargeld verwandeln, was anders kaum möglich war. Dieser Aspekt hatte für viele seinen besonderen Reiz.

Mit seinem NTTM-Zentrum machte Hodorkowski die ersten Millionenumsätze. Aber dann kam eine Verordnung heraus, die den Staatsbetrieben die Vorfinanzierung untersagte. Hodorkowski begann die besten Großaufträge zu verlieren, denn er mußte seine Leute ständig entlohnen – und nicht erst nach Abschluß der Arbeit. Er ging zu einer staatlichen Bank und bat um Kredit. Die wiederum durfte an ein Jugendforschungszentrum keine Kredite vergeben. Wohl aber an eine andere Bank. Da damals, 1988, in der Sowjetunion gerade die ersten nichtstaatlichen Geldinstitute entstanden, gründete auch das NTTM-Zentrum eines. So wurde der Grundstein für die Finanzgruppe *MENATEP* gelegt. Seit 1990 ist dieser Name der breiten Öffentlichkeit geläufig. Nach einer massiven Werbekampagne wurde eine spektakuläre Zeichnung von Aktien für Kleinanleger durchgeführt, was in der Sowjetunion ein Novum war und sich großer Resonanz in den Medien erfreute. Zu jener Zeit wurde Hodorkowski bereits von der Regierung des sich emanzipierenden Rußlands als Berater herangezogen. Das bleibt er auch heute. Mit 29 Jahren gilt er als einer der einflußreichsten Männer der neuen Geschäftswelt.

Wenn Hodorkowski oder jeder andere rußländische *Bisnessmeny* Journalisten seine Success-Story erzählt, werden sicherlich gewisse Details ausgelassen. Überall auf der Welt verschweigen Banker und Industrielle so manches der Öffentlichkeit. Der steile Aufstieg der neuen Unternehmer buchstäblich aus dem Nichts (»Als wir anfingen, hatte ich überhaupt kein Geld«, sagt Hodorkowski, dessen Vater Konstrukteur und Mutter Technologin ist, und man kann ihm das aufs Wort glauben) ist so unfaßbar, daß die Normalverbraucher sich immer wieder die Frage stellen: Kann man überhaupt auf ehrliche Weise in so kurzer Zeit zu so viel Geld kommen? Die Journalisten leiten sie gern an ihre Gesprächspartner weiter – kaum ein Interview mit einem Privatunternehmer kommt heute ohne den aufdringlichen Reportersatz aus: »Haben Sie Bestechungsgelder gezahlt?« Die Ehrlichen geben ausweichende Antworten.

Bei anonymen Befragungen sind sie offener. »Ist es möglich, in diesem Lande als Geschäftsmann zu arbeiten, ohne geltendes Recht zu verletzen?«, wollte im Sommer 1991 eine *Moskau News*-Mitarbeiterin von einem noch sowjetischen *Bisnessmen* wissen. »Selbstverständlich nicht«, bekam sie zu hören. »Im Prinzip kann jeder von uns eingesperrt werden. Alles ist wie eh und je: Wenn man jemandem etwas anhaben will, läßt sich schon ein Paragraph dafür finden.« Am Ende ihrer Recherchen kam die Journalistin zu folgender Schlußfolgerung: »Die häufig gestellte Frage: Werden von den Geschäftsleuten die Gesetze gebrochen? kann auch umgekehrt formuliert werden: Wird im Umgang mit den Geschäftsleuten das Recht gebrochen? 90 Prozent der Befragten waren der Meinung, daß es unmöglich sei, ein Geschäft in Gang zu halten, wenn man nicht Schmiergelder an verschiedene Behörden zahlt. Ihrer Ansicht nach sind Bestechungsgelder nötig, damit der Staatsapparat seine ihm vom Gesetz vorgeschriebenen Aufgaben und Pflichten überhaupt wahrnimmt«.

Als sie noch kleine Fische waren, haben sie solche Zustände schweigend geduldet. Sie waren dem Sowjetstaat mit Haut und Haaren ausgeliefert, ihnen blieb keine andere Wahl, als sich wie Leibeigene von ihrem Souverän freizukaufen. Sie haben dabei vieles dazugelernt, der nackte Überlebenskampf hat sie gleich in jungen Jahren abgehärtet. Mittlerweile sind sie zu selbstbewußten Hechten herangewachsen. Die Willkür der kommunistisch geprägten Gesetzgeber und Beamten wollen sie sich nicht mehr gefallen lassen. Die neue Klasse geht in die Politik.

Eine amerikanische Journalistin hat einmal Konstantin Borowoi als den Guru der rußländischen »Bisnessmeny« bezeichnet. Gleich nach ihrer Gündung im Jahre 1990 wurde seine Russische Waren- und Rohstoffbörse zum Flaggschiff und gleichzeitig zu einem Eisbrecher für die entstehende Marktwirtschaft. Doch der junge Kapitalismus erhielt nicht nur in der Hektik des gemieteten Kuppelsaales des alten Moskauer Hauptpostamtes immer wieder neue Nahrung – in den Büros des Managements wurde von Anfang an intensiv über die Imagepflege der noch hauchdünnen Schicht der Geschäftsleute nachgedacht. Hier war man alles andere als öffentlichkeitsscheu. Sein politisches Engagement und seinen persönlichen Mut hat der 43jährige Börsenpräsident Konstantin Borowoi in den Tagen des August-Putsches unter Beweis stellen können. Unter seiner Führung zogen die revolutionären Broker mit der damals durch Fotos und Fernsehreportagen weltberühmt gewordenen überdimensionalen Trikolore (sie war von der Eröffnungszeremonie der Börse übriggeblieben) zwischen die Panzer der Putschisten und verkündeten somit ihren offenen Widerstand. Er war es auch, der gleich wenige Tage nach dem Sieg den Moskauer Behörden drohte, die Hauptstadt zu einem für Unternehmertum ungünstigen Gebiet zu erklären, wenn sie sich nicht den Bedürfnissen der Geschäftswelt zuwenden. Er war damals schon reif für die Politik.

Im Frühjahr 1992 initiierte Konstantin Borowoi die Partei der ökonomischen Freiheit. Er bleibt nach wie vor Präsident der Russischen Waren- und Rohstoffbörse, hat aber die Geschäftsführung dem 38jährigen Alexej Wlassow übertragen. Die neue Partei hat sich aus dem Stegreif einen Namen gemacht – in erster Linie dank dem Bekanntheitsgrad und dem Temperament von Borowoi, aber auch dank der Popularität ihres zweiten Co-Vorsitzenden, des weltberühmten Augenchirurgen und Unternehmers Swjatoslaw Fjodorow. Kann sein, daß diese beiden Männer schon sehr bald ein gewichtiges Wort in der Politik Rußlands mitreden werden.

Als der *MENATEP*-Chef Michail Hodorkowski danach gefragt wurde, wie er zu den Aktivitäten von Borowoi stehe, sagte er: »Ich weiß noch nicht, inwieweit die Politik dadurch gewonnen hat, aber für das Business ist das ein großer Verlust«. Er selbst neige vom Charakter her nicht zur politischen Betätigung. Aber auf seine Weise bastelt auch Hodorkowski, der sehr viel Sinn für PR-Arbeit zeigt, am öffentlichen Image der neuen Unternehmerklasse. Er ist einer der ersten *Bisnessmeny*, der seine Success-Story und seine Philosophie zu Papier gebracht hat (bringen ließ). Sein Buch trägt den prägnanten Titel *Der Mann mit dem Rubel* (*Tschelowek s rubljom*). Für jeden Rußländer wird die geistreiche Andeutung auf den berühmten sowjetischen Revolutionsfilm *Der Mann mit dem Gewehr* (*Tschelowek s ruschjom*) sofort offensichtlich. Das Wortspiel symbolisiert den historischen Gezeitenwechsel: Anstelle des bolschewistischen Soldaten, der letztendlich Rußland seine heutige Misere eingebrockt hat, tritt der neue Unternehmertyp, der den steckengebliebenen Karren aus dem Dreck zieht.

So wird es auch kommen. Der Mann mit dem (vorerst unkonvertierbaren) Rubel – wer denn sonst? – wird das Land sanieren und dadurch in eine Industrieweltmacht verwandeln. Die heutigen Mittdreißiger und Mittzwanziger mit ihrem Pioniergeist haben den Mumm und den Ehrgeiz dafür. Noch sind sie eine Minderheit, aber sie werden das Bild der russischen Wirtschaft in immer größer werdendem Maße bestimmen.

Der Mann mit dem Rubel und der Mann mit dem Kreuz – das sind auch die Schlüsselfiguren für das künftige geistige Leben der Nation.

3. Die neue Kultur

Zwischen Popen und Sponsoren

»Eigentlich schade, daß es den Kommunismus nicht mehr gibt. Mit ihm ist eine ganze Epoche in der Kulturgeschichte zu Ende gegangen«, bemerkte in einem Gespräch mit Vitali Tretjakow, dem Chefredakteur der *Nesawissimaja Gaseta*, ein französischer Professor. Man braucht gar nicht mal linksorientiert zu sein, um die Wehmut des Pariser Gelehrten nachvollziehen zu können. Ein Lexikon des Geisteslebens und der Kunst des 20. Jahrhunderts würde zu einem Faltblatt zusammenschrumpfen, wollte man all jene herausnehmen, die sich in ihrem Schaffen oder in ihrer gesellschaftlichen Tätigkeit von der kommunistischen Ideologie haben beeindrucken, inspirieren oder vereinnahmen lassen, sei es auch nur für eine gewisse Zeit. Die Filmfreunde würden beispielsweise ohne Sergej Eisenstein, ohne einen Großteil des italienischen Neorealismus, darunter Lucchino Visconti, ohne Akira Kurosawa und Bernardo Bertolucci auskommen müssen, die bildende Kunst bliebe ohne die ganze russische Avantgarde, darunter Kasimir Malewitsch und El Lissitzky, ohne Pablo Picasso und Diego Rivera, und wäre man erst bei der Literatur angelangt, wüßte man anfangs gar nicht so recht, wer eigentlich noch übrig wäre. Denn allein unter den deutschsprachigen Autoren müßte man – um nur einige zu nennen –

auf Bertolt Brecht, Heinrich Mann, Lion Feuchtwanger, Egon Erwin Kisch, Kurt Tucholsky verzichten, von den Schriftstellern der DDR ganz abgesehen.

Wenn sich also überall in der Welt Intellektuelle von solchem Format der geistigen Verführung des Kommunismus ergeben haben, so nimmt es nicht wunder, daß nahezu alle sowjetischen Kulturschaffenden, wie man damals zu sagen pflegte, oft völlig aufrichtige und nicht selten künstlerisch wertvolle Huldigungen an das System dargebracht haben. Es wäre ungerecht, dies jetzt wahllos jedem vorzuwerfen oder anzulasten. Es wäre allerdings nicht weniger unangebracht, die offizielle Kultur des Arbeiter-und-Bauern-Staates als den Höhenflug des kreativen Geistes zu preisen. Doch genau das tun – wissentlich oder ungewollt – all jene, die heute über den Untergang der eigenen Kultur unken.

Daher sollte man sich, ehe man den recht zahlreichen – und teilweise sogar begründeten – Kassandrarufen Glauben schenkt, erst einmal klar werden, wovon in jedem einzelnen Fall eigentlich die Rede ist.

Es gab beispielsweise Menschen, die die Demontage der Dserschinski-Statue vor dem Hauptquartier des KGB in Moskau am 22. August 1991 als ein Abgleiten Rußlands in den Vandalismus darzustellen versuchten. Doch wer nach der Augustrevolution auf Vandalen zu sprechen kam, der hätte sich natürlich auch mal fragen sollen, ob nach der Oktoberrevolution die Zurschaustellung des mumifizierten Häuptlings in einem Mausoleum etwa kein barbarischer Akt war, ob die Verwandlung des Roten Platzes, der traditionell ein Markt und eine Promenade war, samt der Kremlmauer in einen Friedhof für verdiente Parteifreunde und die Durchführung von Jubeldemonstrationen und Turnfesten am Fuße dieses Freilicht-Pantheons nicht wie Blasphemie anmutete, ob das

Aufstellen von serienmäßig hergestellten Götzenbildern des Staatsgründers in jeder Stadt, in jeder Behörde, in jedem Betrieb, in jeder Schule, in jedem Festsaal nichts mit heidnischem Kult zu tun hatte – kurzum, ob die kommunistische Kultur der Sowjetunion in einigen Wesenszügen mit den Normen der modernen Zivilisation überhaupt vereinbar war. Das kritische Wahrnehmungsvermögen der Sowjetbürger, wie übrigens auch vieler Ausländer, war in den vielen Jahrzehnten derartig abgestumpft, daß dies alles als nahezu selbstverständlich hingenommen wurde, obwohl man eigentlich schaudern müßte. Natürlich stellt die einstige Barbarei der Kommunisten, die ihre Kultur auf den Trümmern zerstörter und geschändeter Kirchen, ausgeraubter Adelspaläste und niedergebrannter Gutsherrenbibliotheken aufgebaut haben, keine Entschuldigung für ihre heutigen Gegner dar: Die Formel »Auge um Auge, Zahn um Zahn« stammt zwar aus der Bibel, ist jedoch am Ende des 20. Jahrhunderts, besonders wenn es um schöpferische Leistungen geht, nicht mehr vertretbar. Aber gehören Denkmäler für Geheimdienstchefs überhaupt in die Sparte Kultur?

Jede Revolution hatte ihre Denkmalsstürmer, und es war abzusehen, daß nach dem Sturz der KPdSU auch in Rußland Bronzeköpfe rollen würden. Doch das, was nach der Niederschlagung des Putsches in Moskau geschah, war alles andere als blinde Zerstörungswut: Die revolutionären Massen, wie sich Kommunisten ausdrücken würden, handelten erstaunlich besonnen und zielbewußt, und so genügen die Finger einer Hand, um jene Skulpturen aufzuzählen, die in diesen Tagen in Moskau vom Sockel gehoben, aber nicht etwa kaputtgeschlagen, sondern der Bevölkerung in der Grünanlage neben dem Ausstellungszentrum »Zentrales Künstlerhaus« zur Besichtigung vorgelegt wurden. Die Menschen brauchten einen symbolischen Schlußstrich unter eine Epoche, ein Wahrzeichen ihres Sieges, und wer eignete sich zur Gabenbereitung besser als der Eiserne Felix, der mit der Gründung seiner Tscheka den Grundstein für den jahrzehntelangen physischen und geistigen Terror des Geheimdienstes gelegt hatte?

Der Fall des Dserschinski-Denkmals ist für mich die Geburtsstunde der neuen rußländischen Kultur. Sie wird sich aus der bisherigen sowjetischen Kultur noch herausschälen müssen, was Jahre in Anspruch nehmen wird, aber am 22. August 1991 wurde der Anfang gemacht: Die Kunst als Mittel der Parteipropaganda wurde vom Postament geholt.

Seitdem erlebt Rußland einen geistesgeschichtlichen Vorgang, der eine eindeutige Analogie mit der Entnazifizierung im Nachkriegsdeutschland aufweist. Die Aufgabenstellung ist nahezu die gleiche, die Voraussetzungen allerdings unterschiedlich: Vor einem halben Jahrhundert unterstand das besiegte Land den Besatzungsmächten, der Internationale Militärgerichtshof in Nürnberg qualifizierte das ehemalige Regime und seine Ideologie als verbrecherisch und verurteilte seine Spitzenvertreter, die Menschen waren moralisch niedergeschlagen und mit dem nackten Überleben beschäftigt – und so fand sich kaum jemand, der gegen die Vernichtung der Hitlerbildnisse und Hakenkreuzverzierungen, gegen das Verbot von Hetzschriften und Propagandafilmen, gegen die Suspendierung der nationalsozialistischen Professoren und Kulturfunktionäre hätte ankämpfen wollen. Das Ausschalten der NS-Einflüsse konnte in einem okkupierten Deutschland viel schneller und umfassender durchgeführt werden, als es heute in einem sich demokratisierenden Rußland möglich sein wird, wo der Kommunismus eben nicht von äußeren Kräften niedergeworfen, sondern von innen her gesprengt wurde.

Will man daher den Bürgerfrieden und eine gewisse innenpolitische Stabilität bewahren, muß man Lenins Leichnam vorerst ruhen lassen. Der Tag, an dem seine sterblichen Überreste aus dem Mausoleum getragen und, wie es sich gehört, der Erde übergeben werden (vielleicht in St. Petersburg neben dem Grab seiner Mutter, wie es Oberbürgermeister Anatoli Sobtschak noch im Herbst 1991 vorgeschlagen hatte), wird das Ende der offiziellen Entkommunisierung Rußlands markieren.

Doch mit der Durchführung dieser Aktion sollte man sich wirklich etwas Zeit lassen. Ich teile nicht die Meinung jener radikalen Antikommunisten, die in der jetzigen angespannten Situation Jelzin ein demokratisches Treuegelöbnis gerade dieser Art abverlangen. Auch die bislang ungestörte Präsenz unzähliger Bronze-Lenins überall in der russischen Provinz ist für mich noch kein Beweis für die Reformfeindlichkeit der örtlichen Behörden. Es ist nämlich die große Frage, wer gegenwärtig die besseren und die fortschrittlicheren Stadtväter sind: Jene, die sich für die sofortige Entfernung von kommunistischen Symbolen und somit auch für Sondereinsätze der Polizei aussprechen, oder diejenigen, die sich vorläufig auf soziale Maßnahmen konzentrieren und aus den ohnehin mageren kommunalen Etats lieber die Instandsetzung von Straßen finanzieren möchten.

Es gilt heute vor allem, den sozialen, den wirtschaftlichen Nährboden für den Leninismus auszutrocknen, die Fundamente seiner Denkmäler politisch auszuhöhlen – dann wird man sie auch eines Tages ohne große Umstände beseitigen können. Der Präsident und die Regierung Rußlands tun gut daran, sich auf den ersten Teil dieser Aufgabe zu konzentrieren und alles weitere – ganz im

Sinne der Dezentralisierung – in das Ermessen der lokalen Behörden zu stellen. So wiederholen sie nicht den Fehler Chruschtschows, der 1961 den mumifizierten Stalin aus dem Mausoleum, wo er seit seinem Tod 1953 neben Lenin gelegen hatte, herausholen und praktisch in einer Nacht in der ganzen Sowjetunion die zahllosen Stalin-Denkmäler demontieren ließ. Damit meinte er einen wesentlichen Beitrag zur Überwindung des »Personenkults«, wie er die Terrorherrschaft seines Vorgängers bezeichnete, geleistet zu haben. Aber diese durch grundlegende Reformen nicht untermauerte Maßnahme hat den Neostalinisten Breschnew nicht daran hindern können (oder sogar ermuntert), drei Jahre später Chruschtschow zu stürzen und sich selber in eine Kultfigur zu verwandeln.

Irgendwann werden sich alle lokalen Behörden der Propaganda-Monumente annehmen müssen, aber sie sollten sich dabei von den Stimmungen vor Ort und nicht von irgendwelchen Anweisungen aus dem fernen Moskau leiten lassen. Oberbürgermeister Anatoli Sobtschak beispielsweise gelangte erst Anfang August 1992, also ein ganzes Jahr nach dem Sturz des Eisernen Felix, zu der Überzeugung, daß der passende Moment gekommen sei – und verordnete, seine Stadt innerhalb eines Monats von allen Lenin-Denkmälern, die keinen künstlerischen Wert darstellten, zu säubern. Wenn schon in der Metropole und antikommunistischen Hochburg St. Petersburg diese Entscheidung derart lange reifen mußte, so sollte man sich darauf gefaßt machen, daß man bei den Hinterwäldlern noch Jahre später auf bronzene oder gipserne Götzen stoßen wird.

Die ideologische Entsorgungsaktion in St. Petersburg verlief übrigens ohne irgendwelche nennenswerten Ausschreitungen, was einen Pluspunkt für den geduldigen und bedachtsamen Politiker Sobtschak bedeutete. Mir ist diese Besonnenheit der Behörden bei der Entkommunisierung der Straßen und Plätze in russischen Städten viel lieber als eine zentral gelenkte gesamtnationale Säuberung, bei der die Grenze zum Vandalismus sehr leicht überschritten werden könnte und Konfrontationen unausweichlich wären. Zweifellos würden solche Monumente nur verschwindende Minderheiten tatkräftig verteidigen, aber sie würden lautstark, fanatisch und daher opferfreudig handeln, und der Anblick junger Polizisten, die grauhaarige ordengeschmückte Veteranen und alternde hysterische Frauen mit Knüppelgewalt auseinanderjagen müßten, würde dem Ansehen der neuen Macht viel mehr schaden, als die vorläufige Erhaltung der gewohnten Bronze-Lenins, die mit ihren ausgestreckten Armen den Weg in eine lichte Zukunft weisen, an die kaum jemand mehr glaubt.

Auch die Besonnenheit der Bevölkerung, die ebenfalls keinen übertriebenen Eifer bei der Beseitigung der propagandistischen Hinterlassenschaft der Sowjetunion an den Tag legt, ist mir sympathisch. Ich sehe darin einen weiteren Beleg für die derzeit äußerst nützliche Depolitisierung der russischen Gesellschaft, die ihr Heil nicht mehr in revolutionärer Betätigung sucht, sondern die individuellen Interessen und Bedürfnisse der Menschen in den Vordergrund rückt. Die Bürger Rußlands sind so mit sich selbst beschäftigt, daß sie keinen Anstoß an der stummen Anwesenheit des Führers des Weltproletariats nehmen, vorausgesetzt, er stört sie nicht bei der Anpassung an die kapitalistische Zukunft. Ich weiß nicht, ob man in diesem Fall von Toleranz, Nachsicht, Gleichgültigkeit oder nacktem Pragmatismus sprechen soll, doch was immer es auch sein mag, es ist mir viel lieber als jene revolutionäre Zerstörungssucht, von der sich das Volk

1917 hatte anstecken lassen. Die moderne russische Gesellschaft verspürt heute eine viel tiefere Abneigung gegen Gewaltakte jeglicher Art, als man nach sieben Jahrzehnten kommunistischer Indoktrinierung hätte erwarten können, und so hat sie sich selbst durch die Kataklysmen der letzten Jahre nicht zu Haßausbrüchen gegen die Vergangenheit, ihre Verfechter und deren Symbole verleiten lassen. Die nach dem August 1991 befürchtete Hexenjagd ist ausgeblieben – und mit ihr die Götterdämmerung.

Die duldsam-gelassene Einstellung der Rußländer zu den sie immer noch umgebenden Götzenbildern erklärt sich auch damit, daß Millionen von ihnen schon 1991 etwas durchgesetzt hatten, was ihnen viel näher am Herzen lag als die Vernichtung der Lenin-Statuen: die Rückbenennung traditioneller russischer Städte.

Die Verewigung der Führer nicht nur in Monumenten, sondern auch in Ortsnamen gehörte zu den Eckpfeilern der kommunistischen (Un-)Kultur. Stalin konnte beim Betrachten der sowjetischen Landkarte sich und seinen Lehrer Lenin auf jedem Breitengrad wiederfinden. Auch die besten Genossen – sowohl die verstorbenen als auch die lebenden – bekamen seit den 20er Jahren eine oder gleich mehrere Städte zuerkannt, was zu einer Verschmelzung von Topographie und Parteigeschichte führte. Chruschtschow ließ zwar den Namen Stalins ausmerzen, änderte jedoch nichts am Prinzip. In den 80er begann eine neue Welle der Umbenennungen: Zuerst erhielt eine Stadt den Namen Breschnew, bald darauf eine weitere den Namen Andropow, und während der todkranke Konstantin Tschernenko regierte, scherzten die Menschen, Moskau werde demnächst Konstantinopel heißen.

Dieser widersinnigen und kulturfeindlichen Selbstdarstellung der KPdSU wurde erst Anfang der 90er Jahre ein Ende gesetzt: Zuerst haben auf Anweisung von oben die Städte Breschnew, Andropow und Tschernenko ihre ursprünglichen Namen wiederbekommen, dann wurden auf Druck von unten in allen Sowjetrepubliken schon länger zurückliegende Parteibeschlüsse revidiert – allein in dem kleinen Armenien haben etwa 100 Städte und Ortschaften ihre traditionellen Bezeichnungen wiedererlangt. In Rußland, um nur einige Beispiele zu nennen, erhielt die Stadt Kalinin, einst umbenannt nach Stalins willfährigem Parlamentspräsidenten, ihren mittelalterlichen Namen Twer zurück, Gorki, umgetauft zu Ehren des »proletarischen Schriftstellers« Maxim Gorki, hieß wieder wie zu ihrer Blütezeit als internationale Handelsmetropole Nischni Nowgorod, an der Wolga lag nicht mehr Kujbyschew, sondern erneut Samara, und das berühmte Dreifaltigkeits-Sergius-Kloster bei Moskau befand sich nicht mehr in Sagorsk, sondern, wie schon mehrere Jahrhunderte zuvor, in Sergijew Posad.

Die sich national emanzipierenden Völker des Imperiums (auch das russische, dessen traditionelle Kultur, wie ich bereits erwähnte, von der KPdSU teils unterdrückt, teils sowjetisiert wurde) haben diese Siege hart erkämpfen müssen. Ich kann das sehr gut dank einem ganz persönlichen Erlebnis nachvollziehen: Mitte der 80er Jahre, als ich in der Zeitung *Sowjetskaja Kultura* arbeitete, wurde ein Kollege, von Nationalität Aserbaidschaner, kurzerhand gefeuert, weil er sich in einem Artikel lediglich die Frage erlaubt hatte, ob die aserbaidschanische Stadt Kirowabad (so benannt nach dem 1934 unter mysteriösen Umständen getöteten Leningrader Parteichef Kirow) nicht doch lieber ihren jahrhundertealten Namen Gjandscha tragen sollte. Die Begründung für den prompten Rausschmiß lautete: Nationalismus.

Nachdem fünf Jahre später die Wiederkehr historischer Städtenamen überall im Reich sintflutartigen Charakter angenommen hatte, sah sich die KP und ihre Presse gezwungen, diesen Prozeß zurückhaltend hinzunehmen und so zu tun, als ob sie eigentlich schon immer dafür gewesen sei. Doch als 1991 Leningrad an die Reihe kam, änderte sich das Verhalten der Kommunisten schlagartig. »Schützt Leningrad!« hieß die fettgedruckte Schlagzeile, die im Vorfeld des 12. Juni tagtäglich auf der Titelseite der damals noch auflagenstarken *Prawda* erschien. Auf diesen Tag hatte Oberbürgermeister Sobtschak mit Unterstützung des Stadtparlaments ein Referendum mit der Frage angesetzt: »Möchten Sie, daß unserer Stadt ihr ursprünglicher Name – Sankt Petersburg – zurückgegeben wird?« Der Hintergrund für die fast hysterische Gegenreaktion der Kommunisten war offensichtlich: Eine Absage an Kalinin oder Kujbyschew konnte die KP schmerzlos vertragen, ein »Nein« zu dem Namen Lenin käme einer Abrechnung mit dem Leninismus, der staatstragenden Ideologie, gleich. Deshalb wurde in den KP-treuen Medien damals das schwerste Geschütz aufgefahren: Den Lesern sollte der Eindruck von volks- und landesweiten Protesten vermittelt werden.

Die *Prawda* druckte ununterbrochen empörte Zuschriften aus allen Teilen der Sowjetunion. Ihr Grundtenor war: Wir lassen uns unsere Geschichte nicht wegnehmen! Massiv wurden nationale und patriotische Gefühle der Menschen ins Spiel gebracht. So wurde ständig daran erinnert, daß die Stadt Leningrad hieß, als sie 900 Tage den sie belagernden deutschen Truppen im Großen Vaterländischen Krieg trotzte. Eine Umbenennung wäre, so die zahlreichen Veröffentlichungen, eine Schmähung jener Helden, die die Blockade durchgemacht haben. In einer Zeitung hieß es sogar, schon Hitler wollte nach seinem Überfall auf die Sowjetunion Leningrad in St. Petersburg umbenennen – nun hätten sich die Demokraten um Sobtschak seiner Sache angenommen. Ausdrücklich wurde auch auf den ausländischen Charakter des ursprünglichen Namens hingewiesen. Selbst die Kostenfrage, die für die kommunistischen Machthaber früher nie ein Problem darstellte, wurde jetzt geschickt ausgeschlachtet.

Trotzdem sprachen sich 54 Prozent der Leningrader dafür aus, sich in Zukunft Petersburger nennen zu dürfen. Nun galt es, die Ergebnisse der Volksbefragung durch eine entsprechende behördliche Entscheidung rechtskräftig zu machen. Unklar blieb jedoch, welche Institution sie fällen sollte. Es war abzusehen, daß das kommunistisch-konservative Parlament Rußlands dieses Recht für sich beanspruchen würde und eine Umbenennung blockieren könnte. Nach der Niederschlagung des Staatsstreichs nutzte Jelzin die Gunst der Stunde: Am 6. September ließ er den Parlamentsvorsitzenden Chasbulatow per Dekret die Stadt, die zusammen mit Moskau den kommunistischen Putschisten den größten Widerstand geleistet hatte, von dem Namen Lenins befreien. Eine ähnliche Verordnung hatte Jelzin selbst gleich nach dem Sieg unterschrieben, als er die russische weiß-blau-rote Trikolore, die in den Jahren der Perestroika zur Fahne der Demokratiebewegung geworden war und während des Putsches über den Barrikaden wehte, zur Staatsflagge erklärte. Auch in dieser Frage wollte er sich vom Parlament nicht binden lassen, denn ein Jahr zuvor hatte der frischgewählte Kongreß der Volksdeputierten Rußlands stehend seinen eigenen Beschluß gefeiert, all jene Abgeordneten, die sich erdreistet hatten, kleine dreifarbige »zaristische« Fähnchen mitzubringen, aus dem Sitzungssaal hinauszuweisen.

Die Wiedereinführung der Trikolore, der Sturz des Dserschinski-Denkmals und die Umbenennung Leningrads waren entscheidende Weichenstellungen bei der Entkommunisierung Rußlands nach dem Putsch. Einen weiteren Höhepunkt stellte am 26. Juli 1992 das (zuvor hier und da sporadisch praktizierte) reibungslos durchgeführte einheitliche Hissen der traditionellen Andreasflagge auf allen Schiffen der russischen Kriegsmarine am 26. Juli 1992.

All dies waren eindeutig fällige Maßnahmen, die bei den Befürwortern der Entkommunisierung im Grunde genommen keine Zweifel an ihrer Zweckmäßigkeit aufkommen ließen. Aber je weiter sich dieser Prozeß entfalten wird, desto mehr Fragen wird er aufwerfen.

Sollten beispielsweise nach den Städten nun auch alle Straßen und Plätze andere Namen bekommen? Hier war die Partei nämlich noch großzügiger gewesen und verewigte ihre Topleute buchstäblich auf Schritt und Tritt, ohne dabei die Phantasie besonders in Anspruch zu nehmen. Fast in allen russischen Städten, die sich wegen der hingepfuschten Wohnsilos ohnehin wie Plastikbecher ähneln, findet man neben dem obligatorischen Bronze-Lenin auch einen Lenin- oder Oktoberplatz sowie garantiert eine Kommunisten-, eine Rotarmisten-, eine Komsomolzen-, eine Kosmonauten-, eine Dserschinski-, eine Kirow-, eine Kalinin- und eine Gorkistraße. In Moskau hat man in letzter Zeit weder Mühe noch Kosten gescheut, um die traditionellen Namen wiederkehren zulassen (was einen vor 1991 erschienenen Stadtplan nahezu unbrauchbar macht). Nun ist Moskau allerdings eine Metropole, in der seit acht Jahrhunderten die Geschichte Rußlands gemacht wird, und so gehören ihre historischen Straßennamen, die man in Lehrbüchern, Kunstlexika und klassischen Romanen wiederfindet, zum nationalen Kulturgut. Wie soll man aber beispielsweise in den zahlreichen neuen Städten, die in Sibirien in der sowjetischen Epoche entstanden sind, verfahren? Alle Oktoberplätze in Augustplätze verwandeln? Alle Komsomolzenstraßen umbenennen, obwohl es doch gerade die Mitglieder des kommunistischen Jugendverbandes waren, die, durch die Parteipropaganda enthusiasmiert, viele Städte im Osten des Landes – zusammen mit Strafgefangenen – aufgebaut haben? Welche Namen müssen unbedingt eliminiert werden und welche können dosiert (in welcher Dosierung?) beibehalten werden? Gehört der Geheimdienstgründer Felix Dserschinski zur ersten Kategorie und der weltbekannte Schriftsteller Maxim Gorki, der sich von den Arbeitslagern des Geheimdienstes begeistern ließ, zur zweiten? Welche Namen sollten denn anstatt der nun verworfenen verewigt werden? Könnte es nicht passieren, daß das einfältige kommunistische Standard-Sortiment lediglich durch ein nicht weniger einfältiges antikommunistisches ersetzt wird, und tausende Straßen allerorts in Rußland die Namen von Nikolaus II., des vorrevolutionären Reformers Stolypin sowie einiger weißgardistischer Generale bekommen?

Die russische Gesellschaft wird viele solcher Fragen ausdiskutieren müssen, und gerade die scheinbare Trägheit der Entkommunisierung bietet die Möglichkeit, diese Auseinandersetzung mit der kulturellen Vergangenheit gründlich und umsichtig zu führen. Schließlich geht es nicht um zwölf Jahre totalitärer Herrschaft, wie es in Deutschland der Fall war, sondern um sieben Jahrzehnte, die, um mit dem eingangs zitierten französischen Professor zu sprechen, eine ganze Epoche in der Kulturgeschichte darstellten. Es ist unmöglich und wäre zweifellos auch falsch, alles ausradieren zu wollen, was diese Ära hervorgebracht hat. So kommt beispielsweise niemandem der wahnwitzige Gedanke, die Moskauer Metro, das Prunkstück der Hauptstadt, umzubauen, nur weil ihre alten Stationen, die die eigentliche Sehenswürdigkeit der U-Bahn sind, von kommunistischen Symbolen nur so strotzen. Und der zart-kitschige Springbrunnen der Völkerfreundschaft auf der ehemaligen Ausstellung der Errungenschaften der Volkswirtschaft (WDNCh), die heute in ein normales Messegelände umfunktioniert wird, ist ein hervorragendes und von Touristen immer wieder bestauntes Musterbeispiel einer architektonischen Richtung – genau wie die in Deutschland als Zuckerbäcker-Kathedralen bezeichneten Moskauer Hochhäuser aus der Stalinzeit, denen die Stadt ihre ganz besondere Silhouette verdankt, die wohl keiner ihrer Bürger missen möchte.

Aber sind nicht einige der unzähligen Lenin-Statuen ebenfalls kulturgeschichtliche Denkmäler? Es waren schließlich nicht nur Fließband-Bildhauer, sondern – wie am Anfang dieses Kapitels bereits erwähnt – auch die bedeutendsten Künstler der Sowjetunion, die sich dieses Themas angenommen hatten. Haben ihre Schöpfungen kein Anrecht darauf, für die Nachkommen erhalten zu bleiben, und zwar nicht in irgendwelchen Museumskellern, sondern dort, wo sie ursprünglich aufgestellt wurden? Anatoli Sobtschak beantwortet diese Frage mit »Ja«, denn er hat – wohlgemerkt – aus seiner Stadt nicht alle Lenin-Denkmäler entfernen lassen, sondern nur die, die keinen künstlerischen Wert darstellen. Nun kann man sich natürlich fragen, ob es moralisch überhaupt vertretbar ist, selbst (oder gerade) durch künstlerisch wertvolle Bildnisse einen Menschen zu würdigen, der seine Heimat in ein blutiges Chaos gestürzt hat, der zum Bürgerkrieg anstachelte, der Massenmorde propagierte und auch anordnete? Für Hitler gibt es keine

Denkmäler in Deutschland. Wohl aber für Franco in Spanien, was bei niemandem den Verdacht aufkommen läßt, das Land sehne sich nach der Diktatur und einem neuen Bürgerkrieg. Da steht uns Rußländern noch eine spannende Diskussion bevor.

Sie wird sich vorwiegend um Monumente sowie Straßen- bzw. Ortsnamen drehen, denn hier bedarf jede Änderung einer behördlichen Entscheidung, also einer Parteinahme des Staates, was in einer Demokratie zwangsläufig die Opposition auf den Plan ruft. Viel unauffälliger und schmerzloser (für die ganze Gesellschaft, nicht für die einzelnen Betroffenen) wird die Entkommunisierung in der Literatur, im Film, im Theater vonstatten gehen. Aus diesen Bereichen hat sich der Staat bereits weitestgehend zurückgezogen, und das Ausjäten der postkommunistischen Kulturlandschaft bleibt dem freien Spiel der Kräfte überlassen. Sprich: dem Markt.

So präsentiert sich die eindeutige Kommerzialisierung des russischen kulturellen Lebens, die von vielen verteufelt wird und gewiß ihre Schattenseiten hat, als das effizienteste Mittel der Entkommunisierung. Was nicht gefragt ist, wird eben nicht gedruckt, nicht gezeigt, nicht gespielt.

Es ist nicht nur der Autor Wladimir Lenin (sein Oeuvre stritt bis vor kurzem mit der Bibel um die weltweit höchsten Auflagen), der heute in Rußland keinen Absatz findet, so daß seine 58bändige Gesamtausgabe bei einem Altpapierhändler mehr einbringt als bei einem Antiquar. Auch solche Klassiker der Sowjetliteratur wie Wladimir Majakowski, Maxim Gorki oder Michail Scholochow, von weniger bedeutenden Sängern der Revolution und des Sozialismus ganz zu schweigen, sind aus dem Bewußtsein der Öffentlichkeit nahezu völlig verdrängt und werden wohl kaum je ein Comeback schaffen: Sie standen zu lange im Dienste der Kommunistischen Partei. Majakowski, den Stalin als »den besten und begabtesten Dichter unserer Sowjetepoche« bezeichnete, hat mit seiner Poesie, seiner Persönlichkeit und auch seiner Satire mehrere Generationen beeinflußt und inspiriert. Es war bei weitem kein Zufall, daß Anfang der 60er Jahre junge Lyriker ausgerechnet am Fuße seines Denkmals in Moskau mit ihren Gedichten Chruschtschows Perestroika, das Tauwetter, feierten. Doch nach dem Scheitern auch der zweiten Perestroika interessiert sich kaum jemand für sein Schaffen, es sei denn, die Journalisten greifen hin und wieder ironisch oder verurteilend eine Zeile von ihm auf – wie etwa den berühmten Satz aus dem 1918 geschriebenen »Linken Marsch«, in dem der Autor die Redner auffordert zu schweigen, denn nun habe die Mauserpistole das Wort. Nicht zuletzt wegen solcher Verherrlichung revolutionärer Gewalt wird Majakowski keinen Ehrenplatz in der künftigen rußländischen Kultur einnehmen.

Doch es ist nicht die Sorge etwa um sein literarisches Erbe, die heute so manchem den geistigen Niedergang der Nation weissagen läßt. Unter den rund zehntausend Mitgliedern des zerfallenen Schriftstellerverbandes der UdSSR finden sich recht viele, die über den eigenen Stellenwert in der Literaturgeschichte bangen müssen. Früher waren sie angesehene »Schöpfer«, zudem vielleicht Ausschußvorsitzende, Vorstandsmitglieder oder sogar Sekretäre im Verband, sie genossen eine gebührende medizinische Versorgung, konnten sich regelmäßig mit Mangelwaren eindecken, fuhren im Sommer wie im Winter zum Spartarif in die verbandseigenen Erholungsheime und zwischendurch als Abgesandte der Sowjetliteratur, wie es damals so schön hieß, ins Ausland. Heute müssen sie mitansehen, wie diese Literatur, deren bewährter Stützpfeiler sie waren, von Fremdlingen mit Füßen getreten wird: In den Buchläden liegen nicht mehr ihre eigenen Romane über den edlen Kampf progressiver Kommunisten aus den Großbetrieben gegen einzelne konservative Widersacher im Parteiapparat, ihre Erzählungen über die Siege der Roten Armee und ihre Gedichtbände über die Poesie des Kolchoslebens auf den Verkaufstischen, sondern irgendwelche Kriminal- und Abenteuergeschichten westlicher Autoren. Wenn das kein Grund ist, Alarm zu schlagen!

Stalin hatte es 1934, im Jahr seines endgültigen Sieges über jegliche innerparteiliche Opposition, mit der Gründung des Schriftstellerverbandes der UdSSR geschafft, das Nomenklatura-Prinzip auch im kulturellen Leben durchzusetzen. Von nun an wurden die Schriftsteller, die ja eigentlich Individualisten sind und nicht im Kollektiv, sondern bei sich zu Hause am Schreibtisch arbeiten, in einer einheitlichen behördenähnlichen Organisation beisammengehalten, die ihnen einen Großteil ihrer materiellen Sorgen abnahm, sich aber dafür die Möglichkeit der ideologischen Kontrolle sicherte. Die hierarchische Struktur erlaubte jedem in den Verband aufgenommenen Schreiber, eine administrative Karriere zu machen, bei der natürlich andere Eigenschaften als literarisches Talent ausschlaggebend waren. Allerdings stiegen parallel zum Erklimmen der Verwaltungsleiter auch die Auflagen dieser Autoren, denn alle Verlage unterstanden der Partei, die nützliche Bücher zu fördern wußte. So konnte ein begabter, aber unbequemer Autor manchmal Jahre auf eine Veröffentlichung warten, während linientreue Sekretäre des Verbandes Gesammelte Werke gleich in mehreren Bänden herausgaben, was sogar den Ausdruck Sekretärsliteratur aufkommen ließ. Nichtsdestoweniger hatte jedes gewöhnliche Mitglied des Verbandes unvergleichbar mehr Chancen, zum Leser vorzudringen, als ein Außenstehender. So stellte diese Institution für die Schriftsteller sowohl das Sprungbrett zu materiellen Gütern und zur Macht als auch die Grundlage ihrer Selbstverwirklichung dar. Der Ausschluß aus dem Verband, ähnlich dem Ausschluß aus der KPdSU, kam deshalb einer Aberkennnung der staatsbürgerlichen Rechte gleich. Das erklärt, warum seinerzeit der Ausschluß von Boris Pasternak, Alexander Solschenizyn und anderer Schriftsteller eine so große innen- und sogar außenpolitische Bedeutung erlangte.

Mit der Zeit bekamen nach dem gleichen Muster auch die bildenden Künstler, die Filmemacher, die Komponisten, die Architekten, die Journalisten ihre Verbände. Dank der entsprechenden Mitgliedschaft wurde beispielsweise einem Maler ein Atelier zugewiesen, er erhielt die Möglichkeit, sich regelmäßig an Ausstellungen zu beteiligen, ihm wurden lukrative Staatsaufträge zugeleitet. Nur ein Mitglied des Komponistenverbandes konnte hoffen, daß seine Werke in das Repertoire der staatseigenen Orchester aufgenommen wurden. Ein Regisseur, der zugleich auch noch ein Sekretär des Filmemacherverbandes war, bekam im Kinematographieministerium viel eher die Realisierung eines kostspieligen Projektes mit ausländischen Drehorten bewilligt als einfach ein guter Regisseur. Der wiederum konnte sich den Gram darüber in dem gepflegten Restaurant des Hauses der Filmemacher in Moskau herunterspülen, während einem Nichtmitglied selbst das verwehrt blieb und er sich mit dem Schlangestehen vor einer der wenigen Gaststätten der Stadt begnügen mußte. Übrigens rühmte sich auch das Haus der Journalisten seines Restaurants, obwohl das größte Ansehen unter den Intellektuellen stets die gastronomischen Einrichtungen des Hauses der Literaten genossen.

Sicher gaben diese Verbände ihren Mitgliedern ein manchmal sehr wichtiges – besonders für Künstler, die ständig in den eigenen vier Wänden arbeiten – Zusammengehörigkeitsgefühl, das bei einigen westlichen Kollegen meinem Eindruck nach sogar einen gewissen Neid hervorrief; sie eigneten sich gut für den ständigen Informationsaustausch und das Pflegen von Kontakten, sie kümmerten sich um den Nachwuchs, um die Veteranen, um die schöpferische Hinterlassenschaft und die verbliebenen Familien namhafter verstorbener Mitglieder. Hin und wieder konnten sie bei den Machthabern progressive Forderungen geltend machen. So erreichte eine vom Filmemacherverband 1986 auf der Glasnost-Welle gegründete Kommission, daß mehrere zuvor verbotene Streifen binnen kürzester Zeit auf die Leinwand kamen. Doch im Grunde genommen waren die sowjetischen Künstlerverbände immer ein Instrument der Partei gewesen, mit deren Hilfe die staatserhaltende Kultur gefördert und die Intellektuellen korrumpiert wurden. Ich sage das nicht, um im nachhinein irgendwem Vorwürfe zu machen. Auch ich habe in diesem System gelebt, auch ich gehörte zu den Nutznießern des Filmemacherverbandes, weil mein Vater dort Mitglied war. Ich sage das nur, um eine Tatsache festzuhalten.

Mit der KPdSU und der Sowjetunion sind auch diese Strukturen in ihrer ursprünglichen Form zusammengebrochen. Abertausende von Intellektuellen haben dadurch das Gefühl einer hinlänglichen materiellen Geborgenheit eingebüßt. Wenn also aus ihren Reihen heute die entstehende Marktwirtschaft und mit ihr die neue Macht verflucht werden, so erinnert das sehr an das Wehgeschrei der Staatsbetriebe, die früher eine Monopolstellung hatten und sich nie besonders um die Qualität ihrer Erzeugnisse kümmern brauchten, weil der Staat den Absatz garantierte. Unter den neuen Bedingungen ist ein Großteil von ihnen nicht konkurrenzfähig, aber sie versuchen verzweifelt, über Wasser zu bleiben, indem sie Subventionen und Vergünstigungen einfordern, die ihnen wegen ihrer angeblich so großen Bedeutung für die heimische Wirtschaft zustünden. Genauso verfahren die Literaten und Künstler, die sich heute über die tödliche Krise der nationalen Kultur entsetzen, wo es doch eigentlich um ihre persönliche Absatzflaute geht.

Für diese schiffbrüchigen Intellektuellen sind heute jene politischen Bewegungen attraktiv, die nach kulturellem Protektionismus rufen. Daher auch der Zulauf bei verschiedenen großrussisch-nationalistischen Vereinigungen, daher auch die Vehemenz, mit der ein alter ideologischer Streit wieder ausgetragen wird: Wie schon in der ersten Hälfte des 19. Jahrhunderts, debattieren die sogenannten Westler und Slawophilen erneut über die Ausrichtung der historischen Entwicklungswege Rußlands. Daß diese Grundsatzdiskussion nach sieben Jahrzehnten kommunistischer Herrschaft wieder aufgegriffen wurde, zeugt im Grunde genommen von einer erfreulichen Beständigkeit und Kontinuität im geistigen Leben der Nation. Wie jede Diskussion wird auch sie dem Fortschritt der Gesellschaft förderlich sein. Nur wird sie heute bedauerlicherweise allzuoft für den nackten Machtkampf mißbraucht.

Es ging und geht bei dieser Diskussion um eine generelle nationale Standortbestimmung. Ausgangspunkt sind die Reformen Peters des Großen (1672–1725). In den Augen der Westler (Sapadniki) stellte seine Hinwendung nach Europa einen notwendigen und progressiven historischen Vorgang dar. Die Westler betrachten Rußland als einen festen Bestandteil Europas und sehen es deshalb als natürlich und gesetzmäßig an, daß ihre Heimat denselben Entwicklungsweg beschreitet wie die ganze abendländische Zivilisation. Das bedeutete schon im vorigen Jahrhundert eine Befürwortung des Kapitalismus in der Wirtschaft, des Parlamentarismus in der Politik und des Individualismus als Philosophie. Die Slawophilen dagegen meinen, Peter hätte Rußland ein ihm wesensfremdes Entwicklungsmodell aufgezwungen, denn kraft seiner eurasischen Lage und wegen des gottgefälligen Charakters seines Volkes habe es einen besonderen Weg. Zu den urwüchsigen Eigenschaften der Russen, die ein ausgesprochen bäuerliches Volk seien, zählen die Slawophilen ihre Frömmigkeit, ihre patriarchale Gesinnung, ihren Gemeinschaftssinn. Das bedeutete noch im vorigen Jahrhundert eine Befürwortung des dörflichen Gemeinschaftseigentums, des von der orthodoxen Kirche unterstützten monarchischen Systems und einer Lebensphilosophie, die wir heute als Kollektivismus bezeichnen würden.

Natürlich dreht sich die neuerliche Konfrontation der Westler und der Slawophilen, die auf der heutigen politischen Bühne unter den Namen Demokraten und Patrioten agieren, nicht um die Reformen Peters, obwohl die Erkennungszeichen der streitenden Parteien unmittelbar mit seiner Tätigkeit zusammenhängen: Während die Anhänger der Regierung unter der weiß-blau-roten Trikolore marschieren, zeigt die russisch-nationalistische Opposition eine schwarz-gold-weiße Flagge. Als ich beim Beobachten einer Demonstration der Rechten einen Fahnenträger danach fragte, was er da in der Hand habe, erklärte er mir, das jetzige Staatsbanner, das erst Peter I. einführte, habe Rußland früher lediglich als Handelsflagge gedient, während die eigentlichen Farben der Monarchie schon lange vor Peter schwarz-gold-weiß gewesen sein.

»Außerdem ist doch jedem bekannt, daß weiß, blau und rot die Farben der Freimaurer sind.«

Die neuerliche Konfrontation der Westler und der Slawophilen dreht sich um die Reformen Jelzins: Gerade jetzt wird der Grundriß des zukünftigen Rußlands gezeichnet, und wenn die Demokraten, die durch Gorbatschows Öffnung zur Außenwelt und Gaidars Kapitalisierung der Wirtschaft starken Aufwind bekommen haben, bestrebt sind, das entstehende Gebäude von vornherein in die abendländische Häuserreihe zu integrieren, so versuchen die Patrioten, denen sich die National-Bolschewiken anschließen, das Baugelände möglichst weit außerhalb anzulegen und mit einem hohen Zaun zu umgeben. Sie müssen sich sehr beeilen, denn sobald der Bau im Stadtkern Konturen gewinnt, werden immer weniger Menschen zu ihnen hinausfahren wollen. Die These von einer vom Ausland ausgehenden Bedrohung für die nationale Kultur kommt da genau richtig. Sie belegt die Notwendigkeit der Abschottung. Als verderbenbringend wird dabei nicht nur die westliche Massenkultur, sondern auch die westliche Marktwirtschaft dargestellt. Sie sei dem russischen Wesen gänzlich fremd. Daher gelte es jene zu stürzen, die als Handlanger des Westens auftreten und diese Marktwirtschaft dem Volke aufdrängen. So geht man nahtlos von einer Diskussion über kulturelle Probleme zu einer politischen Aufgabenstellung über.

Im Lager der slawophilen Fundamentalisten findet man heute besonders viele Schriftsteller. Die einen sind hier aus Überzeugung angelangt, wie etwa die meisten Vertreter der sogenannten Dorfliteratur, die wirklich gute, ehrliche Bücher über die russische Bauernschaft in der Sowjetzeit und ihr tragisches Schicksal verfaßt haben, aber irgendwann in einer idealisierten patriarchalsittlichen Welt Zuflucht vor den sich zuspitzenden moralischen, ökonomischen, ökologischen und gesellschaftlichen Problemen zu suchen begannen. Ihr Engagement für antiwestliche Bewegungen ist heute durchaus natürlich, denn die beginnende Kapitalisierung und die mit ihr verbundene Modernisierung der russischen Provinz wird die Illusion der möglichen Rückkehr zu einem ursprünglichen, von der Zivilisation wenig beeinträchtigten Dorfleben endgültig zerstören. Wenn Wassili Below schon Mitte der 80er Jahre darüber empört war, daß Bauernmädchen in seiner Heimatgegend sich mit dem damals modischen Aerobic beschäftigten, was wird er erst sagen, wenn Bauernkinder Computerspiele und ihre Eltern Erotikvideos für sich entdecken. Das Festhalten an einem nationalen Sonderweg verwandelte den einst zu Recht vielgelesenen Schriftsteller und integren Menschen Valentin Rasputin in den heutigen Co-Vorsitzenden der extremen Russischen Nationalversammlung (Russkij Nationalnij Sobor). Der zweite Co-Vorsitzende heißt (diesen Namen sollte man sich merken) Alexander Sterligow, war früher KGB-General, dann in der Geschäftsführung des sowjetischen Ministerrates tätig, wo er geschickt einige Nobeldatschen privatisierte, später eine Zeitlang Mitarbeiter der politischen Mannschaft des Vize-Präsidenten Alexander Ruzkoi; gegenwärtig leitet er neben der Nationalversammlung die Bewegung »Offiziere für die Wiedergeburt Rußlands« und schließt den bewaffneten Kampf gegen die Regierung nicht aus.

Andere Schriftsteller sind zu den slawophilen Fundamentalisten hauptsächlich aus politischer und materieller Berechnung gestoßen. Juri Bondarew, der im 2. Weltkrieg Artillerieoffizier war und sich danach durch die »Schützengrabenwahrheit« seiner Prosa einen Namen machte, war unter Breschnew zum Literaturgeneral aufgestiegen und hat beim Einsturz des Systems fette Pfründe verloren. Die Betätigung am rechten Flügel stellt für ihn die einzige Alternative zum Rentnerdasein dar. Alexander Prochanow, der sich in den 80er Jahren mit politisch nützlichen Büchern wie beispielsweise einem Roman über die »internationalistische Hilfe« der Sowjetarmee für Afghanistan den Weg nach ganz oben pflasterte, haben die Demokraten einer musterhaften sowjetischen Literaturkarriere beraubt, was er ihnen nun als Chefredakteur der einflußreichen radikalen Oppositionszeitung *Denj* (Tag) heimzahlt.

Alle Literaten und Künstler aus dem slawophilen Spektrum haben eines gemeinsam: Die von Jelzin begonnenen Reformen drohen ihnen den Boden – sowohl den weltanschaulichen als auch den materiellen – unter den Füßen wegzuziehen. Daher die Unkenrufe und die Horrorvisionen.

Den demokratisch-westlich gesinnten Intellektuellen dagegen wurde heute gerade das gegeben, was sie in den langen Jahren der Sowjetmacht so sehr haben wollten: die Freiheit des Schaffens und der Kulturaustausch ohne Grenzen. Trotzdem machen sich auch bei ihnen Untergangsstimmungen breit. Nicht mehr und nicht weniger als ein »Genozid an der Literatur« meint beispielsweise Andrej Wosnessenski zu gewahren, der seit Anfang der 60er Jahre neben Jewgeni Jewtuschenko weltweit der bekannteste sowjetische Dichter war. Im Sommer 1992 behauptete er in einem Interview in der *Iswestija*: »Ein schreckliches nationales Problem ist heute das Sterben der Zeitschriften, der Zeitungen, der Genozid an der Literatur... Ähnlich wie die Weinreben werden wir die Literatur, ist sie einmal abgeholzt, lange aufziehen müssen«.

Wosnessenski war schon immer ein großer Meister

kühner Metaphern gewesen, und die Anspielung auf die Weingärten, die während Gorbatschows Antialkohol-Kampagne in den traditionellen Winzergebieten blindlings kahlgeschlagen wurden, verrät seine dichterische Handschrift. Doch sein Herumhantieren mit dem Wort Genozid ist nicht mehr kühn, sondern einfach verantwortungslos. Wosnessenskis Hang zu Wortspielereien und Effekthascherei lassen ihn hier eine Aussage treffen, die sich – zweifellos ungewollt – mit der These der extremen Rechten von einer planmäßigen Vernichtung der russischen Kultur durch das Weltjudentum und seine Henkersknechte deckt. Nun ist Wosnessenski alles andere als ein Rechter, er ist nicht einmal ein Slawophile, sondern ein Westler bis in die Knochen. Warum dann diese Horrorformulierungen aus dem Arsenal der eigenen Gegner?

Weil Wosnessenski, und mit ihm eine ganze Reihe weiterer etablierter liberaler Intellektueller, auch den Boden unter den Füßen verliert. Die heißersehnte Freiheit wurde zum Bumerang.

Als die Sowjetunion noch existierte, gab es einen geregelten Kulturbetrieb, in dem sowohl ein Bondarew als auch ein Wosnessenski eine Funktion hatten. Der eine beschäftigte sich mit dem Großen Vaterländischen Krieg und zupfte an den patriotischen Saiten, der andere beschäftigte sich mit poetischen Experimenten und reizte die intellektuellen Gemüter, der eine konnte besser für die ideologische Arbeit im Landesinneren verwendet werden, der andere war wegen seines zugelassenen Nonkonformismus ein gefragter Exportartikel – beide waren Vorstandsmitglieder im Schriftstellerverband und gehörten somit zur offiziellen Kultur, beide haben der Partei Dienste erwiesen – Wosnessenski beispielsweise mit seiner begeisterten Lenin-Darstellung in einem 1963 verfaßten Poem. Es wäre ungerecht, dies heute Wosnessenski (und auch Bondarew) vorzuwerfen: Das System hat sich eines jeden bedient – es waren nur ganz wenige, die offen Widerstand leisteten. Wosnessenski hat gut geschrieben, er hat zudem, nicht zuletzt dank seiner gesellschaftlichen Stellung, viel Positives auf dem kulturellen Gebiet bewirken können. Aber er war ein Mitglied des sowjetischen Establishments, dem er zwar kritisch gegenüberstand, das ihm nichtsdestoweniger – genau wie Bondarew – den Platz eines Klassikers der Sowjetliteratur bereithielt.

Doch mit Gorbatschows Glasnost geriet der geregelte Kulturbetrieb aus den Fugen: Die alten Reservierungen waren plötzlich nicht mehr gültig. Jeder – ein parteitreuer Bondarew genau wie ein querdenkender Wosnessenski – muß sich nun um einen Wohnsitz auf dem Olymp neu bewerben, wobei die Zahl der Anwärter diesmal erheblich größer ist als früher. Von jener Sowjetliteratur, in der beide zu Rang und Würden kamen, waren nämlich Dutzende der besten schreibenden Zeitgenossen ausgeschlossen gewesen. Die größte Leistung der Glasnost auf dem Gebiet der Literatur war daher nicht die Entdeckung neuer, sondern die Wiedereinführung alter Namen. Die sowjetischen Leser waren früher eines Berges von Büchern beraubt gewesen: Verboten waren die unter Breschnew ausgebürgerten, die unter Stalin verfolgten, die unter Lenin emigrierten Autoren. Andere, die man formell nicht verboten hatte, waren wegen der entsprechenden Verlagspolitik unzugänglich. Auch zahlreiche ausländische Schriftsteller mußten draußen bleiben – die einen, weil sie nach Meinung des KP-Zentralkomitees das Intimleben ihrer Helden falsch darstellten, die anderen, weil sie sich in der Öffentlichkeit falsch benahmen, wie etwa Heinrich Böll, der sich um den ausgewiesenen Solschenizyn gekümmert hatte.

Nach 1986 ergoß sich dann innerhalb weniger Jahre eine Flut von hochkarätigen literarischen Werken über das Land, so daß sich beim gebildeten Publikum völlig neue Ansprüche und Qualitätserwartungen herausbildeten: Das Binnenmeer der offiziellen Sowjetliteratur hat sich in einem Bücherozean aufgelöst. Nun kann man vergleichen, ob die großen Binnenseeautoren ihren im freien Meer lebenden Artgenossen auch wirklich ebenbürtig sind. Ein Andrej Wosnessenski muß heute nicht mehr mit irgendeinem kommunistischen Verseschmied, sondern mit dem Literaturnobelpreisträger Iossif Brodski, mit den zurückgewonnenen großen russischen Lyrikern der ersten Jahrhunderthälfte oder den bedeutendsten Avantgardisten des Westens um die Gunst der russischen Poesieliebhaber streiten. In einer ähnlich tragischen Situation, die eine schmerzhafte Selbstneueinschätzung erfordert, dürften sich auch die Schriftsteller der ehemaligen DDR befinden, die in einer stickigen, aber warmen Treibhausatmosphäre zu ihren Lesern kamen – und nun auf dem verwöhnten gesamtdeutschen Büchermarkt bestehen müssen.

Ist es nicht dieser neuerliche Konkurrenzdruck, der bei einem Wosnessenski eine pessimistische Grundeinstellung aufkommen läßt? Ist es nicht diese kompromißlose Ausmusterung durch die neue Zeit, die ihn von einem Genozid, also einem Massenmord, einer Ausrottung der Literatur sprechen läßt? Bei solchen Kassandrarufen übersieht er glatt, daß es das ehemalige kommunistische Regime war, das die literarischen Weinberge systematisch abholzte, während sie im heutigen Rußland erstmals seit Jahrzehnten wieder zum Leben erweckt werden. Und zwar durch den Markt.

Andrej Wosnessenski scheint einen Ausdruck vergessen zu haben, der die Sowjetbürger seit den 60er Jahren verfolgte: Bücherhunger. Ich dagegen erinnere mich noch gut an die regelmäßigen ellenlangen Artikel in der *Literaturnaja Gaseta* (Literaturzeitung), unter deren Autoren sicherlich auch mal Wosnessenski war, an die immer wieder aufflammenden Diskussionen in anderen Blättern: Was kann man tun, damit die Menschen, die Bücher lesen wollen, diese auch bekommen? Eine naive Fragestellung aus heutiger Sicht, aber damals wurde allen Ernstes darüber debattiert, wie die Öffentlichkeit auf die Verlagspläne Einfluß nehmen könne, welche Programme seitens des Staates erforderlich seien, wie man an die Erforschung der Nachfrage herantreten solle und was zur Überwindung des Papiermangels gemacht werden müßte. Doch während die Projektemacher aus dem Schriftstellerverband sich persönlich in dem berühmten Bücherladen des Hauses der Literaten eindeckten, waren die gewöhnlichen Leser gezwungen, sich am Abend in eine Schlange zu stellen, um am Morgen eventuell ein Abonnement für eine mehrbändige Ausgabe des nationalen Klassikers Alexander Puschkin erstehen zu können.

Als ein schier unüberwindbares Hindernis galt der Papiermangel. 1974 kam die zukunftsweisende Neuerung: Es wurden Bezugsscheine für Bücher eingeführt. Für 20 Kilogramm abgegebene Makulatur bekam man nun einen Zettel, der zum Kauf eines populären Romans berechtigte. Seitdem häuften sich in den engen sowjetischen Wohnungen stapelweise Zeitungen, und an Sonnabenden sah man Personen unterschiedlichen Alters und Geschlechts mit Bündeln Altpapier durch die Straßen ziehen. Natürlich war dieses kulturträgerische Experiment des Staates mit sowjetischer Exaktheit organisiert worden: Es gab zuwenig Annahmestellen und zuwenig Geschäfte, in denen die Sonderausgaben verkauft wurden. So fuhr man zuerst mit den zwanzig Kilogramm im Bus in eine Richtung, dann mit dem Zettel in der U-Bahn in die andere, um im Laden zu erfahren, daß vorerst nur die Bezugsscheine, aber noch nicht die Auflagen der dazugehörigen Romane gedruckt worden waren und man nächsten Monat vorbeischauen sollte. Das begehrte Buch kam einem somit teuer zu stehen, und trotzdem nahmen Millionen Menschen an diesem Hindernislauf zum Lesevergnügen teil – auch in meiner persönlichen Bibliothek finden sich einige Bände, die ich über diesen Weg erworben habe.

Warum erinnert sich heute keiner von denen, die über die Auswüchse des Marktes klagen, an solche erniedrigenden Praktiken? Dabei hat kaum einer von diesen Ästheten etwas für die Überwindung des Bücherhungers getan: Es waren nicht die intellektuellen Pläneschmiede, sondern die von ihnen verachteten profitgierigen Genossenschafter und Jungunternehmer, die den Menschen endlich die Möglichkeit gaben, das zu lesen, was sie lesen möchten. Zwei Jahrzehnte hat die ganze Gesellschaft darüber diskutiert, wie man das Problem anpacken soll – den marktwirtschaftlich organisierten Verlagen genügten zwei Jahre, um es aus der Welt zu schaffen.

Etwa seit Sommer 1991 gibt es in Rußland, zumindest in den Großstädten, einen gesättigten Büchermarkt: Titel, um die man sich vor einigen Jahren noch gerissen hätte, sind heute problemlos in Geschäften, in Kiosken und bei Straßenhändlern erhältlich. Manchmal hat man sogar den Eindruck, daß dieser Markt bereits übersättigt ist, denn Bücher tauchen mittlerweile dort auf, wo man sie am wenigsten vermutet: In einem Elektroladen habe ich einen Solschenizyn gekauft, und in der Wäscheabteilung eines Kaufhauses sah ich plötzlich die *Notizen der Kaiserin Jekaterina II.* ausliegen. Vielleicht war das als verkaufsfördernde Maßname gedacht, denn Unterwäsche dürfte in den Memoiren eine nicht unwesentliche Rolle spielen.

Natürlich wurde mit dieser Bücherwelle auch viel Schund angeschwemmt. Das ist ein natürlicher Prozeß, und ich verstehe nicht, warum sich einige darüber so aufregen: Man könnte meinen, die Werke verschiedener sozialistischer Realisten, die früher den Sowjetbürgern aufgedrängt wurden, seien kein Schund gewesen. Nun wird die unattraktive kommunistische Trivialliteratur durch eine attraktivere westliche ersetzt, in der es beim Sex and Crime wenigstens richtig zur Sache geht. Überall auf der Welt gibt es Menschen, die so etwas lesen möchten, wieso sollte es in Rußland anders sein?

Auf allen Kontinenten liebt man beispielsweise Krimis – in Rußland tut man das auch, bloß mußte sich der normale Leser früher mit einigen wenigen hausbackenen Autoren und Importen aus Polen oder Bulgarien begnügen, während die Klassiker des Genres der Elite vorbehalten blieben, die sich diese Mangelware zu beschaffen wußte. Heute ist die Zahl der Kriminalromane im Angebot bereits so groß, daß man sich damit nicht nur für den Urlaub, sondern gleich für den ganzen Lebensabend eindecken kann, wobei Marktführerin die »Queen of Crime« Agatha Christie ist: 1991 erreichten die russischen Übersetzungen ihrer Romane eine Gesamtauflage von 16,3 Millionen Exemplaren, im ersten Quartal 1992 kamen weitere 2,4 Millionen dazu. George Simenon konnte 1991 11,0 Millionen verbuchen. Auch der Altmeister des Abenteuerromans und Liebling aller Russen – Alexandre Dumas père – kam zu seinen Fans endlich in Millionen Exemplaren: 14,3 waren es 1991 und 9,6 allein im ersten Quartal 1992.

Doch in demselben Jahre 1991 wurden je 4,1 Millionen Exemplare der Werke von Alexander Solschenizyn und Vladimir Nabokov auf den Markt gebracht, im ersten Quartal 1992 war Solschenizyn erneut Spitzenreiter unter den russischen Autoren mit 5,2 Millionen, gefolgt von Alexander Puschkin mit 4,5 Millionen. Diese Zahlen (aber auch einfach ein Blick in die Bücherläden) widerlegen die Behauptung, die Kommerzialisierung des Verlagswesens führe zu einer totalen Verdrängung anspruchsvoller Literatur durch Unterhaltungslektüre. Im Gegenteil: erst seit die Verlagsprogramme und Auflagenzahlen nicht mehr nach Gutdünken des Zentralkomitees festgelegt werden, sondern sich an der Aufnahmefähigkeit des Marktes orientieren, werden die bedeutendsten russischen und ausländischen Schriftsteller einem Massenpublikum zugänglich. Gedruckt wird alles, was Absatz findet, und da die Gesellschaft nach sieben Jahrzehnten Zensur einen enormen Nachholbedarf hat, wirkt die lange Liste der Neuerscheinungen wie ein bunter Querschnitt durch das internationale Geistesleben – hauptsächlich des 20. Jahrhunderts. Neben Belletristik finden vor allem Geschichte, Philosophie und Religion die tätige Aufmerksamkeit der Verleger. Ein Rußländer, der sich mit der Vergangenheit seiner Heimat auseinandersetzt, kann heute frei über die Werke führender vorbolschewistischer Historiker, über unzensierte Studien moderner Forscher, über Schriften und Memoiren bedeutender Persönlichkeiten verfügen; er kann zudem die größten russischen Philosophen, darunter den von Lenin des Landes verwiesenen Nikolai Berdjajew, studieren; er kann auch die Bibel und so viel religiöse Literatur, wie er es für richtig hält, nach Hause bringen. Sicherlich war die stürmische Verlagstätigkeit in den Jahren 1989 bis Anfang 1992 etwas zu hastig-oberflächlich: Man bediente sich ohne langes Federlesen der vor 1917 oder in der

Emigration verlegten Bücher, um schnell und preiswert Reprint-Ausgaben herzustellen und gleich das große Geld zu machen, man stürzte sich zuallererst auf Namen, die in der Sowjetzeit am anrüchigsten klangen, und so erfreuten sich beispielsweise Friedrich Nietzsche und Sigmund Freud einer besonderen Präferenz. Aber nun haben die neuen Verlage ihre ersten Millionen und somit ihre ursprüngliche Akkumulation hinter sich (nur ein Beispiel: *Terra* erhöhte 1991 seinen Umsatz auf das Achtfache) und müssen angesichts der Marktsättigung zu einer sorgfältigeren Ausarbeitung ihres Profils – und Preissenkungen – übergehen. Die Erste Hilfe gegen den Bücherhunger ist abgeschlossen, nun gilt es, eine regelmäßige abwechslungsreiche Ernährung zu gewährleisten.

Selbstverständlich bringt diese positive Entwicklung auch Probleme mit sich: Kinder- oder Lehrbücher zum Beispiel, die für ausnahmslos alle zugänglich sein müssen, kommen vorerst eindeutig zu kurz. Auch das, was Wosnessenski »ein schreckliches nationales Problem« nennt, ist nicht zu übersehen: das Sterben von Zeitschriften, genauer gesagt – von Literaturzeitschriften.

Doch damit hat es seine eigene Bewandtnis. Literaturzeitschriften, oft auch als »dicke Zeitschriften« bezeichnet, sind – heute muß man wohl sagen: waren – seit dem 18. Jahrhundert, besonders aber seit Puschkin ein nicht wegzudenkender Bestandteil, ein Phänomen des intellektuellen Lebens Rußlands. Jeder russische Schriftsteller, ob Lermontow, Turgenjew, Dostojewski, Tolstoi oder Tschechow, hat in der Regel seine Werke anfangs in Literaturzeitschriften und erst danach als Bücher veröffentlicht. Sie standen im Mittelpunkt des literarischen Geschehens, auf ihren Seiten wurden ästhetische und auch weltanschauliche Diskussionen ausgetragen. Fast alle Autoren des Landes gruppierten sich um die geistesverwandten Redaktionen. Diese Tradition fand in der Sowjetzeit ihre Fortsetzung. So war *Nowyj Mir* (Neue Welt) unter Chefredakteur Alexander Twardowski in den 50er und 60er Jahren das Zentrum der demokratischen Intelligenzija, die sich für eine Überwindung des Stalinismus und eine ehrliche Darstellung der sowjetischen Realität in der Kunst einsetzte. Die besten Autoren trugen ihre Manuskripte zu Twardowski, der unter anderem Solschenizyns Erstlingswerk *Ein Tag im Leben des Iwan Denissowitsch* veröffentlichte. *Nowyj Mir* ist eine Institution in der sowjetischen Geschichte, und für die Tauwetter-Generation bleibt diese Zeitschrift eine Art Heiligtum.

Einen nie dagewesenen Höhenflug erlebten die Literaturzeitschriften in der Glasnost-Zeit. Die hier beschriebene spektakuläre Rückkehr verbotener Werke und Namen fand anfangs nur in ihnen statt, was die Auflagen vervielfachte und jedes Monatsheft für die Leser zu einem Ereignis machte. Heute, wenige Jahre später, liegen diese Zeitschriften im Sterben. Ein emotionaler Vertreter der Tauwetter-Generation wie Wosnessenski erblickt darin eine schreckliche nationale Katastrophe – ein nüchterner Zeitgenosse stellt fest, daß einer der Äste des Baumes am Verdorren ist. Es ist ein Prozeß, den man in der Wirtschaft Strukturkrise nennt: Branchen, die seit Jahrzehnten oder sogar Jahrhunderten den Stolz der nationalen Industrie ausmachten, beginnen einzugehen, während neue Produktionszweige aufblühen. Die Literaturzeitschriften haben sich beim Übergang zu einer modernen Gesellschaftsordnung als eine Art überholter Technologie erwiesen.

Es hat sich herausgestellt, daß sie in erster Linie eine systembedingte (und viel weniger eine kulturspezifische) Erscheinung waren, nicht von ungefähr gab es in keinem westlichen Land etwas vergleichbares. Sowohl im zaristischen Rußland als auch in der kommunistischen Sowjetunion war ihr Aufblühen auf die Unbeweglichkeit des Verlagswesens und des Buchhandels sowie auf die Zensur zurückzuführen. Ein sowjetischer Schriftsteller eilte mit seinem zu Ende geschriebenen Werk nicht zum Verlag, denn dessen Programm stand für die nächsten paar Jahre bereits fest (Planwirtschaft!), sondern zur Zeitschrift: Die erschien jeden Monat, war in ihren Entscheidungen viel beweglicher, bot dem Autor automatisch eine hohe Startauflage (mehrere Zehntausend oder sogar mehrere Hunderttausend), wurd, und das war mit das wichtigste, nicht über den Buchhandel, sondern im Abonnement durch die Post vertrieben. Sie erreichte daher garantiert den Leser, besonders in der Provinz, wohin sich Bücher selten verirrten. Ein Publizist oder Kritiker durfte zudem in einer Zeitschrift für Intellektuelle viel eher etwas Unkonventionelles aussprechen als in einer Zeitung für Millionen. Überhaupt ließ die Zensur in den kurzlebigen Zeitschriften hin und wieder einiges durchgehen; sie waren gewissermaßen ein Versuchsfeld, und sollte ein Text nachträglich im Zentralkomitee oder gar Politbüro als schädlich erkannt werden, fand seine Veröffentlichung als langlebiges Buch eben nicht mehr statt.

Es gab in der Sowjetunion einige Dutzend Literaturzeitschriften. Die besten und auflagenstärksten unterstanden dem Schriftstellerverband der UdSSR, aber die Verbände in allen Sowjetrepubliken, die Moskauer, die Leningrader und einige andere größere regionale Organisationen hatten auch ihre – wie es so schön hieß – Organe. Aus heutiger Sicht erweist sich dieses umfangreiche System als die perfekte Arbeitsbeschaffungsmaßnahme: Schließlich wollten die zehntausend Mitglieder des Schriftstellerverbandes sich irgendwo veröffentlicht sehen.

Trotzdem waren die guten Zeitschriften, wie alles damals, Mangelware: Die Auflagen wurden von oben limitiert, und so mußte man jeden Herbst seine Gewerkschaft oder seine Bekannten bemühen, um an ein Abonnement für nächstes Jahr ranzukommen. In der *Sowjetskaja Kultura*, in der ich Anfang und Mitte der 80er arbeitete, wurde mit dieser Aufgabe immer eine Mitarbeiterin des Archivs betraut, und solange Olga, mit unserer Wunschliste und der Bittschrift des Chefredakteurs in der Hand, wochenlang in irgendwelchen Behörden um irgendwelche Unterschriften kämpfte, dauerte bei uns Leseratten die Zitterpartie. Da aber die Zeitschriften, wie alles damals, billig waren, abonnierte praktisch jede Intelligenzija-Familie, wenn sich die Gelegenheit bot, eine, manchmal gleich zwei oder drei. Bei mir zu Hause beispielsweise wurden Jahr für Jahr *Nowyj Mir* und *Inostrannaja Literatura* (Ausländische Literatur), hin und wieder *Druschba Narodow* (Völkerfreundschaft) und *Snamja* (Fahne) bestellt. In *Nowyj Mir* gab es noch vor der Glasnost-Zeit im Jahr bestimmt vier oder fünf lesenswerte russische Romane und Novellen, vielleicht einen ausländischen Roman und manchmal gute Publizistik, was ein Abonnement allemal lohnend machte. *Inostrannaja Literatura* bot nahezu die einzige Möglichkeit, sich regelmäßig mit zeitgenössischer ausländischer Prosa bekannt zu machen, und so bezog man sie, selbst wenn sich am Ende nur zwei oder drei Texte fanden, die man lesen wollte (die Zeitschrift hatte für »Ausgewogenheit« zu sorgen und hauptsächlich Schriftsteller aus den sozialistischen Bruderstaaten, den Entwicklungsländern sowie linke Autoren aus dem Westen zu veröffentlichen). Manchmal wurde eine Zeitschrift wegen eines einzigen angekündigten Werkes abonniert, wie das der *Druschba Narodow* passierte, als sie den Glasnost-Hit *Die Kinder des Arbat* von Anatoli Rybakow und seine Fortsetzung druckte.

Seit es einen Büchermarkt gibt, der, wie es sich gehört, den Verbraucher umwirbt, sind die – mittlerweile ziemlich teuren – Zeitschriften nicht mehr unverzichtbar: Die Hits kauft man sich als Buch. Vor allem aber sind die Qualitätsvorstellungen nicht mehr die alten. Was man früher in einer *Nowyj Mir* als lesenswert empfand, wird heute bedenkenlos beiseite geschoben, denn man will erst einmal den zurechtgelegten Stapel aus dem Besten vom Besten bewältigen. Ihre politische Bedeutung haben die Literaturzeitschriften ebenfalls verloren. Die Publizistik hat sich in die freie Tages- und Wochenpresse verlagert, die brisantesten Diskussionen werden dort geführt (Wosnessenski spricht erschrocken von einem Zeitungssterben, doch wegen der Vielzahl ständig neu aufkommender Titel ist das durchaus gesetzmäßig – wobei den traditionsreichsten Blättern 1992 die Anpassung an die marktwirtschaftliche Konkurrenz mit Milliardensubventionen versüßt wurde). Zu alledem brachten es die Zeitschriften seit 1990 nicht mehr fertig, regelmäßig zu erscheinen. Damit war das Maß voll. Als wählerisch gewordener und unsentimentaler Verbraucher verlange ich nun selbst vom Tauwetter-Symbol *Nowyj Mir* entsprechende Leistungen für mein Geld. Kurzum: ich abonniere keine Literaturzeitschriften mehr, wie auch viele in meinem Bekanntenkreis. Betreibe ich dadurch »Genozid an der russischen Literatur«? Wohl kaum.

Will man schon starke Ausdrücke verwenden, so ist das, was die ehemals sowjetische Literatur zusammen mit der ganzen Kultur heute durchmacht, eine Entseuchung. Nicht nur um eine Entkommunisierung des geistigen Lebens geht es heute in Rußland – vonnöten ist darüber hinaus eine Entideologisierung, was ein viel tiefer gehender Vorgang sein wird. Die äußeren Merkmale eines Atomunfalls können schnell beseitigt werden – die Gegend bleibt trotzdem verstrahlt. Der bolschewistische GAU in der russischen Kultur hat nicht nur marxistisch-leninistische Götzen über das ganze Land verstreut – in den Köpfen der Menschen hat sich wie radioaktiver Staub ein ideologisiertes Kulturverständnis festgesetzt.

Heute wird offensichtlich, daß Lenins Vorstellung von der Parteilichkeit der Kunst bei den sogenannten liberalen sowjetischen Intellektuellen viel stärker verwurzelt war, als man annehmen konnte: Ihre Untergangsstimmungen nach dem Sieg der Freiheit beweisen es. Lenin war der Meinung, daß die Kunst der Partei zu dienen habe. Nach der Oktoberrevolution fanden sich viele, die sich ihr aus Überzeugung zur Verfügung stellten. Bei den anderen wußte Stalin diese Forderung brutal durchzusetzen. Es dauerte jedoch nicht lange, da wurde die auferlegte ideologische Dienstpflicht am Staat für die sowjetischen Intellektuellen zu einem regelrechten Bedürfnis: Der patriotische Aufschwung während des Großen Vaterländischen Krieges hat dazu im entscheidenden Maße beigetragen. Die einen dienten vorbehaltlos dem jeweiligen Generalsekretär, die anderen, die mehr Gewissen und Talent hatten, sahen ihre Aufgabe in der geistigen Erziehung des Volkes.

Mit dieser Grundeinstellung knüpften die demokratisch gesinnten sowjetischen Intellektuellen an die Traditionen der demokratisch gesinnten Intellektuellen im absolutistischen Rußland an. Das ganze 19. Jahrhundert war von dem Bestreben der gebildeten Schichten gekennzeichnet gewesen, sich dem Dienst am Volke hinzugeben. Das verlieh der russischen Literatur eine besondere Dimension: Sie war nicht nur eine Ausdrucksform menschlicher Kreativität, sondern übernahm auch die ihr wesensfremden Funktionen einer freien Presse, eines demokratisch gewählten Parlaments, eines unabhängigen Gerichts. Deshalb besaß sie einen außergewöhnlichen Stellenwert für die Gesellschaft. Sie war eine Art Mittler zwischen dieser und der Macht. Der Schriftsteller verstand sich als ein Anwalt des Volkes und suchte die Macht zu besänftigen, aufzuklären, zu verbessern – oder auch anzuklagen und zu verurteilen. Die Literatur, und mit ihr die ganze Kunst, waren also schon im zaristischen Rußland ungewöhnlich stark ideologisiert, daher auch der publizistische Charakter vieler Werke.

Diese Veranlagung der russischen Intellektuellen zum Dienst an einer Volksbeglückungs-Idee hat sie später auf direktem Wege an die Kandare der Bolschewiki gebracht, denn deren Sozialismus wurde als die Verwirklichung des langgehegten Traumes verstanden. Literatur und Kunst behielten ihre Mittlerfunktion, bloß waren sie jetzt nicht mehr die Interessenvertreter der Gesellschaft, sondern die Verkünder und Boten der Macht, die das Volk über sein Glück aufklärten und ihm sein Heute und Morgen schmackhaft zu machen versuchten. Wenn sich schon überall in der Welt Intellekuelle von Format der geistigen Verführung des Kommunismus ergaben und Lobgesänge auf Stalin anstimmten, so braucht man sich nicht über die Inbrunst der sowjetischen Schriftsteller und Künstler zu wundern. Mit Chruschtschows Entstalinisierung kam für die Besten das Ende der Verblendung: Allein das wenige, was die Gesellschaft über die Verbrechen des schnurrbärtigen Idols erfahren durfte, verlangte von der Intelligenzija eine neue Standortbestimmung. So besann sich die Kunst wieder ihrer traditionellen Anwaltrolle. Nur galt es diesmal, die Gesellschaft nicht vom Absolutismus, sondern vom Stalinismus zu schützen oder zu befreien. Die einen begannen das System anzuklagen und zu verurteilen – und kamen, wie Dostojewski und Tschernyschewski im 19. Jahrhundert, ins Gefängnis oder gingen, wie Alexander Herzen 1847, in die Emigration. Die anderen versuchten es zu besänftigen, aufzuklären, zu verbessern. Ihre Hoffnung, dies tun zu können, beruhte eben auf jener Sonderstellung, die die Literatur und die Kunst in der sowjetischen Gesellschaft genoß.

Zwischen Künstlern und Machthabern herrschte in allen Epochen und bei allen Völkern eine besondere wechselseitige Faszination. In totalitären Staaten war sie um so größer. Nikolaus I. bot Puschkin an, seine Werke persönlich zu zensieren; Stalin nahm sich Zeit, um Sergei Eisenstein zu erläutern, wie er den Film »Iwan der Schreckliche, Teil 2« zu drehen habe, und gab Nikolai Tscherkassow Ratschläge, wie er die Titelfigur spielen solle; Chruschtschow bestimmte auf Kunstausstellungen mit dem Zeigefinger, welche Stilrichtungen zukunftsweisend seien; Breschnew behängte nicht nur sich, sondern auch zahlreiche Künstler mit dem goldenen Stern »Held der sozialistischen Arbeit«; Gorbatschow, als er zu Beginn der Perestroika noch um die Sympathien der Weltöffentlichkeit ringen mußte, veranstaltete für mehr als achthundert Intellektuelle aus Dutzenden Ländern 1987 einen Mammutkongreß unter der Devise »Für eine kernwaffenfreie Welt, für das Überleben der Menschheit!«. Wo noch auf der Welt konnte sich der Künstler einer solchen Gunst der Machthaber erfreuen? Wo noch haben Staatsmänner unentwegt über Inhalte von Büchern und Filmen diskutiert?

Die totalitäre, später die autoritäre Macht brauchte die Kunst (wie auch den Leistungssport) zur ideologischen Selbstdarstellung und Selbstbefriedigung und schenkte ihr daher überproportional große Aufmerksamkeit –

was zu ihrer überproportionalen Geltung führte. Die Künstlergemeinschaft in einem sozialistischen Land kam dem Harem eines asiatischen Despoten gleich: Man wurde verwöhnt und lebte unvergleichbar besser als das Volk draußen auf dem Feld, aber in Unfreiheit; man mußte (durfte) den Herrscher auf Abruf bedienen, und war man nicht willig, riskierte man den Kopf; doch wenn es gelang, selbst durch Widerspenstigkeit, seine Laune zu treffen, wurde man zum Neid aller fürstlich entlohnt – und konnte sogar ein Wort für die armen Untertanen einlegen.

War es nicht dieser Sonderplatz der Kunst am Fuße des Throns, der viele westliche Intellektuelle für Stalin, Mao, Castro und auch Gorbatschow schwärmen ließ? Ist es nicht dieser Schutz vor dem »blinden«, »geschmacklosen« und leistungsorientierten Markt, die viele westliche Intellektuelle vom Sozialismus träumen läßt?

»Schade«, meinte der besagte französische Professor, »daß es den Kommunismus nicht mehr gibt. Mit ihm ist eine ganze Epoche in der Kulturgeschichte zu Ende gegangen.« Es handelt sich nicht nur um bestimmte Themen oder Stilrichtungen, die dahingegangen sind – weltweit hat der Geltungsanspruch ideologischer Kunst an Boden verloren.

Für die meisten Vertreter des ehemaligen sowjetischen Kulturestablishments, die sich daran gewöhnt hatten, dem Staat bzw. der Idee seiner Verbesserung zu dienen, bringt die heutige Zeit eine Deklassierung: Sie verlieren gesicherte Einkommensquellen und, was für sie vielleicht viel wichtiger ist, die beanspruchte Vorzugsstellung in der Gesellschaft. An langen Winterabenden bestellt Jelzin keine Schriftsteller zu sich in den Kreml, um ihnen zu erklären, wie sie das heutige Rußland beschreiben sollen, die Regierung beschäftigt sich mit dem Rubel und nicht mit den Auflagen von Romanen, dem Sicherheitsrat macht der Waffenschmuggel und nicht der Modernismus Sorge. Die Intellektuellen bekommen keine Richtlinien und keine Orientierungspunkte für ihr Schaffen, sie wissen nicht mehr, was gebraucht wird. Der Staat hat sich von seinen Künstlern abgewandt. Sie fühlen sich allein gelassen mit ihrem Volk.

Und dieses Volk enttäuscht sie auch. Im Dialog mit der Macht kommt es nun ohne einen Mittler aus. Wenn man der Regierung etwas zu sagen hat, spricht man es in den Medien, bei Demonstrationen, bei Streiks oder Wahlen aus. Die Schriftsteller werden nicht mehr als Verteidiger angesehen. Dafür taugen viel besser die Journalisten, die Gewerkschafter, die Abgeordneten, schließlich die Rechtsanwälte. Man hat plötzlich ganz andere Anforderungen an die Kunst: Publizistisches Pathos ist nicht mehr gefragt, Zivilcourage ist kein Qualitätssiegel mehr. Früher wurde ein Roman von Hand zu Hand gereicht, weil er zwischen den Zeilen Kritik am System enthielt, früher wurde einem Künstler allein schon deshalb Beifall geklatscht, weil er etwas Mutiges ausgesprochen hatte, früher war man rund um die Uhr von Lügen umgeben und ging ins Theater, weil man dort drei Stunden lang die Wahrheit oder etwas ähnliches wie die Wahrheit hören konnte. Heute wird man rund um die Uhr von schonungsloser Wahrheit verfolgt, und man geht ins Theater, um sich für drei Stunden einem Märchen hinzugeben. Die Leute stellen sich nicht mehr nach Eintrittskarten für einen weiteren Film über die Verbrechen Stalins an – sie stehen Schlange, weil sie sehen möchten, wie Mickey Rourke in *9½ Wochen* Kim Basinger mit seiner Liebe verwöhnt und quält.

Die Kunst im postkommunistischen Rußland erlangt ihre ureigenste Funktion wieder: Kunst zu sein. Den anspruchsvolleren unter den Lesern und Zuschauern sucht sie Katharsis, ästhetischen Genuß, philosophische Denkanstöße zu geben und den anspruchsloseren auch Unterhaltung. Die jetzige Abkehr von Ideologie stellt einen historischen Wandel in der russischen Kulturtradition der letzten zwei Jahrhunderte dar. Der Aufbruch zu neuen Ufern ist vielverheißend: Als Anfang des 20. Jahrhunderts vor dem Hintergrund eines stürmischen wirtschaftlichen Aufschwungs und einer allmählichen Demokratisierung die ideologische Komponente schon einmal abgeschwächt wurde (der 1. Weltkrieg und die zwei Revolutionen des Jahres 1917 haben diesen Prozeß unterbrochen), führte das zu einem Aufblühen der Poesie, des Balletts, der Malerei – überhaupt aller Künste. Das brachte der russischen Kultur damals auch den internationalen Durchbruch. Heute steht sie an der Schwelle einer ähnlichen Entwicklung. Die Freiheit und die verschiedenartigsten Möglichkeiten der kommenden Marktwirtschaft werden die kreativen Kräfte der Kulturnation freisetzen, die Entpflichtung von einer ideologischen Aufgabenstellung wird das Schaffen von rußländischen Schriftstellern und Künstlern für ein viel breiteres internationales Publikum attraktiver und faßlicher werden lassen. Die Zeichen stehen gut sowohl für die Massenkultur als auch für die elitäre Kunst.

Rußland hat einen riesigen Markt für geistige Güter. Der von der Kommunistischen Partei aus ideologischem Eigeninteresse kultivierte Kunstkonsum ist zur Gewohnheit und Lebensart geworden. Der Kunstbetrieb kann im Landesinneren gewaltige Umsätze machen und sich in den meisten Sparten selbst finanzieren, ohne dabei auf den Export, geschweige denn auf Subventionen angewiesen zu sein. Gleichzeitig sind die millionenstarken nostalgischen Emigrantengemeinden in den USA, in Israel und Deutschland ein gesicherter devisenträchtiger Absatzmarkt und ein Sprungbrett in den Westen.

So erlebt das russische Showbusiness (wie ungewohnt diese Wortverbindung auch klingen mag) bereits jetzt einen Boom. Schlagerstars hat es in der Sowjetunion schon immer gegeben, bloß waren sie nicht sehr zahlreich, denn die Kunst hatte die Menschen zu erziehen und nicht zu unterhalten. Heute wird die legendäre sowjetische Pop-Oma Alla Pugatschowa von einem ganzen Chor energischer junger Stimmen übertönt, die lange verpönte Rock-Musik hat die größten Stadien und besten Sendezeiten erobert, Entertainer haben Hochkonjunktur. Im staatlichen Fernsehen und Rundfunk gibt es immer mehr Unterhaltungssendungen, außerdem schießen private Radiosender (in Moskau und St. Petersburg sind es nahezu ein Dutzend) und lokale Kabelnetze wie Pilze aus dem Boden, so daß der Bedarf an neuen Liedern und Musikvideos ständig wächst – wie auch das Angebot an Schallplatten und CDs. Die russische Rock-Szene kann es sich dank der Vielzahl ihrer Fans leisten, in ihrer Muttersprache und nicht in englisch zu singen, was sie zu einem beachtenswerten Faktor in der Kulturlandschaft werden läßt. Es wäre übrigens eine spannende Aufgabe, zu verfolgen, wie die einheimische Rock-Musik ihrer jugendlichen Zuhörerschaft heute bei der Identitätsfindung im neuen Rußland hilft.

Natürlich kann das russische Showbusiness dem amerikanischen keine Konkurrenz auf der internationalen Bühne machen, aber zu Hause wird es sich zweifellos behaupten können und einer Überhandnahme amerikanischer Erzeugnisse in Wege stehen. Mehr noch, es wird seinerseits massiv in die ehemaligen Republiken der UdSSR eindringen, wo es große russische Minderheiten gibt und wo die russische Sprache unter der ganzen Bevölkerung weit verbreitet ist. Alla Pugatschowa feierte Triumphe in allen Teilen der Sowjetunion, und ihren Nachfolgerinnen und Nachfolgern wird es, zumindest in der Ukraine, in Weißrußland und in Kasachstan, nicht anders ergehen. Im Vergleich zu dem ukrainischen oder kasachischen hat das russische Showbusiness mit Abstand die besten Absatzmöglichkeiten, und so wird es entsprechend höhere Gagen zahlen und immer neue Talente zu sich holen können. Das war schon in der Sowjetunion so: Ein lettisches, georgisches oder usbekisches Schlagersternchen wurde erst dann zum Star, wenn es anfing, russisch zu singen und in die Sendungen des Zentralen Fernsehens in Moskau kam. Damals hatten bei solchen Karrieren auch ideologische Motive eine Bedeutung, heute werden wirtschaftliche Überlegungen ausschlaggebend sein.

Für den künstlerischen Nachwuchs aus den Staaten Eurasiens wird somit der Weg zu großem Geld und internationalem Ruhm in Zukunft über russische Märkte, Studios und Manager verlaufen. Eine ähnliche Rolle spielen Deutschland in Mitteleuropa und die USA generell in der Welt. Man kann das als Kulturimperialismus, aber auch als Kulturmagnetismus bezeichnen: Die Metropole wird zum Anziehungspunkt für Begabungen, denn wer besser bezahlt, bestellt auch meistens die bessere Musik. Im Endeffekt profitieren alle davon: die Künstler, die größere Entfaltungsmöglichkeiten bekommen, das Publikum in der Metropole, dem hohe Qualität geboten wird, und die Heimat des Talents, die ihm alleine solche Höhenflüge nie hätte bieten können.

Es gehört zum guten Ton, die kulturelle Expansion der Amerikaner anzuprangern, obwohl sie im Showbusiness einfach unschlagbar sind. Angegriffen werden jedoch nicht nur ihre Geschmacklosigkeit oder ihre Gewaltverherrlichung, die, keine Frage, überaus häufig vorkommen – für linke westeuropäische Intellektuelle oder sozialistisch beeinflußte Regierungen, wie etwa die französische, scheint der Stein des Anstoßes im Wertsystem der US-Massenkultur zu liegen, denn sie propagiert die Ideale des puren Kapitalismus. Aber war es nicht gerade diese in Glitzerpapier verpackte Botschaft, die den Völkern Westeuropas, ganz besonders den Deutschen, nach dem Zweiten Weltkrieg den Übergang zu moderner Demokratie und Marktwirtschaft erleichtert hat? Waren es nicht solche Grundsätze des *American way of life* wie individuelle Freiheit und persönlicher Erfolg, die letztendlich die kommunistischen Regime in Osteuropa aufweichten, waren es nicht die langhaarigen anglo-amerikanischen Meuterer mit Elektrogitarren, an denen sich auch die Jugendlichen im »realen Sozialismus« ein Beispiel nahmen? Bleibt die geistige und materielle Pop-Kultur der USA nicht auch heute das effizienteste Gegengift bei Autoritarismus oder Fundamentalismus? Anderenfalls würden die Ayatollas sie nicht so verfluchen.

Der *Way of life* eines sich demokratisch und marktwirtschaftlich entwickelnden Rußlands wird auf dem ganzen Territorium der ehemaligen Sowjetunion, besonders aber in den moslemischen Gebieten des Kaukasus und in Mittelasien die gleiche Mission haben.

Eine der entscheidenden Voraussetzungen dafür wird die im Rahmen der GUS vereinbarte Beibehaltung eines gemeinsamen Fernsehprogramms sein. Jeder der Nachfolgestaaten der UdSSR hat seine eigenen Fernsehanstalten, aber keine von ihnen verfügt auch nur annähernd über die technischen und personellen Kapazitäten des Moskauer Sendezentrums in Ostankino. In absehbarer Zukunft wird sich das kaum ändern lassen können, und so wird das gemeinsame russischsprachige Programm aus

Moskau die wichtigste Informationsquelle für Millionen Menschen in und außerhalb Rußlands bleiben. Auch in diesem Falle könnte man von Imperialismus sprechen, doch nicht weniger angebracht wäre der Terminus »Freier Informationsfluß«: Der Meinungspluralismus und die Pressefreiheit haben nicht in allen ehemaligen Sowjetrepubliken die gleichen Erfolge zu verzeichnen, was die Nachrichtensendungen aus Ostankino in einen bedeutenden Demokratisierungsfaktor verwandelt.

Das von mehreren Nachfolgestaaten der UdSSR getragene gemeinsame Fernsehprogramm in russischer Sprache, das auf großen Flächen mit türkischen und iranischen Konkurrenten um Einschaltquoten kämpfen wird, ist ein Phänomen der postsowjetische Ära und wird auf den Gang der Ereignisse im ganzen eurasischen Raum einen enormen Einfluß ausüben. Er wird sowohl politischen als auch kulturellen Charakter tragen – allein schon deshalb, weil er die traditionelle (zum Teil von Zaren und Generalsekretären rigoros aufgezwungene) Sonderstellung der russischen Sprache als allgemeines Kommunikationsmittel untermauern wird.

Im Sommer 1992 machte in den russischen Medien die Geschichte eines kirgisisch-estnischen Briefwechsels die Runde. Ein Betrieb in der mittelasiatischen Republik hatte sich mit einem Geschäftsvorschlag an seinen baltischen Partner gewandt und das Schreiben, ganz im Sinne der Souveränität, in Kirgisisch verfaßt. An der Ostsee wußte man damit nichts anzufangen und teilte dies dem Absender auch mit. Und zwar in Estnisch.

Dieser naiv-übertriebene Nationalstolz wird, besonders bei den Unternehmern, sehr bald einem geschäftsfördernden Pragmatismus weichen, und da Russisch in der Regel jeder halbwegs gebildete ehemalige Sowjetbürger beherrscht, wird man sich nach einer gemeinsamen

Sprache nicht lange umschauen brauchen, zumal man seine einschlägigen Kenntnisse ohnehin wird pflegen müssen, denn der russische Markt bleibt auf lange Sicht der aussichtsreichste für alle Nachbarstaaten.

So wird Rußland schon seiner Sprache wegen eine kulturelle Welt- oder zumindest Regionalmacht sein. Ein kasachischer oder georgischer Geschäftsmann wird in dieser Sprache nicht nur Verhandlungen führen – die meisten Hand- und Lehrbücher internationaler Autoren über moderne Management- oder Marketingmethoden wird er ebenfalls in Russisch lesen (müssen). Genau wie ein kasachischer oder georgischer Intellektueller die Werke zeitgenössischer ausländischer Schriftsteller eher in einer russischen Übersetzung als in seiner Muttersprache vorfinden wird.

Nichts kann der Verbreitung der russischen Sprache so förderlich sein wie das Fernsehen, doch es braucht dafür neben politischen und ökonomischen Sendungen auch publikumswirksame Unterhaltungsprogramme und vor allem Filme.

Die Filmindustrie der Sowjetunion war eine der größten in der Welt. Mitte der 80er wurden in 39 Studios jährlich rund 270 abendfüllende Streifen (davon etwa 120 für das Fernsehen) sowie an die 2000 Dokumentar-, Animations- und Lehrfilme produziert. Die Zahl der Kinobesucher lag jährlich bei vier Milliarden. Das Land hatte seine Stars und Leinwandlieblinge, seine Festivals, seine Kultfilme. Heute haben viele den Eindruck, daß dies alles spurlos untergeht. Bei nüchterner Betrachtung wird man jedoch feststellen, daß die Kinobranche, genau wie das Verlagswesen, wie eben der ganze Kulturbetrieb, einen ziemlich schmerzhaften, aber durchaus erfolgversprechenden Neuanfang durchmacht.

Ihre erste oberflächlich Entkommunisierung hat die

Branche bereits Ende der 80er Jahre erfahren – seither werden keine Propagandafilme mehr gedreht. Zur gleichen Zeit ist auch ihre Entideologisierung angelaufen. Mit diesem Prozeß hängt unter anderem die Krise des Moskauer und des Taschkenter Festivals zusammen. Beide Filmfestspiele hatte die KPdSU ins Leben gerufen, beide waren Bestandteil ihrer außenpolitischen Tätigkeit. Das Moskauer Festival hatte das hohe internationale Ansehen der sowjetischen Kinematographie und die weltweiten Erfolge der sogenannten progressiven (sprich: kommunistischen oder linksorientierten) Filmkunst zu manifestieren, die propagandistische Aufgabe des Taschkenter Festivals lag noch näher an der Oberfläche, denn es wurde für die Filmemacher der Dritten Welt veranstaltet und sollte ihre antiimperialistischen (antiamerikanischen) Stimmungen anheizen. So wurden auf dem Moskauer Filmfestival immer Beiträge aus der Sowjetunion und anderen sozialistischen Ländern mit Preisen geehrt – schließlich mußte man die Versäumnisse anderer Festspiele nachholen. Bei solchen Praktiken nimmt es nicht wunder, daß sich das Festival mit der Zeit nahezu hoffnungslos diskreditierte und nur noch selten große Filme oder wenigstens echte Stars anlockte. Sollte es sich in Zukunft nicht regenerieren können, wird das ein Verlust, aber keine Tragödie für die heimische Kultur sein.

Bei den Allunionsfilmfestspielen, die jährlich ganz im Sinne der verordneten unverbrüchlichen Völkerfreundschaft abwechselnd in den Hauptstädten der Sowjetrepubliken stattfanden, bediente sich die Partei der Jury noch großzügiger. Glasnost setzte dem ein Ende: 1991 wurde in dem Schwarzmeer-Badeort Sotschi, dem russischen Cannes, ein neues nationales Festival ins Leben gerufen, das im Mai 1992 bereits internationalen Charakter trug, denn die ehemals sowjetischen Filmemacher kamen nun aus verschiedenen unabhängigen Staaten. Für die Organisation dieses Wettbewerbs, der auf den Namen »Kinotaurus« getauft wurde, ist die gleichnamige private Firma verantwortlich, die der Filmmagnat Mark Rudinstein leitet – und nicht wie früher das Kinematographieministerium, das ein Befehlsempfänger der Kulturabteilung des Zentralkomitees war. Die Berichterstattung vom »Kinotaurus 92« in den russischen Medien verblüffte durch ihren optimistischen, ja nahezu begeisterten Ton – ich kenne eine ganze Reihe von Filmkritikern und weiß, wie schwer diese bissigen Schreiber zufriedenzustellen sind. Das Festival wurde fast einhellig gelobt: für das Programm, für die Juryentscheidungen, für die Organisation. Es habe bewiesen, wie viele gute Filme es hierzulande gebe, schrieb die *Iswestija*, das Unternehmermagazin *Delovie Lyudi* (Geschäftsleute) zitierte den bekannten Regisseur Wadim Abdraschitow mit den Worten, er könne sich an kein nationales Festival mit so hohem Niveau der Beiträge erinnern, und die Filmzeitschrift *Ekran* (Leinwand, Bildschirm) resümierte: »Das einheimische Kino lebt!«

Sicherlich hatten diese Einschätzungen auch einen Schuß Selbstermutigung, aber kann man das jemandem in der Stunde Null verübeln? Im Wettbewerbsprogramm liefen 28 Produktionen, die allesamt unter den Bedingungen eines zerfallenden Staates und einer krisengeschüttelten Wirtschaft hergestellt wurden: Es war ein Wunder, daß sie überhaupt zustande gekommen waren. Um so mehr inspirierte die Vielzahl talentierter Werke, die der Jury die Wahl erschwerten.

Das Erfolgserlebnis des »Kinotaurus 92« kann man als den Beginn einer neuen Zeitrechnung beim russischen Film verstehen. Unmittelbar nach dem Zusammenbruch des Sowjet-Imperiums gelang es der Branche, sich selbst ihren Lebenswillen und ihre Lebensfähigkeit vor Augen zu führen und dadurch Mut für das Weitermachen zu schöpfen. Unter den Gewinnern (die Preise waren mit 5000 bzw. 3000 US-Dollar dotiert) befanden sich bemerkenswert viele junge Akteure und Filmemacher, was durchaus gesetzmäßig war: Jeder historische Umbruch wird von einem erfrischenden Generationswechsel begleitet.

Ist es vielleicht gerade dieser Umstand, der so manchen Altmeister in einen Schwarzseher verwandelt?

Natürlich versuchen sie ihre Hiobsbotschaften mit anderen Argumenten zu belegen, in erster Linie mit der Überhandnahme amerikanischer Streifen. Dies ist zweifellos ein Problem, aber heutzutage muß jedes demokratische Land der Welt mit ihm leben. Den etablierten sowjetischen Filmemachern fällt dies sichtlich schwer, denn, genau wie die etablierten sowjetischen Schriftsteller, sind sie an Konkurrenzkampf einfach nicht gewöhnt. Aber sie müssen sich ihm stellen, denn das Angebot an einheimischen und vor allem ausländischen Filmen ähnelt heute in seiner Vielfalt dem an Büchern.

Früher war das ganz anders. Da unterlagen die sowjetischen Studios einer strengen Parteikontrolle, was den Spielraum der Künstler einengte und so das allgemeine Niveau herunterschraubte; Streifen, die man im nachhinein hätte verbieten müssen, konnten gar nicht erst entstehen (Ausnahmen bestätigten die Regel). Gleichzeitig war den Zuschauern lediglich ein winziger Bruchteil der internationalen Filmproduktion zugänglich. So präsentierten sich im Fernsehen hauptsächlich die sozialistischen Bruderländer, und dabei nicht einmal mit den besten Arbeiten, während Filme aus Westeuropa eine Seltenheit blieben und amerikanische Streifen in der Regel nur am Vorabend eines Gipfeltreffens des Generalsekretärs mit dem US-Präsidenten ins Programm kamen. In den Kinos waren die Zustände nicht so extrem, denn hier konnte der Staat gutes Geld verdienen. Im Jahr wurden rund 150 ausländische Filme eingekauft, aber die staatliche Firma *Sovexportfilm*, die bis 1988 auf diesem Gebiet ein Monopolist war, überwachte unablässig die Einhaltung der ideologisch motivierten Proportionen: Den Schwerpunkt der Importe mußten Produktionen aus den sozialistischen Ländern, darunter aus Vietnam und Nord-Korea, bilden, die Dritte Welt hatte ebenfalls ausreichend vertreten zu sein, so daß für die kapitalistische Filmkunst nicht mehr viel Platz übrig blieb. In dieser Sparte wurden von den Kulturbeamten die billigen und die antikapitalistischen Filme bevorzugt, wobei westeuropäische Produktionen den Vorrang vor amerikanischen bekamen (was sich wohl eher mit finanziellen als mit politischen Überlegungen erklärte).

Für einen linken Antiamerikanisten mag das wie eine multikulturelle Idylle aussehen, in Wirklichkeit wurde damit den Zuschauern die Kulturignoranz und der schlechte Geschmack eingeimpft. Die Parteiführung verschrieb dem ganzen Land die ihr eigene Mittelmäßigkeit. Alles, was nicht nur politisch, sondern auch künstlerisch aus der Reihe fiel, wurde ausgemustert, selbst wenn es aus den Bruderländern kam, und so wußte das breite sowjetische Publikum in den 70er und 80er Jahren beispielsweise nichts über die unkonventionellen ungarischen oder die gesellschaftskritischen polnischen Regisseure. Zudem geizte der Sowjetstaat, der angeblich so viel für Kultur übrig hatte, mit seinen Devisen bei Einkäufen im Westen. Im Ergebnis kamen in die Kinos hauptsächlich Billigware oder alte Streifen – für die besseren und die neueren war das Geld zu schade. Das mit zehn »Oscars« ausgezeichnete Musical »West Side Story«

(1961) sahen die Sowjetbürger erst zwei Jahrzehnte (!) später, das klassische Filmkunstwerk »Vom Winde verweht« gar ein halbes Jahrhundert nach seiner Premiere. Mehrere Generationen sowjetischer Kinder haben keinen einzigen Walt-Disney-Film zu Gesicht bekommen. Selbst die Bekanntschaft mit dem Schaffen von Charlie Chaplin blieb äußerst fragmentarisch. Unter anderem wurde auch »Der große Diktator« in der UdSSR nie einem breiten Publikum gezeigt. In diesem Fall ging es allerdings wohl nicht nur um Geld.

Die sowjetische Gesellschaft war immer vom internationalen Filmgeschehen isoliert gewesen, die Menschen hatten nie die Möglichkeit gehabt, die Entwicklung der modernen Filmkunst mitzuverfolgen, und so ist es lächerlich, wenn man die heutigen Anbieter minderwertigen US-Zelluloids beschuldigt, sie seien es, die den auserlesenen Geschmack der Nation verdorben hätten: Die kommunistische Kulturpolitik hat da jahrzehntelang fleißig Vorarbeit geleistet.

Gewisse Maßstäbe versuchten die einheimischen Filmemacher dennoch zu setzen, und teilweise ist es ihnen auch gelungen, denn der sowjetische Film kann sich durchaus bedeutender Kunstwerke auch nach Eisenstein rühmen, zudem hat er es immer wieder verstanden, die spezifische Mentalität seines Publikums anzusprechen. Aber natürlich konnte man unter den Bedingungen der kinematographischen Abschottung nach Außen und der rigorosen Unterdrückung von talentierten Nonkonformisten im Inneren sich viel schneller hervortun und sogar zu einem lebenden Klassiker aufsteigen, besonders wenn man, zumindest hin und wieder, die richtigen Themen anpackte und sich im Zentralkomitee einen Bonus gutschreiben ließ.

Heute droht diesen Altmeistern ein Ertrinken im

Meer von Filmen, genau wie ihren literarischen Leidensgenossen der Bücherozean zu schaffen macht. Wieder einmal waren es die privaten Profitgeier, die den Hunger der Menschen – in diesem Fall nach Filmen – zu stillen vermochten. Und das kam so.

Mitte der 80er Jahre begann in sowjetischen Großstädten ein Run auf Videorecorder. Sie waren damals überall in Osteuropa groß in Mode, denn dank so einem Gerät konnte man mit der Tristheit des sozialistischen Alltags und der Langeweile des staatlichen Fernsehens besser fertig werden (ich habe hier bereits geschildert, wie meine Freunde und ich mit Videos die Zeit zwischen Breschnew und Gorbatschow überbrückten). Dadurch entstand eine enorme Nachfrage nach bespielten Kassetten. Sowjetische Diplomaten, Vertreter des Außenhandelsministeriums, Sportler oder Künstler, die sich im Ausland aufhielten, kauften sie sich oder, was viel öfter vorkam, schnitten die im Fernsehen übertragenen Filme einfach mit. In der Heimat wurde dann untereinander getauscht. Natürlich fanden sich gleich welche, die die Aufnahmen zu gewerblichen Zwecken vervielfältigten und dabei professionelle Dolmetscher eine russische Übersetzung aufs Band sprechen ließen. Eine gewisse Zeit wurden solche Geschäfte unter der Hand getätigt, aber nicht etwa, weil der Staat sich für die Urheberrechte stark machte, sondern weil er überall Pornographie und antisowjetische Propaganda witterte. Es gab noch Mitte der 80er Jahre Menschen, die für ganz harmlose Erotikstreifen ins Gefängnis gehen mußten.

Mit Glasnost kam für die Videopiraten die Sternstunde. Was als bescheidene Heimarbeit begann, verwandelte sich blitzschnell in eine Branche, die Anfang der 90er einen geschätzten Jahresumsatz von 16 bis 20 Milliarden Rubel erreichte – von denen die *Warner Brothers* oder die *Paramount*-Leute natürlich keine Kopeke zu sehen bekamen. Zuerst richteten Jungunternehmer sogenannte Videosalons ein: Sie mieteten bei irgendeiner staatlichen Institution einen Raum, stellten einige Reihen Stühle hin, brachten einen gewöhnlichen Fernseher mit, schlossen ihn an einen Videorekorder an, legten eine Raubkopie ein – und setzten sich mit der Kasse zum Eingang. Das Volk, besonders das junge, kam in Strömen, denn hier bekam es mehrmals täglich das zu sehen, was ihm die Partei so lange vorenthalten hatte: Action, Karate, Horror, Erotik, die neuesten Hollywood-Filme mit den größten Stars. Plötzlich gehörten Videosalons zum Alltagsbild nahezu jeder russischen Stadt, es gab sie auf Bahnhöfen und Flugplätzen, in den Kur- und Badeorten begegnete man ihnen auf Schritt und Tritt.

Gegen Ende der 80er Jahre hatte die Zahl der eingeführten Videorekorder derartig zugenommen, daß man schon von einer millionenstarken Kundenschicht sprechen konnte, die Interesse am Ausleihen von Filmen hatte. Das führte zu einem Boom privater Videotheken. Sie nisten sich heute überall ein: in Kiosken, in Dienstleistungsbetrieben, in Geschäften, wo sie sich eine Ecke mieten und reißerische Plakate mit Listen der verfügbaren Titel aushängen. In Moskau verdrängen immer neue Videotheken bereits die -salons (allein in der unmittelbaren Umgebung meiner Wohnung gibt es drei), und dieser Trend läßt darauf schließen, daß der Prozentsatz der Haushalte mit Videorecordern, zumindest in der Hauptstadt, selbst nach westlichen Begriffen hoch sein muß. Ferner scheint das Publikum, jedenfalls in Moskau, mit kinematographischen Erlebnissen schon soweit gesättigt zu sein, daß es auf das Sitzen vor der Glotze in einem muffigen Kellerraum mit zig anderen Zuschauern verzichten kann und mehr Komfort beim Filmgenuß verlangt.

Man könnte sich über all das nur freuen, wenn diese Tätigkeit nicht auf einer schamlosen Verletzung des Urheberrechts, auf einer demonstrativen Mißachtung zivilisierter Normen beruhen würde. Die Piraterie, und zwar nicht nur mit Filmen, sondern auch mit Musik, Büchern, Software, Markenzeichen, ist, genau wie die Korruption, eine Massenerscheinung im heutigen Rußland und zeugt von der Schwäche des Rechtssystems. Allerdings hätte es nach sieben Jahrzehnten kommunistischer Gesetzlosigkeit anders auch nicht sein können. Leider drückte der Staat bislang nicht nur beide Augen zu, sondern ging seinen Bürgern mit schlechtem Beispiel voran. So wurden im Frühjahr 1991 einige Raubkopien im sowjetischen Fernsehen gezeigt. Damals platzte den Amerikanern der Kragen: Die größten Studios Hollywoods erklärten dem bevorstehenden Internationalen Moskauer Filmfestival ihren Boykott und die Einstellung jeglicher Lieferungen in die UdSSR. Dieser Skandal war für das staatliche Fernsehen eine gute Lehre (die lokalen privaten Kabelnetze blieben unbeeindruckt). Mittlerweile kooperiert es mit den US-Filmgesellschaften: *Warner Brothers* und *Columbia Pictures* haben bereits die Möglichkeit wahrgenommen, sich dem russischen Publikum mit größeren Programmen zur besten Sendezeit vorzustellen. Auf der Straße blüht derweilen nach wie vor die Piraterie. Der entstehende Rechtsstaat wird wohl Jahre brauchen, um dieser Epidemie wenigstens einigermaßen Herr zu werden. Der Gerechtigkeit halber sollte man hinzufügen, daß selbst die gediegenen Demokratien es nicht schaffen, ein für allemal mit ihren eigenen (oder den fernöstlichen) Piraten fertig zu werden. Es ist also bei weitem kein rußlandspezifisches Problem.

Getreu meinem Prinzip, in jedem Vorgang seine Lichtseiten zu sehen, entdecke ich auch in der Videopiraterie einige positive Momente für mein Land, und zwar sowohl für die Wirtschaft als auch für die Kultur. Die Vorführung und der Verleih von Raubkopien (nehmen wir mal nur den ökonomischen und nicht den juristischen oder moralischen Aspekt) waren eine der ersten und wenigen Formen der Entfaltung der Eigeninitiative in der noch kommunistischen Sowjetunion, als es kein Privateigentum und nichts zu privatisieren gab. Dank diesem simplen Geschäft, das minimales Startkapital erforderte, kamen erhebliche Summen zusammen, die dann überall dort investiert werden konnten, wo die Planwirtschaft leckgeschlagen wurde. Die Videopiraterie war somit eine der effizientesten Formen der ursprünglichen Akkumulation, ohne die es keinen Übergang zur Marktwirtschaft geben kann. Es ist unbestreitbar, daß sie auf unehrliche Weise getätigt wurde: Die Amerikaner wurden einfach beraubt. Doch man kann sich vielleicht damit trösten, daß die Amerikaner seinerzeit im Wilden Westen bei ihrer ursprünglichen Akkumulation auch nicht gerade zimperlich waren. Wir haben es hier mit einer in diesem Buch bereits ausführlich besprochenen Gesetzmäßigkeit der Marktwirtschaft zu tun: In ihrer Anfangsphase nimmt sie wenig Rücksicht auf Recht und Moral.

Die Videopiraten sind zu einer Herausforderung für die staatlichen bzw. privaten russischen Vertriebsgesellschaften und für die Kinos geworden: Man muß die verlorengehenden Kunden zurückgewinnen. Da man das nur über ein besseres und breiteres Programmangebot sowie eine höhere Qualität der Bedienung in den Filmtheatern erreichen kann, wird dieser Konkurrenzkampf den Zuschauern eindeutig zugute kommen. Letztendlich werden es bestimmt die ökonomischen und weniger die juristischen Zwänge sein, die zuerst den Videosalons und später den Raubkopien-Videotheken den Hahn zudrehen. Die Piraten, denen es eigentlich von Anfang an egal war, womit sie sich ihr Geld verdienen, werden das zusammengeraffte Kapital woanders anlegen und das Feld zugunsten der Profis räumen, für die ein ehrliches Geschäft mit ausländischen Partnern nicht nur eine Frage der Ethik, sondern auch des unternehmerischen Kalküls sein wird, denn sie werden nicht nur kaufen, sondern auch verkaufen wollen. Im September 1992 führten mehrere russische Verleihfirmen in Moskau ein »Festival nicht geraubter Filme« durch, auf dem etwa zwanzig rechtmäßig erworbene ausländische Streifen vorgestellt wurden. Das Aufpolieren des angeschlagenen Renommees hat begonnen.

Die Videopiraterie gab somit der Filmindustrie Rußlands starke marktwirtschaftliche Impulse. Auch auf die einheimische Filmkunst hat sie sich ausgewirkt. Unter den sowjetischen Altmeistern herrscht die Ansicht, dieser Einfluß sei ausgesprochen negativ, die eigene Kinokultur im ausländischen Schund ertränkt worden. Wer so spricht, geht davon aus, daß die Kinematographie der UdSSR zu allerhöchsten Güteklasse gehörte und als Maßstab genommen werden kann. Das dürfte so wohl nicht ganz zutreffen, denn sonst wäre die Zahl der international bekannten sowjetischen Filmemacher etwas größer gewesen. Ferner scheinen diese Kulturpatrioten zu meinen, daß ihre Landsleute früher eine besondere Vorliebe gerade für einheimische Produktionen empfanden und daß die ausländischen Filme ihnen heute geradezu aufgezwungen werden. Auch da irren sie sich, und zwar gewaltig. Natürlich gab es, ich erwähnte das bereits, eigene Leinwandlieblinge und populäre Regisseure, aber in der Regel erreichten sowjetische Filme nur deshalb hohe Zuschauerzahlen, weil man keine andere Wahl hatte. Wer oft genug, wie ich in jungen Jahren nach der

Schule oder Uni, vor der Programmvorschau gestanden hat, der weiß, daß die Leute zuerst nach ausländischen Filmen suchten. Man sollte sich doch mal erinnern, was es für Schlangen gab, wenn ein halbwegs neuer oder sehenswerter westlicher Streifen in die Kinos kam, was für eine Aufregung in der Stadt herrschte, wenn es eine Woche des französischen oder italienischen Films gab, wie die Menschen um Karten für das Moskauer Festival kämpften. Und wer gehörte jahraus, jahrein zu den landesweiten Kassenschlagern? Sowjetische Filme? Nein, indische! Aber nicht solche, die von kultivierten westeuropäischen Fernsehanstalten spätabends in der Rubrik »Der besondere Film« ausgestrahlt werden, sondern primitivste Melodramen mit südasiatischer Exotik, von denen Indien, der größte Filmproduzent der Welt, jährlich über siebenhundert Stück herstellt.

Als in der ersten Hälfte der 80er Jahre in Moskau die ersten bespielten Videokassetten von Hand zu Hand gingen, waren sie wie Samisdat-Bücher (selbstverlegte illegale Literatur), denn sie gaben Einblick in eine nicht zugelassene Kultur. Als in der zweiten Hälfte der 80er Jahre das Land mit Raubkopien überflutet wurde, erfüllten sie die gleiche Aufgabe wie die Literaturzeitschriften: Sie machten Millionen Menschen mit dieser Kultur vertraut. Natürlich kam viel Schund herüber, aber aus rein geschäftlichen Überlegungen versuchten die Piraten vor allem die aktuellen Top-Hits aus dem Westen an Land zu ziehen. Das unterschied sie übrigens vorteilhaft vom legalen Verleih, der die gewonnene Selbständigkeit hauptsächlich dafür nutzte, in Hollywood Schnäppchenkäufe mit Mengenrabatt zu tätigen und die heimischen Kinos mit wirklich sehr billigen Filmen vollzustopfen. Nun gut, der Verleih mußte auch seine ursprüngliche Akkumulation hinter sich bringen.

Binnen kürzester Zeit hat das Publikum in Rußland vieles nachgeholt. Die Sowjetbürger waren früher nie dabei gewesen, wenn sich Millionen Menschen in allen Kontinenten jedes Jahr vor den Fernsehgeräten versammelten, um die »Oscar«-Verleihung in Hollywood mitzuerleben. Das Zentralkomitee meinte, sie hätten das nicht nötig. Im gewissen Sinne hatte es sogar recht. Man kannte in der UdSSR weder die nominierten Filme noch einen Großteil der Stars, von den Erfolgsregisseuren ganz zu schweigen. Heute ist das anders. Man spricht so viel von der Eingliederung Rußlands in die Weltgemeinschaft, aber gerade die audiovisuellen Mittel sind einer der mächtigsten integrierenden Faktoren in der modernen Zivilisation. Heute schwärmen russische Jungs für Arnold Schwarzenegger und Sylvester Stallone, genau wie die Kids überall auf der Erde, und das bringt sie einander viel näher als irgendwelche Freundschaftsappelle der Politiker. Man kann über das Schaffen dieser beiden Herren geteilter Meinung sein, aber generell ist das Kino Amerikas weltweit mit großem Abstand das beste, es setzt Maßstäbe für die internationale Filmkunst. Endlich ist diese Kultur, wenn auch noch nicht flächendeckend, zu einem Teil der geistigen Erfahrung der Rußländer geworden, und das geht – im übertragenen wie im buchstäblichen Sinne – auf das Konto der Videopiraten.

Dies alles könnte wie eine Lobeshymne auf die Piraterie klingen, ist es aber nicht, bloß: was passiert ist, ist passiert, und man sollte nicht scheinheilig die positiven Auswirkungen dieses Phänomens leugnen.

Die massenhafte Bekanntschaft mit dem modernen westlichen Filmangebot führte selbstverständlich zu einer Abwertung und Verdrängung der sowjetischen Kinematographie. Das breite Publikum will nun auf der Leinwand keine Politoffiziere und Rotarmisten, sondern Cops, keine verdienten Kolchosmelkerinnen mit familiären Problemen, sondern flotte Girls mit sexuellen Wünschen sehen, und auch die Cineasten können jetzt zwischen Oskar- und Leninpreisträgern wählen. In der gleichen Maiwoche, in der in Sotschi der »Kinotaurus 92« die Jury und die Presse mit anspruchsvollen neuen Produktionen verwöhnte, liefen in den damals 115 Moskauer Kinos insgesamt 77 Streifen, von denen 11, also 14 Prozent, aus den Studios der UdSSR stammten; 44 kamen aus den USA, 4 aus Indien, je 3 aus Italien und Deutschland, 2 aus China, 1 aus Frankreich, 9 aus anderen Ländern. Eigentlich ein recht buntes Bild, aber unerträglich für die ehemaligen Günstlinge des sowjetischen Kulturmonopolismus. Und so rufen sie nach dem Staat.

Ich glaubte, den Direktor eines an Absatzschwierigkeiten leidenden Rüstungsbetriebes zu hören, als ich im russischen Fernsehen den Regisseur Sawwa Kulisch sprechen sah: Er forderte »sofortige Maßnahmen der Regierung«, »die Einführung von Quoten und hohe Besteuerung bei Importen«, »die Entbindung der einheimischen Produktion von der Steuerpflicht«. Die nationale Filmkunst wolle sich der Erziehung der Jugend widmen, aber die bekomme nur ausländische Massenkultur serviert. Am Ende der Sendung stellte sich heraus, daß der Regisseur soeben seinen neuen Film fertiggestellt hat.

Der 55jährige Sawwa Kulisch ist, genau wie der 59jährige Andrej Wosnessenski, ein typischer Vertreter der Tauwetter-Generation und ihrer Mentalität. Er ist der Überzeugung, daß die einheimische Kunst, darunter natürlich auch die seine, einen großen pädagogischen Wert darstelle und deshalb vom Staat, dessen Interessen sie dient, begünstigt werden müsse. Er scheint es als selbstverständlich zu empfinden, daß erzieherische Aufgabenstellung, ideologische Botschaft Vorrang vor künstlerischer Aussage, handwerklichem Niveau bekommen. Der Umstand, daß die Zuschauer, allen voran die Jugendlichen, vom Kino etwas anderes als Belehrungen erwarten, kann diesem Sendungsbewußtsein nichts anhaben. Dann muß man den Menschen eben zu ihrem Glück verhelfen, zum Beispiel durch Quoten, damit sie von der Selbstvervollkommnung nicht allzu oft abgelenkt werden.

So findet die Idee des kulturellen Protektionismus – eine für Rußland äußerst reaktionäre Idee, denn jegliche geistige Abschottung wird seiner Modernisierung, Zivilisierung und Entideologisierung hinderlich sein – ihre Anhänger nicht nur unter den Slawophilen, sondern auch unter den ehemals liberalen Tauwetter-Intellektuellen. Sie klammern sich an den Staat, weil sie Angst vor dem Markt haben. Zu Recht: Sawwa Kulisch beispielsweise hatte seinen letzten größeren Erfolg 1979, als er einen Preis beim Internationalen Moskauer Filmfestival bekam. Sollte sein neuester Streifen, den er im Fernsehen zusammen mit seinen Forderungen an die Regierung propagierte, ein Flop werden, dürfte er in Zukunft große Probleme bei der Suche nach Produzenten bekommen. Seine früheren Verdienste, auf die er sich im Sowjet-Staat hätte berufen können, ziehen heute nicht mehr. Er galt als ein Neuerer im heimischen Kino, nachdem er 1968 den psychologisch einfühlsamen Spielfilm *Tote Saison* über einen sowjetischen Agenten in Westeuropa drehte. Damals wurde er unter anderem mit dem Hauptpreis des Allunionsfestivals geehrt. Doch seit dem Sturz des Dserschinski-Denkmals steht die Darstellung von sensiblen KGB-Offizieren nicht mehr hoch im Kurs.

Bestimmt sind auch die jungen Preisträger des »Kinotaurus 92« nicht gerade glücklich darüber, daß ihre Arbeiten in den Kinos vorerst mit einem Programmanteil von höchstens 14 Prozent rechnen können, aber aus ihren Reihen sind bezeichnenderweise keine Hilferufe an den Staat und keine Verdammungen an die Adresse der amerikanischen Massenkultur zu hören. Ich kenne auch keine jungen Schriftsteller, die, wie Wosnessenski, alle Welt mit Kahlschlagalarm der russischen Literatur schrecken. Die in diesem Buch bereits mehrmals erwähnte tiefe mentale Kluft zwischen den Generationen der 60- und der 30jährigen, die heute die ganze russische Gesellschaft zweiteilt, ist in der Kultur nicht weniger augenfällig als in der Wirtschaft. Die älteren Herrschaften, die ihr ganzes Leben lang an der strengen, aber sicheren Hand des Parteistaates geführt wurden, ähneln heute einem Kind, das in einer neuen Umgebung ängstlich nach dem Rock der Mutter greift. Die Quotenforderung von Sawwa Kulisch, die ganz bestimmt so mancher Altmeister des sowjetischen Films unterstützen würde, zeugt davon, wie tief in den Köpfen der Tauwetter-Veteranen Illusionen über die Allmacht des Staates sitzen, wie fest diese Generation immer noch daran glaubt, das man von oben her alles vernünftig organisieren und regeln kann. Sie scheint aus dem Fiasko des sowjetischen Zentralismus nichts gelernt zu haben. (Dabei ist doch offensichtlich, daß in der heutigen Situation beliebige restriktive Maßnahmen im Film- oder Verlagswesen zum Scheitern verurteilt sind – allein die Videopiraterie würde jegliche Quoten über den Haufen werfen.) Die jungen Künstler dagegen, die nach 1985 bereits unter den Bedingungen der Freiheit und der ernsthaften Konkurrenz debütierten und ein anderes Umfeld weder kennen noch wünschen, bauen ausschließlich auf sich selbst. Sie setzen auf die Marktwirtschaft, weil sie sich ihr gewachsen fühlen. Und weil nur sie zum Erfolg führen kann.

Rußland braucht keine geistigen Einfuhrbeschränkungen – das ist ein Rezept für kleine Staaten. Die rußländische Filmindustrie hat genügend künstlerische, personelle und materielle Kapazitäten, um selbst der härtesten Konkurrenz Paroli bieten zu können. Gerade weil das eine Branche ist, die große Gewinne abwerfen kann (nicht zufällig gehören heute zu den aktivsten Geldgebern die privaten Banken), wird sie sich ihren Markt ausbauen wollen. Unter den Preisträgern des »Kinotaurus 92« war auch ein Produzent – der Jungunternehmer Oleg Tschesnokow aus Perm, Präsident der Firma *Initiatiwa* (Initiative), die erfolgreich russische Filme finanziert und vertreibt. Er ist bei weitem nicht der einzige, der den Ehrgeiz hat, das Comeback der heimischen Kinematographie zu initiieren.

Der Massenandrang, den in Rußland in den letzten Jahren amerikanische Streifen beliebiger Qualität genossen, war eine natürliche und völlig normale Reaktion auf die jahrzehntelange verordnete Enthaltsamkeit: Die Menschen stürzten sich auf die verbotene Frucht. Allmählich werden sie wählerischer, und da die Eintrittskarten mit der Zeit auch nicht billiger werden, läuft man heute nicht mehr gleich in eine Vorstellung, nur weil es ein US-Film ist. In Deutschland beispielsweise kommen die billigsten und anspruchslosesten Filme auch nicht in die Kinos, sondern eher ins Fernsehen und in die Videotheken, wo sie zudem meistens in den Regalen verstauben, während die neueren und besseren Filme vergriffen sind.

In Rußland wird jetzt die Zeit reif für eine Rückbesinnung auf die eigene Filmkunst. Das Publikum will seine Leinwandlieblinge wiedersehen, seine eigenen Stars feiern können, schließlich sein eigenes Leben, und nicht nur das hinter dem Ozean, dargestellt bekommen. Diesen absehbaren Stimmungswandel wird das staatliche Fernsehen mit seiner Programmgestaltung unterstützen können, aber der letztendliche Erfolg wird von den Marketingstrategien der Branche abhängen. Da sich die Produzenten und Filmemacher, wie so ziemlich alle in Rußland, an amerikanischen Beispielen orientieren, werden sie sich bestimmt bewährte US-Patente zu eigen machen (Ansätze sind bereits zu erkennen). Die russische Filmindustrie wird es recht schnell gelernt haben, massive Werbekampagnen zu führen, Stars einzukaufen und großzuziehen, kostspielige Projekte zu finanzieren – bei den Möglichkeiten des riesigen Marktes wird sich das alles rentieren. Einen eigenen »Oscar« hat sie bereits: Seit 1988 wird jeden Dezember im Haus der Filmemacher in Moskau in Anwesenheit der hauptstädtischen High-Society und des Fernsehens die »Nike« verliehen.

Schon jetzt praktiziert die russische Filmindustrie eine ziemlich rege internationale Kooperation, was ihre Exportaussichten verbessert, schon jetzt kommen prominente ausländische Schauspieler zu Aufnahmen nach Rußland. Man kann ferner davon ausgehen, daß russische Studios zu einem ähnlichen Anziehungspunkt für Filmemacher aus dem eurasischen Raum werden wie Hollywood dies für die Europäer war und ist. Nur wenige Nachfolgestaaten der UdSSR werden sich in Zukunft eine eigene Kinematographie leisten können, und die nächstliegende Entscheidung für die arbeitslosen Künstler, unter denen es sehr talentierte gibt, wird der Abgang nach Rußland zu den ehemaligen Kommilitonen von der Moskauer Filmhochschule oder den langjährigen Kollegen vom sowjetischen Filmemacherverband sein. Das wird der künftigen Filmkultur Rußlands neue Farben verleihen.

Es gibt Befürchtungen, die Kommerzialisierung der

rußländischen Filmkunst könnte dazu führen, daß ihr der humanistische Geist der sowjetischen Vorgängerin abhanden kommt, daß sich zum amerikanischen Sex and Crime auch noch ein russischer Sex and Crime gesellt (was gegenwärtig auch geschieht), daß kein anspruchsvolles und experimentelles Kino mehr gedreht werden wird. Das ist zweifelsohne ein ernstes Problem, aber mit ihm werden alle Filmnationen schon seit langem konfrontiert. Nichtsdestoweniger gibt es jedes Jahr bei internationalen Filmfestivals immer wieder neue anspruchsvolle und experimentelle Streifen. Eine freie Gesellschaft bietet den Künstlern eben eine breite Palette von Lösungen. So wird ein erfolgreicher russischer Produzent einem experimentierfreudigen Autor viel eher Geld geben wollen – allein schon des Lobes der Kritiker wegen – als ein Beamter, der seine Vorgesetzten aufzuregen fürchtet und ohnehin zur Banalität neigt. Außerdem wird sich in Rußland auch die Produktion von künstlerisch wertvollen Filmen bezahlt machen, denn die Schicht intelligenter Zuschauer ist groß genug. Allerdings wird Humanismus in langweiliger Verpackung nie etwas bewirken können; er muß die Menschen auch ansprechen. So zum Beispiel, wie der Kino- und Videohit *Rain Man*. Ist das etwa kein humanistischer Film?

Es ist eine weit verbreitete linke Illusion, der Staat sei ein Segen für die anspruchsvolle Kunst, der Markt bringe ihr nichts als Verderben. Ich habe hier anhand des extremen Beispiels Sowjetunion zu zeigen versucht, daß es dem Staat nicht um Anspruch, sondern um Ideologie ging, daß das politische Engagement stets dem künstlerischen Wert vorgezogen wurde. Mag sein, daß beispielsweise die deutsche Filmförderung oder Theatersubventionierung von solchen Verzerrungen gänzlich gefeit sind, aber im postkommunistischen Rußland sollte die

Gesellschaft bestrebt sein, die Beteiligung des Staates am künstlerischen Leben so weit wie nur möglich zu minimieren. Sie sollte das aus reinem intellektuellen Selbsterhaltungstrieb tun, denn ein Heer von ehemaligen Kulturfunktionären wartet nur darauf, erneut die staatlichen Mittel auf- und verteilen, in Ausschüssen tagen, Kommissionen bilden, Sekretäre wählen und der Regierung Vorschläge unterbreiten zu dürfen. Dieses Know-how beherrschen sie glänzend. Und ein nicht minder großes Heer von ehemaligen sozialistischen Realisten träumt nur davon, auf Kosten der Steuerzahler etwas Humanistisch-nützliches oder auch Patriotisches kreieren zu können.

Nach zwölf Jahren Hitlerdiktatur hatten die vorsorglichen Deutschen in Bonn sich darauf geeinigt, kein bundesweites Kultusministerium zu schaffen und alles, was mit geistiger Einflußnahme auf die Menschen, besonders die Jugend, zu tun hat, in die lokale Kompetenz der einzelnen Bundesländer zu übergeben. Rußland hat 73 Jahre kommunistischer Diktatur hinter sich.

Glücklicherweise ist der russische Staat heute zu arm und zu schwach, um sich allzusehr in das Kunstgeschehen einzumischen, aber das ist Glück im großen Unglück, denn die Kultur im weiteren Sinne kann natürlich ohne den Staat nicht auskommen. Das ganze Erziehungs- und Bildungswesen, die Wissenschaft, besonders die Grundlagenforschung, die Bibliotheken, die Museen, die Theater haben enorme, erschreckende, himmelschreiende Probleme, und hier ist der Staat gefordert, hier tun große nationale Programme not, hier hat das Kulturministerium Rußlands ein breites Betätigungsfeld, hier müssen alle Lokal- und Kommunalbehörden aktiv werden. Das neue Rußland in seinem heutigen Zustand ist diesem Kraftakt vorerst nicht gewachsen, und das wird zwangsläufig zu geistigen und materiellen Verlusten für das kulturelle Potential der Nation führen. Um so wichtiger ist es, die öffentliche Hand, wo immer es nur möglich ist, durch die private zu ergänzen oder zu ersetzen.

Das Wort Sponsor ist heute eines der gebräuchlichsten in Rußland. Vor wenigen Jahren noch war dieser Begriff nur Insidern bekannt – heute kommt praktisch keine Kulturreportage im Fernsehen oder in den Zeitungen ohne dieses Wort aus. Jede größere Veranstaltung – vom Internationalen Tschaikowski-Wettbewerb für junge Musiker bis zum Folklore-Festival – hat meistens mehrere Sponsoren; Chefdirigenten verweisen in Interviews ständig auf die Gönner ihrer Klangkörper; alle Kinder, die lesen können, wissen, daß ihre allabendliche Gute-Nacht-Sendung im Fernsehen von der Moskauer Warenbörse gesponsert wird; die *Unikombank* veranstaltet eine Zirkusvorstellung für Waisen; ein Rüstungsunternehmen finanziert die Teilnahme von Kriegsveteranen an der Parade zum Jahrestag des Sieges am 9. Mai; »Ich habe einen Sponsor für den Schüleraustausch mit Deutschland gefunden«, erzählt mir der Direktor meiner ehemaligen Schule; »Wir suchen einen Sponsor«, erklärt vor der Kamera der Trainer einer Frauenfußball-Mannschaft.

Es ist eine Massenerscheinung und deshalb ein soziales Phänomen des postkommunistischen Rußlands. Inmitten einer schwersten Wirtschaftskrise greift die gerade ausgeschlüpfte rußländische Unternehmerschaft ständig zum Scheckbuch und spendet Millionenbeträge für die Kultur, obwohl solche Aktivitäten von dem nicht sonderlich ausgeklügelten rußländischen Steuersystem kaum begünstigt werden und der Werbeeffekt auch nur geringe Dividenden bringen kann. »Wir sind uns im klaren darüber, daß die Million oder die zehn Millionen, die wir heute spenden, aus dem Umlauf gerissen sind und uns in einem Jahr vielleicht hundert Millionen oder eine Milliarde gebracht hätten«, erklärte im Fernsehen Waleri Newerow, der Chef des Erdölkonzerns »Hermes«: »Trotzdem finanzieren wir ausgiebig geisteswissenschaftliche Forschungen, geben sehr viel Geld der Kirche, den Krankenhäusern, dem Bildungswesen – wir stifteten beispielsweise Stipendien für Studenten der Universität und der Industriehochschule in Tjumen sowie der Filmhochschule in Moskau. Wir tun das, weil wir der Meinung sind: Die Wiedergeburt der Wirtschaft ist undenkbar ohne die Wiedergeburt der Kultur, des Geistes.«

Das klingt wie ein Werbeslogan, und im Grunde genommen ist es auch einer, aber weniger für die konkrete Firma *Hermes* – mehr für die ganze neue Unternehmerklasse, die sich der Gesellschaft als jene Kraft präsentiert, die nicht nur die materiellen, sondern auch die geistigen Probleme der Nation zu lösen gewillt ist. Damit wirkt sie dem jahrzehntealten kommunistischen Propagandaklischee von den Kapitalisten als Blutsaugern par excellence entgegen und greift gleichzeitig eine russische Tradition auf, die besonders um die Jahrhundertwende dem Aufschwung in der Wirtschaft ein Aufblühen in der Kultur folgen ließ. Das neumodische Wort Sponsor hat nämlich ein altbewährtes Synonym: Mäzen.

»Rußland kann sich noch der Namen von Morosow und Mamontow erinnern, die in die Geschichte nicht als Besitzer unschätzbarer Reichtümer, sondern als Mäzene, als Förderer der Kultur eingegangen sind. Ich bin überzeugt, daß die neue Generation unserer Geschäftsleute genetisch der Nachfolger jener Industriellen, Kaufleute und Gutsherren ist, die die Stützen der vorrevolutionären Kultur waren«, sagt der Star-Pianist, Gründer und

Chefdirigent des Russischen Nationalen Symphonieorchesters Michail Pletnjow. Auf die von ihm genannten Persönlichkeiten (unbedingt hinzuzufügen sei noch Pawel Tretjakow, der der Stadt Moskau 1892 die Tretjakow-Galerie schenkte) berufen sich heute viele in Rußland. Man hört ihre Namen bei Einweihungen und Eröffnungen, findet sie in Unternehmerzeitschriften und im Feuilletonteil der Zeitungen. Besonders oft wird Sawwa Mamontow als nachahmenswertes Beispiel genannt. Dem 150. Geburtstag dieses Großindustriellen, der sich vor allem mit dem Bau von Eisenbahnlinien beschäftigte, war im Sommer 1992 in Moskau eine große Ausstellung (als Sponsor fungierte die Börse BINITEK) unter dem prägnanten Titel »Sawwa Iwanowitsch Mamontow und die russische Kultur« gewidmet. Unglaublich, was dieser kunstbesessene Gründertyp, der in Italien Gesangsunterricht genommen hatte, alles bewirkt hat. Sein Temperament und sein Geldbeutel haben eine nicht wegzudenkende Spur gleichzeitig in der russischen Musik, in der bildenden, darstellenden und angewandten Kunst hinterlassen. Er war Schirmherr der Maler Repin und Wrubel, der Komponisten Rimski-Korsakow und Rachmaninow, des Sängers Schaljapin, er unterhielt ein Operntheater und richtete eine Werkstatt für Kustgewerbe ein.

Angesichts der Geldnöte des Staates herrscht in Rußland heute ein Kult des Mäzens, und in dieser gesellschaftlichen Atmosphäre kann sich mittlerweile kein renommiertes Unternehmen den Verzicht auf Sponsoring mehr leisten: *Noblesse oblige*, wie gebildete Russen zu sagen pflegen. Der auch in Deutschland gut bekannte Moskauer Organist Harry Grodberg bringt eine weit verbreitete Meinung zum Ausdruck, wenn er behauptet: »Die Finanzierung der Kultur wird in der nächsten

Zeit offensichtlich in hohem Maße von Mäzenen abhängen.«

Michail Pletnjow, Jahrgang 1957, war anfangs sein eigener Sponsor, als er 1990 das Russische Nationale Symphonieorchester als ersten vom Staat unabhängigen Klangkörper in der Sowjetunion gründete: Er gab alle Devisen, die er als Pianist verdient hatte, und den Kredit einer Schweizer Bank für den Erwerb von erstklassigen Musikinstrumenten aus. Dann holte er sich die besten Leute aus anderen Orchestern, indem er ihnen höhere Gehälter und bessere Arbeitsbedingungen bot. »Das habe ich Mäzenen zu verdanken.« So gelang es ihm, ein Orchester von Weltniveau auf die Beine zu stellen, und das unter den Bedingungen eines Exodus der Musiker aus Rußland. Der Generalsponsor des jungen Klangkörpers ist die junge *Kredobank*. Mit der Zeit kamen weitere Geldgeber hinzu, so die *AwtoWAS-Bank*, ein Tochterunternehmen der Lada-Werke. Beide Banken zeigen guten Geschmack: Sie finanzieren außerdem den spektakulärsten Moskauer Theaterregisseur Roman Wiktjuk. Daher meine oben bereits ausgesprochene Überzeugung, daß die Zeichen heute sowohl für die Massenkultur als auch für die elitäre Kunst gut stehen.

Eigeninitiative tut natürlich auch not. Die traditionsreiche Moskauer Schtschukin-Theaterhochschule füllt ihr mageres Budget mit Benefizkonzerten ihrer Studenten, prominenten Absolventen und Freunden auf, während das weltberühmte Kammerorchester »Die Virtuosen von Moskau« unter der Leitung von Wladimir Spiwakow, das für einige Jahre nach Spanien gegangen ist, auf eine ganz ausgefallene Idee kam: Es investierte seine Mittel in eine neugegründete Aktiengesellschaft, die an der Kolyma im russischen Fernen Osten Goldminen betreiben wird.

In der Provinz wird das Sponsoring eine noch größere, wenn nicht die entscheidende Rolle im Kulturleben spielen. Die politische Dezentralisierung eröffnet ungeahnte Möglichkeiten für örtliche Aktivitäten, aber weder die Regierung noch die Kommunalbehörden werden sie ausreichend finanzieren können. Für die zahlungsfähigen Lokalpatrioten dagegen wird es eine Prestigefrage sein, der Hauptstadt in nichts nachzustehen – das war schon im vorigen Jahrhundert so. In Perm, wo es neben Moskau und St. Petersburg die bekannteste russische Balletschule gibt, bemüht man sich um ein Festival der Tanzkunst; Wladiwostok, bis vor kurzem für Ausländer gesperrt, will regelmäßig internationale Theatertreffen organisieren; Nischni Nowgorod (Gorki), eine bisher ebenfalls streng abgeschottete Stadt, die heute wieder zur Handelsmetropole aufsteigen will, veranstaltete Anfang September 1992 die 1. Internationalen Sacharow-Festspiele mit nahezu 500 Teilnehmern. Der Generalsponsor war ein russisch-amerikanisches Joint-venture.

In der Sowjetunion waren die Lenin- und Staatspreise eine sehr begehrte Auszeichnung. In Rußland beanspruchen ihren Stellenwert die mit je 10 000 US-Dollar dotierten fünf »Triumph«-Prämien, die von der Aktiengesellschaft *Logovaz* im Sommer 1992 gestiftet worden sind. Die Staatspreise wurden immer zum Jahrestag der Oktoberrevolution am 7. November verliehen. Die »Triumph«-Prämien werden am Vorabend des 7. Januar zuerkannt.

Am 7. Januar feiert Rußland Weihnachten. So werden die »Triumph«-Prämien zu einem Symbol für gleichzeitig zwei Faktoren, die – neben der Kommerzialisierung – entscheidenden Einfluß auf die Kultur und das Geistesleben Rußlands ausüben werden: das Sponsoring und die Religion.

Das Wiederaufleben der Kirche und des Glaubens im heutigen Rußland ist ein derartig globaler und vielschichtiger Prozeß, daß er genügend Stoff für ein selbständiges Buch hergibt. Nirgendwo auf der Welt wurde die Religion – jegliche Religion – im 20. Jahrhundert so lange rigoros verfolgt und so brutal unterdrückt wie in der Sowjetunion. Die Feder war bis auf das äüßerste zusammengepreßt – nun springt sie mit enormer Wucht auf. Nirgendwo auf der Welt erfährt die Religion – erfahren verschiedene Religionen – derzeit einen so mächtigen Aufschwung wie auf dem riesigen Territorium der ehemaligen Sowjetunion. Es ist wie ein Dammbruch. Tausend Jahre nach Fürst Wladimir erlebt Rußland seine zweite Christianisierung.

Die Russen waren zutiefst gläubige Menschen mit großen orthodoxen Traditionen, als Lenin beim Studieren von Marx zu der Erkenntnis gelangte, Religion sei Opium für das Volk. Und so ließ er die »Opiumfelder« ausmerzen: Kirchen und Klöster wurden ausgeplündert und geschlossen, Glocken zu Kanonen umgeschmolzen, Geistliche umgebracht. Ein großer Teil von ihnen emigrierte während des Bürgerkrieges und gründete eine Kirche im Ausland – die, die geblieben waren, mußten, um zu überleben und den Gläubigen erhalten zu bleiben, weitgehende Kompromisse mit der neuen Macht schließen. Während des Krieges 1941 bis 1945 wurde die russisch-orthodoxe Kirche von Stalin zur Mobilisierung des Volkes gegen den Feind herangezogen, in den 50er und 60er Jahren von Chruschtschow wieder verfolgt und diskriminiert, in den 70er und 80er Jahren von Breschnew erneut herangezogen, um die friedliebende Außenpolitik der KPdSU der zu unterstützen. Sie soll in starkem Maße vom KGB unterwandert gewesen sein. In Deutschland ist die Diskussion über die Rolle der Kirchenvertreter in einem totalitären Staat und über die Grenzen der Kompromisse mit der Macht in vollem Gange, in Rußland hat sie noch nicht begonnen. Sollte aber nicht der, der zur Reue aufruft, auch selber Reue zeigen?

Die historische Weichenstellung hat Michail Gorbatschow vollzogen, als er sich im April 1988 mit dem damaligen Patriarchen von Moskau und ganz Rußland, Pimen, traf. Der orthodoxen Kirche wurde die wohlwollende Unterstützung des Staates bei der Durchführung der 1000-Jahr-Feier der Bekehrung Rußlands zugesagt. Gleichzeitig begannen auf Anweisung der Partei die örtlichen Behörden, dem Klerus verrottende oder in Lagerhallen verwandelte Gotteshäuser und ehemalige Klöster zurückzugeben. Kirchliche Würdenträger durften erstmals für das Unionsparlament kandidieren. 1990 folgte ein Gesetz über die Gewissensfreiheit, das die Rechte der Gläubigen erheblich erweiterte. Die Einschränkungen der verlegerischen Tätigkeit der Kirche wurden nach und nach aufgehoben, es entstanden die ersten Sonntagsschulen. Die früher strikt verbotenen karitativen Aktivitäten wurden nun eindeutig begrüßt. Die Kirche war die erste, die damals solche Begriffe wie Barmherzigkeit, Mitleid, Nächstenliebe zu propagieren und eine entsprechende Tätigkeit zu praktizieren begann. Das verschaffte ihr sehr hohes Ansehen.

In der Demokratiebewegung herrschte in jener Zeit eine fast euphorische Einstellung gegenüber der Kirche. Sie wurde als eines der Opfer der Partei und somit als ein Verbündeter im Kampf gegen sie verstanden. In den christlichen Werten sah man eine Alternative zur kommunistischen Ideologie. Die Besinnung auf kirchliche Traditionen und Feiertage wurde mit einer Absage an die proletarischen Attribute des Sowjet-Staates – und somit seiner selbst – gleichgestellt.

Im Juni 1990 wurde Boris Jelzin zum Parlamentspräsidenten Rußlands und Alexej II. anstelle des verstorbenen Pimen zum Patriarchen gewählt. Diese beiden Ereignisse markierten den Beginn einer Umorientierung der erstarkenden Kirche von Gorbatschow und den Instituten der Sowjetunion auf Jelzin und das nach Souveränität strebende Rußland. Der neue politische Bund wurde Ende des Jahres besiegelt: In einem offiziellen Brief an Jelzin wies Alexej darauf hin, welch außerordentlich große Bedeutung für die Gläubigen die Entscheidung des Obersten Sowjets der Republik haben würde, Weihnachten zu einem gesetzlichen Feiertag zu erklären. Der Bitte wurde stattgegeben.

Am 7. Januar 1991 feierte Rußland erstmals seit sieben Jahrzehnten offiziell das Christfest. Daß dies nicht am 25. Dezember wie in den meisten Ländern geschah, liegt daran, daß die russisch-orthodoxe Kirche sich nach dem Julianischen Kalender richtet, während die ganze Welt, und auch Rußland als Staat, nach dem von Papst Gregor XIII. 1582 eingeführten Gregorianischen Kalender lebt.

So etwas hatte das atheistische Imperium noch nicht erlebt. Den an Panzerparaden gewöhnten Roten Platz überschwemmten Menschen mit Kerzen, die Kirchen der Hauptstadt waren die Nacht hindurch voll von Besuchern, darunter auffallend vielen Kindern und Jugendlichen, die parteistaatlichen Rundfunk- und Fernsehsender berichteten live von Gottesdiensten, und die Moderatoren und Reporter sprachen den ganzen Tag lang nicht von der Perestroika Gorbatschows, sondern von der Geburt Christi.

Bisher waren den Sowjetbürgern fast ausschließlich ideologisch-kommunistische Anlässe zum Feiern gegönnt gewesen. Da war der 8. März – der Internationale Frauentag, der 1. Mai – der Internationale Solidaritätstag der Werktätigen, der 9. Mai – der Tag des Sieges über Hitlerdeutschland, der 7. Oktober – der Tag der Verfassung der UdSSR, der 7. November – der Tag der Oktoberrevolution. Nur das Neujahrsfest war in der Sowjetunion unpolitisch – und erfreute sich gerade deshalb besonders großer Beliebtheit. Der Parlamentsbeschluß, ein religiöses Fest zum gesetzlichen Feiertag zu avancieren, war ein Meilenstein bei der Entkommunisierung Rußlands.

Doch die damalige Begeisterung weicht heute, zumindest bei einem Teil der liberalen Demokraten, immer mehr einer Ernüchterung. Was vor einigen Jahren noch entzückte, beginnt allmählich lästig zu werden. Nicht nur Gott, sondern auch die Kirche und ihre Vertreter scheinen allgegenwärtig zu sein. Die Religion wurde zur Modeerscheinung.

Ob Staatsakt, politische Versammlung oder Tagung von Geschäftsleuten – ein Geistlicher ist immer dabei. In Moskau ist Stadtfest – es wird mit einem Gottesdienst eröffnet; die Studenten der Moskauer Lomonossow-Universität feiern nach wiedererweckter Tradition den »Tag der Tatjana« – ein gemeinsames Gebet geht dem voraus; im Fernsehen läuft die Show »Rußländischer Geschäftsmann des Jahres« – das erste Wort sprechen ein Pope und ein Mullah; in St. Petersburg findet eine Verkaufsausstellung der Firma *Ford* statt – eine orthodoxe Weihe darf nicht fehlen; in Wolgograd sticht eine Sportjacht mit Endziel USA in See – vor der langen Reise bekommt die Mannschaft den Segen.

Im Grunde genommen ist das ein natürlicher Prozeß: Die ehemaligen Bürger des Arbeiter-und-Bauern-Staates Sowjetunion suchen nach einer neuen Identität, und so greifen sie – nicht selten ungestüm – auf russische Traditionen, Bräuche und Riten zurück. Die Wiedergeburt

Rußlands als Staat läßt viele die orthodoxe Kirche als einen festen Bestandteil der russischen Kultur, der russischen Lebensart auffassen. Mir geht das genauso: Ich freue mich, daß immer mehr Menschen sich in der Kirche trauen lassen und nicht mehr nur die banale Zeremonie im Standesamt absolvieren; ich gehe liebend gern zum Osterfest, halte, wie alle, eine Kerze in der Hand und spreche mit allen die rituellen Worte nach; ich war zutiefst bewegt, als ich im Fernsehen die am 20. August 1991 im belagerten Weißen Haus aufgenommenen Bilder sah, wo russische Geistliche junge Männer in Jeans und Sportschuhen tauften und diese dann ihre Maschinenpistolen nahmen und in Stellung gingen, um den russischen Präsidenten zu verteidigen. Ich freue mich für die russische Schriftsprache, in der die Substantive generell klein geschrieben werden und nur die bedeutendsten Begriffe ein Versal am Anfang bekommen, daß diese Ehre nicht mehr dem Wort »Politbüro«, sondern »Gott« zuteil wird. Ich fände es durchaus angebracht, wenn mein Präsident, ähnlich seinem amerikanischen Amtskollegen, die Grundsatzreden mit der Formel »Gott schütze Rußland!« abschließen würde. Ich habe geschmunzelt, als Boris Jelzin mit großem Blumenstrauß am Geburtstag des Patriarchen in seine Residenz kam. Ich hielt es für politisch angemessen, daß er zu Pfingsten 92 das Dreifaltigkeits-Sergius-Kloster aufsuchte und sich von Alexej II. den Segen für seine historische USA-Reise geben ließ.

Aber wenn ich sehe, wie auf dem Roten Platz, an der Fassade des Historischen Museums, genau an derselben Stelle, wo früher an kommunistischen Feiertagen überdimensionale Plakate mit dem Bildnis Lenins »Es lebe die Oktoberrevolution!« oder »Ruhm und Ehre der KPdSU!« verkündeten, neuerdings zum religiösen Feiertag Ostern ein überdimensionales Plakat mit dem Bildnis Jesu und der Inschrift »Christus ist auferstanden!« angebracht wird, empfinde ich Unbehagen. Mir wird ungemütlich, wenn den Absolventen elitärer Offiziershochschulen statt der Politbüromitglieder nun die Kirchenfürsten viel Erfolg bei der Verteidigung der Heimat wünschen. Ich halte es für merkwürdig, daß immer mehr Funktionäre so schnell zu Gott finden.

Da das geistige Vakuum, das die Verdrängung der kommunistischen Ideologie hinterläßt, aufgefüllt werden muß, kann die neue Staatsmacht der Versuchung nicht widerstehen, Rückhalt bei der Kirche zu suchen. Die ihrerseits ist bestrebt, dadurch den eigenen Einfluß auszubauen. Das entspricht voll und ganz ihrer historisch bedingten Mentalität, denn die Orthodoxie war in Rußland stets eine Staatsreligion gewesen. In einer multinationalen, multireligiösen und auch ausgeprägt atheistischen modernen rußländischen Gesellschaft dürfte dieses Bestreben der jungen Demokratie nicht gerade förderlich sein. Großes Mißtrauen erwecken zudem die beharrlichen Versuche verschiedener nationalistischer und antisemitischer politischer Bewegungen, die Kirche für ihre Ziele und Parolen zu gewinnen. Selbst die Kommunisten berufen sich heute auf die christlichen Werte und Gebote, die doch so viel Ähnlichkeit mit ihren eigenen aufweisen. Die russisch-orthodoxe Kirche läuft Gefahr, von der Politik vereinnahmt zu werden und ihre eigentlichen Aufgaben zu vernachlässigen.

Da aber Millionen Menschen in Rußland das Wort Gottes eindeutig brauchen, besonders in dieser an historischen Kataklysmen, existentiellen Ängsten und psychischen Überlastungen so reichen Zeit, wenden sie sich anderen Konfessionen zu. Die Besonderheit der zweiten Christianisierung Rußlands besteht in einem phänomenalen Erfolg des Protestantismus. Das erklärt sich nicht zuletzt mit den unablässigen Aktivitäten ausländischer evangelischer Prediger, die hauptsächlich aus zwei Ländern kommen: aus den USA und, wie seltsam das auch klingen mag, aus Süd-Korea. Die einen reisen an, um in Filmtheatern, Stadien oder gar dem Kongreßpalast im Kreml, in dem früher die KPdSU ihre Parteitage abhielt, vor Tausenden von Menschen zu sprechen und mit ihnen gemeinsam zu beten, andere lassen sich nieder, eröffnen Gotteshäuser, gründen Gemeinden, schreiben sogar für russische Zeitungen, wie etwa ein südkoreanischer Priester, dessen Predigten jede Woche in der Frauenzeitung *Moskwitschka* (Die Moskauerin) erscheinen. 1987 brachte der russische Baptist Alexander Semtschenko mit einigen Glaubensgenossen die in der Sowjetunion erste religiöse Zeitung *Protestant* in einer Auflage von 5000 Exemplaren heraus – heute werden 170 000 gedruckt, aus der kleinen Redaktion ist der gleichnamige Verlag mit 200 Mitarbeitern geworden, der sich eine eigene Druckerei in Moskau gebaut hat. Unter der Leitung des 44jährigen Semtschenko, der Mitte der 80er wegen Vervielfältigung religiöser Literatur drei Jahre im Gefängnis gesessen hat, versorgt dieser Verlag das ganze Land mit dem *Neuen Testament* und einigen Dutzend anderer Titel, finanziert Sonntagsschulen sowie Fernseh- und Rundfunksendungen. Semtschenko ist außerdem Chef einer Baufirma und aktives Mitglied der »Vereinigung christlicher Unternehmer«, denn seine Glaubensbrüder haben bereits über zweihundert mittelständische Betriebe gegründet. Wenn man bedenkt, daß der Protestantismus in der ganzen Welt eng mit der Entwicklung des Kapitalismus verbunden war und die persönliche Selbständigkeit, die Eigeninitiative, den Unternehmergeist stets förderte, wenn man seinen Demokratismus und sein Reaktionsvermögen auf moderne Entwicklungen berücksichtigt, so liegt die Vermutung nahe, daß diese Konfession bei der Wiedergeburt Rußlands eine bedeutende Rolle spielen könnte.

Enormen Zulauf haben auch der Islam, besonders im Nordkaukasus und an der Wolga, der Judaismus, weniger der Buddhismus, dafür aber der Krishnaismus und andere Religionen und Sekten aus Indien. Im Sommer 1992 gab es in Moskau ein großes Musikfest der Hare-Krishna-Jünger, was das Straßenbild der Hauptstadt, besonders in der Umgebung des Olympiastadions, für einige Tage deutlich belebte. Nicht zu vergessen seien verschiedene traditionelle russische Sekten.

Noch nie in der Geschichte des »heiligen Rußlands« haben sich auf seinem Territorium so viele Glaubensrichtungen frei entfalten können, und das verspricht für die Zukunft eine faszinierende Vielfalt der geistigen Kultur. Die Orthodoxie wird trotzdem dominieren, aber einem immer stärker werdenden Konkurrenzdruck ausgesetzt sein. Bleibt abzuwarten, wie diese streng hierarchisch organisierte und nicht sonderlich tolerante Kirche mit ihm fertig wird. Ein eindeutiges Bekenntnis zum Ökumenismus hat sie vorerst noch nicht abgelegt. Die Protestdemonstration von Kosaken und Nationalisten vor dem Kremlpalast gegen eine Veranstaltung der Adventisten deutet auf künftige Konflikte.

Wie groß der unmittelbare Einfluß der Religion auf die Kunst sein wird, läßt sich schwer abschätzen. Auf jeden Fall wird mit dem Ansteigen der allgemeinen religiösen Kultur der Bevölkerung, besonders der jüngeren Generationen (etwa 60 Prozent der Moskauer sprechen sich für die Einführung von Religionsunterricht in der Schule aus), auch das Verständnis des kulturellen Erbes des Abendlandes wachsen. In die Architektur dagegen kommt schon jetzt Bewegung: Sieben Jahrzehnte lang wurden Kirchen zerstört und abgerissen, nun werden erstmals wieder neue gebaut. Eine soll in Jekaterinburg an jener Stelle errichtet werden, wo das Haus stand, in dessen Keller 1918 die Zarenfamilie ermordet wurde. Um solche Projekte finanziell zu unterstützen, wurde unter anderem die Lotterie »Die Gotteshäuser Rußlands« ins Leben gerufen; zu gewinnen sind neben einem Mercedes oder einem Cadillac Pilgerfahrten im In- und Ausland. Der Volksmund behauptet, daß es einst allein in Moskau »vierzig mal vierzig« – also 1600 – orthodoxe Kirchen gab. Heute werden etwa 100 benutzt.

Das Ende des Kommunismus hat allerdings nicht nur den Seelen der Rußländer die Freiheit gebracht: auch den Leibern. Nach vier politischen Revolutionen in diesem Jahrhundert ist nun die sexuelle an der Reihe.

»Bei uns gibt es keinen Sex!« Jene Leningraderin, die diesen historischen Satz formulierte, hatte gar nicht mal unrecht. Er war ihr während einer der sogenannten Fernsehbrücken entglitten, die in den ersten Glasnost-Jahren groß in Mode waren. Bei solchen Sendungen konnten sich die Gäste im Fernsehstudio des einen Landes via Satellit mit den Menschen in einem anderen Staat unterhalten, was der Völkerverständigung zu dienen hatte. Besonders aktiv waren damals die Amerikaner. Gewöhnlich gab es Fragen über Politik, Geschichte und sehr viele über das Alltagsleben – was man eben so wissen will, wenn man erstmals einem Ausländer begegnet. Während einer solchen transkontinentalen Fernsehbrücke mit Leningrad hatte eine Amerikanerin ihre russische Gesprächspartnerin danach gefragt, welche sexuellen Probleme es in der Sowjetunion gebe. Die Angesprochene war so überrascht, daß sie jene unglückliche, aber ungemein aussagekräftige Antwort gab: »Bei uns gibt es keinen Sex!«

Die UdSSR war ein Bollwerk der Prüderie. Dies lag nicht nur an den nationalen, von der orthodoxen Kirche in Rußland oder dem Islam in Mittelasien und im Kaukasus geprägten Traditionen, nicht nur am persönlichen Geschmack der Parteiführer (der langjährige Chefideologe Michail Suslow soll hysterisch auf jegliche Darstellungen von entblößten Körperteilen reagiert haben), sondern am System selbst. George Orwell hat in *1984* die Regimefeindlichkeit der Liebe glänzend darzustellen gewußt. Sex ist ein Ausdruck persönlicher Freiheit, und die galt es zu unterdrücken.

Ein Wunder, daß die alten Herren noch die Alten Meister duldeten. Aber die Zeitgenossen durften sich »nichts dergleichen« erlauben. Aus den übersetzten Werken ausländischer Autoren wurden entsprechende Passagen gestrichen, aus importierten Filmen geschnitten – was immer wieder für Skandale mit den Urhebern sorgte. Die Sittenreinheit war derartig hoch, daß man sich selbst in einem Badeort nicht in Shorts auf der Straße zeigen durfte. Als mit Beginn der Glasnost der Keuschheitsgürtel etwas schlaffer wurde, wagte Wladimir Jakowlew, der noch kein Pressezar und *Commersant*-Verleger, sondern einfach ein frecher Reporter war, 1987 den Vorstoß: Er kam in Shorts ins Zentrum der Hauptstadt. Sein Gespräch mit der Polizei hat er dann in einer Zeitung dokumentiert.

Wie verklemmt die Gesellschaft war, zeugt der Skandal-Erfolg des Filmes »Die kleine Vera«, eines sehr bitteren Streifens über Frust und Ausweglosigkeit des Daseins in der UdSSR. Wegen einer völlig harmlosen Liebesszene wurde er zum ersten sowjetischen Sex-Film und die Hauptdarstellerin Natalja Negoda zur ersten sowjetischen Sex-Bombe hochstilisiert (was sie auch tatsächlich wurde, als sie eine Einladung vom *Playboy* annahm).

Mittlerweile ist auch in dieser Domäne alles anders. »Es gibt Sex!« Unter diesem sonderbaren Titel, der eindeutig eine Polemik mit dem landesweit berühmt gewordenen Spruch der Leningraderin darstellte, wurde in einem Moskauer Kino im Frühjahr 1992 eine Filmschau veranstaltet. Im Programm gab es neben erotischen Streifen auch einige internationale Filmkunstwerke, die nur sehr bedingt diesem Genre zugerechnet werden können. Trotzdem war der Andrang groß, und die langen Schlangen männlicher Kinogänger signalisierten, welcher Absatzmarkt da in Bewegung kommt.

Die russische Sex-Revolution hat eine russische Sex-Industrie zum Leben erweckt. Sie steckt zwar noch, wie so manches in Rußland, in den Kinderschuhen, hat aber, wie so manches in Rußland, eine große Zukunft. Bei Straßenhändlern gibt es en masse aus dem Westen mitgebrachte Zeitschriften (Anschauen ist gebührenpflichtig) und einheimische Sex-Zeitungen, das dem *Playboy* analoge russische Männermagazin auf hochwertigem Glanzpapier heißt *Andrej*, ein regelmäßiger Kinogänger hat vollen Einblick in die Oberweiten der meisten Nachwuchsschauspielerinnen der Nation, und auch die Theater haben diesbezüglich einiges zu bieten. Auf den Boom des Striptease und der Prostitution wurde hier an anderer Stelle bereits hingewiesen.

Die Freiheit hat sicherlich ihre Schattenseiten, aber oft ist das nur eine Frage des Blickwinkels. Wenn derartige Erscheinungen überall in der zivilisierten Welt große Verbreitung finden, so doch nur, weil sie gebraucht werden, weil sie eine bestimmte regulierende Funktion ausüben. Daß dies alles in Rußland heute offen aufblüht, ist ein völlig normaler Prozeß für ein demokratisches Land.

Die sich jetzt herausbildende neue Einstellung zum menschlichen Körper ist eine weitere historische Zäsur in der Geschichte der rußländischen Kultur. Das von patriarchalen Dogmen, Vorurteilen, Intoleranz stark geprägte gesellschaftliche Bewußtsein emanzipiert sich zusehends. Die Bermudas und Mini-Röcke, von denen es in den Großstädten an heißen Sommertagen nur so wimmelt, die Frauen, die sich an den Stränden neuerdings oben ohne sonnen, die Nudisten, deren Anhängerzahl ständig steigt, sind alles Zeichen eines neuen Selbstgefühls, einer neuen inneren Freiheit der jungen Generation. Und ein Merkmal der globalen Modernisierung von »Mütterchen Rußland«.

Die Freude am Sex ist zudem ein stark wirkendes Mittel gegen die Trübsal, der sich die Intelligenzija so gerne hingibt, gegen die Freude am Leiden, die in der russischen Gesellschaft vor und besonders nach Dostojewski kultiviert wurde. Die jungen Bürger des neuen Rußlands wollen nicht mehr leiden: Sie wollen ihr Leben genießen. Die Schauspielerin Jelena Kandulainen, die von der Moskauer Zeitung *Express*, ganz wie es sich für ein Boulevardblatt gehört, marktschreierisch als das erotische Symbol Rußlands verkauft wird, bringt es auf den Punkt, wenn sie den Leserinnen und Lesern zuruft: »Verliebt euch! Liebt euch! Es gibt nichts Schöneres auf der Welt!«

Der Hedonismus hält Einzug in Rußland, und mit ihm bekommt die kommunistische Ideologie einen weiteren Todesstoß.

Ich hoffe es bewiesen zu haben: Binnen weniger Jahre hat sich die rußländische Gesellschaft ihrer geistigen Scheuklappen entledigt und einer solchen Fülle von kulturellen und religiösen Einflüssen geöffnet, daß eine erneute Vereinheitlichung des Denkens nicht mehr möglich ist.

In den Köpfen der Menschen gibt es kein Zurück.

Nachwort
Kein Zurück

Binnen weniger Jahre, binnen kürzester Zeit ...
Ich habe diese Worte bei der Beschreibung der Veränderungen in meiner Heimat immer und immer wieder benutzen müssen. Die Wandlungen in Rußland vollziehen sich heute so rasant, daß sie das Wahrnehmungsvermögen vieler einfach überfordern: Das Neue wird schneller zur Alltäglichkeit, als man es als solches registriert und gebührend eingeschätzt hat.

»In unserem Land ist ein überaus lebhafter Prozeß der Normalisierung im Gange, und zwar in allen Bereichen. Aber die Leute sind gewöhnt, das sowjetische Leben als etwas völlig Abnormes zu betrachten. Das geschieht rein gewohnheitsmäßig.« Dies ist die Einschätzung meines Altersgenossen und Universitätskommilitonen Wladimir Jakowlew. Er ist Verleger der Unternehmerzeitung *Commersant*, die sich als ein Wortführer der neuen Klasse in Rußland versteht und ihre Leserschaft so charakterisiert: »Diese Menschen kennzeichnet ein hohes Einkommensniveau, intensive Arbeit, der Glaube an den Erfolg und die positive Denkart. Sie gestalten ihr Leben selbständig, ohne auf die Unterstützung des Staates oder den Glücksfall zu hoffen. 95 Prozent haben Hochschulbildung, 87 Prozent sind überzeugt, daß Rußland in naher Zukunft ein normales europäisches Land sein wird«.

Wladimir Jakowlew vertrat diese Überzeugung viel früher als die meisten anderen. Das Interview, aus dem ich hier zitiere, hat er nämlich im Sommer 1991, noch vor dem August-Putsch und der Erlösung Rußlands vom kommunistischen Sowjetstaat, gegeben. Doch schon damals gewahrte er jene Trends, die erst 1992 offensichtlich werden sollten. »Es hat sich die Meinung durchgesetzt, die Sowjetunion sei ein Narrenland, in dem alles wider den gesunden Menschenverstand getan und schier Unmögliches unternommen wird, damit sich die Menschen ungemütlich fühlen.

Dieses Land gibt es aber nicht mehr« – betonte Wladimir Jakowlew in jenem Gespräch. »Es fällt jedoch manchen ungeheuer schwer, vom Bild dieses Narrenlandes Abschied zu nehmen. Junge westliche Journalisten, die erst vor kurzem zu uns gekommen sind, können es noch begreifen. Diejenigen aber, die jahrelang in der Sowjetunion lebten und von hier berichteten, sind einfach außerstande, die Überzeugung aufzugeben, daß sie in jedem Fall gescheiter als alle Menschen in diesem Land sind.«

Mein Jugendfreund pauschalisiert zwar etwas, aber im Grunde genommen hat er recht: Wir leben in einer für althergebrachte Klischeevorstellungen denkbar ungünstigsten Zeit.

Unter den westlichen Nationen hätten meiner Ansicht nach gerade die Deutschen den unkonventionellsten Blick auf die Entwicklungen in Rußland haben müssen, wo sie doch soeben selber historische Umwälzungen miterlebt und ein Gefühl dafür bekommen haben (haben sollten), wie schnell sich Realitäten verändern können. Doch zu meinem Erstaunen erweist sich das öffentliche Bewußtsein in Deutschland als äußerst anfällig für Kassandravisionen – und zwar sowohl hinsichtlich der eigenen Lage als auch der beim großen Nachbarn im Osten. Ausgerechnet in der Phase eines epochalen Aufbruchs wird der Wirtschaftsgigant plötzlich vom Pessimismus heimgesucht.

Aber natürlich vernehme ich im Westen auch nüchterne und daher zuversichtliche Stimmen. Als ich einem hohen deutschen Beamten erzählte, ich schreibe ein Buch mit dem Titel »Rußland hat Zukunft«, hob er verwundert die Augenbrauen und fragte: »Sie meinen das noch beweisen zu müssen?« Im Magazin der *Frankfurter Allgemeinen Zeitung* stieß ich auf ein Interview mit dem Chef der französischen Werbeagentur RSCG Jacques Séguéla, der unter anderem auf seine Erfahrungen mit Rußland zu sprechen kommt: »Wir halten die Russen für leicht unterentwickelt – sehr zu Unrecht. Die jungen Russen, die jetzt die Politiker umgeben und in der Wirtschaft die Macht übernehmen, sind von einer unglaublichen Effizienz. Wenn in fünf bis zehn Jahren die Maschine funktioniert, wird Rußland das reichste Land der Welt sein. Jetzt müssen wir es unterstützen, noch klappt überhaupt nichts. Aber wir können von den Russen mehr bekommen, als wir ihnen geben«.

Dieser Mann spricht mir aus der Seele.

Obwohl er sicherlich ein wenig über- und gleichzeitig untertreibt: Das mit dem reichsten Land der Welt wird wohl noch eine ganze Weile auf sich warten lassen, aber auch die Behauptung, vorerst klappe in Rußland überhaupt nichts, ist so nicht mehr zutreffend. Ich habe in meinem Buch dies zu zeigen versucht.

Ich möchte nochmals betonen: Mir ging es nicht darum, die zahllosen Probleme Rußlands aufzulisten – ich wollte die Aufmerksamkeit meiner Leser auf jene Erscheinungen und Entwicklungstendenzen lenken, die mir Hoffnung geben, daß diese Probleme letztendlich überwunden oder wenigstens entschärft werden können.

Es ist eine höchst undankbare Aufgabe, in solch unstabilen Zeiten Prognosen aufzustellen. Doch für mich steht außer allem Zweifel, daß es für Rußland kein Zurück gibt. Die kommunistische Benebelung der Sinne ist endgültig vorbei, die Menschen sind aus dem lähmenden Bannkreis des Systems ausgebrochen – zwar bei weitem nicht alle, aber die jüngeren, die gebildeteren, die ökonomisch und politisch aktiveren. Sie haben ihr persönliches Interesse an einer Marktwirtschaft entdeckt und werden sich die erkannten Chancen von niemandem nehmen lassen. Das Jahr 1992 war in dieser Hinsicht ausschlaggebend: Dank der Liberalisierung der Preise und des Handels, dank der begonnenen Privatisierung sowie der Umwandlung von Staatsbetrieben in Aktiengesellschaften sind neue ökonomische und mentale Gegebenheiten geschaffen worden, die der Entwicklung des Landes jenes Maß an Eigendynamik verliehen haben, das ein Umkehren praktisch unmöglich macht. Einen »realen Sozialismus« wird es in Rußland nicht mehr geben. Wie der »reale Kapitalismus« aussehen wird, muß in den nächsten Monaten und Jahren entschieden werden. Eine Vielzahl von Weichenstellungen steht noch aus.

Trotzdem sollte man davon ausgehen, daß die Zustände in Rußland eher den nordamerikanischen als den westeuropäischen ähneln werden – manche Pessimisten sprechen gar von südamerikanischen Modellen.

Man sollte ferner von einem Wiedererstarken des Staates ausgehen, was eine natürliche Reaktion auf seine gewisse Ohnmacht im Jahre 1992 sein wird: Das Land muß regierbarer werden, es bedarf einer administrativen Konsolidierung, um sich den wirtschaftlichen und auch den militärischen Herausforderungen der postkommunistischen Ära stellen zu können. Diese Tendenz birgt in sich die meisten Gefahren für die Zukunft Rußlands, aber es gibt einige Faktoren, die sie lindern könnten: das

Demokratiebewußtsein in den Großstädten, das Nationalbewußtsein in den Autonomien, der Hang der Regionen zum Föderalismus und letztendlich die – manchmal durchaus produktive – traditionelle russische Anarchie. Rußland braucht mehr Staat, um nicht wie die Sowjetunion auseinanderzufallen, aber eine zu harte Gangart könnte es ebenfalls von innen her sprengen. Dem Kreml steht da ein Balanceakt von historischer Dimension bevor, der die Welt noch einige Zeit in Atem halten wird.

Man sollte außerdem von einer Wiedergeburt des russischen beziehungsweise des rußländischen Nationalgefühls ausgehen, denn 150 Millionen Menschen suchen in ihrem auferstandenen Staat nach einer neuen Identität. Auch diese Tendenz birgt Gefahren in sich, und die Worte »Imperium«, »imperiales Denken« oder »imperiale Traditionen« werden sicherlich immer wieder in Kommentaren und Berichten vorkommen. Doch das postsowjetische Rußland hat genau wie das wiedervereinte Deutschland Anrecht auf eine Unschuldsvermutung. Wie viele künstliche Ängste wurden und werden immer noch in Europa wegen des Zusammenwachsens der ehemals zwei deutschen Staaten geschürt! Dieser Prozeß bringt zweifellos ernste Probleme mit sich, aber weder die militanten Skinheads noch die relativen Wahlerfolge der Republikaner – und schon gar nicht die Politik der Bundesbank – stellen einen hinreichenden Grund dafür dar, Zeitungskarikaturen über Deutschland mit Hakenkreuzen zu versehen.

In rußländischen Medien habe ich derartige Zeichnungen nicht gesehen. Und ich hoffe, daß Deutschland ebenfalls mit Verständnis und Einfühlungsvermögen auf die Ereignisse und Entwicklungen in meiner Heimat reagieren wird. Was faire Kritik natürlich nicht ausschließt

– denn es gibt kein Rauch ohne Feuer, wie die Russen zu sagen pflegen.

Rußland wird in Zukunft mit vielen Problemen fertig werden müssen. Aber es hat eine Zukunft.

Sie hat bereits begonnen.